创建有温度的智慧学校

主　　编○周　英

副主编○杨明忠　刘　恋　陈丹丹　戴志容

顾　　问○李兴贵

编委名单○易　昆　刘杜娟　陈萌萌　都亚兰

　　　　　张　惠　张雪辉　李　佳　袁　佳

　　　　　罗　昕　马筱晓　李　莹　王　敏

　　　　　郑　杰　庄　英　游　园　周虹汝

　　　　　赵　欣　杨三斯　陈　丹　马静月

　　　　　陈玉珍　张　梅　李　婷　许　丹

　　　　　陈雨朵　万　琪　胥志锐　周芳芳

　　　　　李　霞

四川大學出版社

SICHUAN UNIVERSITY PRESS

图书在版编目（CIP）数据

创建有温度的智慧学校 / 周英主编． 一 成都：四川大学出版社，2022.11
ISBN 978-7-5690-5721-8

Ⅰ．①创… Ⅱ．①周… Ⅲ．①课堂教学－多媒体教学－教学研究－小学 Ⅳ．① G622.421

中国版本图书馆 CIP 数据核字（2022）第 186383 号

书　　名：创建有温度的智慧学校
　　　　　Chuangjian You Wendu de Zhihui Xuexiao
主　　编：周　英

选题策划：王　静
责任编辑：王　静
责任校对：周维彬
装帧设计：何东琳
责任印制：王　炜

出版发行：四川大学出版社有限责任公司
　　　　　地址：成都市一环路南一段 24 号（610065）
　　　　　电话：（028）85408311（发行部）、85400276（总编室）
　　　　　电子邮箱：scupress@vip.163.com
　　　　　网址：https://press.scu.edu.cn
印前制作：四川胜翔数码印务设计有限公司
印刷装订：四川五洲彩印有限责任公司

成品尺寸：170mm×240mm
印　　张：16.25
字　　数：308 千字

版　　次：2022 年 12 月 第 1 版
印　　次：2022 年 12 月 第 1 次印刷
定　　价：79.00 元

本社图书如有印装质量问题，请联系发行部调换

扫码查看数字版

四川大学出版社
微信公众号

序一

做有温度的教育

什么是有温度的教育？教育部部长怀进鹏曾提出，"有温度的教育"不只要知识的传递，更要注重人与人之间的沟通、人文的交流、人的素养及团队的合作，通过这种方式关爱学生、培养学生、支持学生的发展。这与成都市泡桐树小学西区分校（以下简称"泡小西区"）的办学理念"为了每个孩子最大可能的发展负责"是不谋而合的。

最初看到泡小西区的"做有温度的教育"的选题策划，是在2019年泡小西区主创团队的选题研讨会上，泡小西区想表达的"温度"是教育过程中人的参与、人的主体性。通过泡小西区教育信息化的特色发展与课题研究落实课堂教学的改革、激发学生的高质量学习、提升学校的管理效能。后来，通过梳理建校以来智慧教育改革的成果，泡小西区先后形成了《搭建有温度的智慧阶梯》《润生有温度的智慧学习》《创建有温度的智慧学校》系列丛书。我欣喜地看到，泡小西区在智慧教育改革之路上永攀高峰、锐意进取的韧劲。

相较于前两本书着眼于课堂教学的变革、自主学习力的培养，该书对这所面向未来的现代化学校的描述更加全面、更成体系，即站在教育家的角度来审视学校教育信息化的全面发展。细品文字，眼前似乎浮现出一所有温度的未来学校蓝图，其空间建设、学校管理、课程建设、教学改革等都是基于教育与信息化的深度融合助力学生品质、能力发展的。泡小西区未来学校的发展模式为成都市未来学校提供了典型经验。该书有不少可圈可点之处，"大课堂矩阵"教学模式形成了"三段十八环节"的教学改进关键环节，为混合式教学的整体改革实践提供了可操作性借鉴；智慧学校教师信息化素养提升；"双减"背景下五项管理的措施与经验等。

泡小西区无疑是成都市泡桐树小学集团校中的一颗璀璨的明珠，这与泡小西区坚持"守正与创新"的发展理念是分不开的。泡小西区获得了国家、省市各级各类教育主管部门的奖项和社会认可。《创建有温度的智慧学校》一书是对泡小西区十三年以来信息化教育的总结。"温度"是泡小西区办教育的态度，是泡小西区育人的追求。该书适合正在用信息化引领学校变革的其他中小学校借鉴，也适合对教育信息化教学改革有探究兴趣的一线教师阅读，有利于他们进一步了解智慧学校的新样态。

成都师范学院副院长　李兴贵

2022 年 2 月

序二

一块电子白板，唤醒五彩课堂[*]

一、小小的改变，大大的触动

2008 年，电子白板的互动课堂走进泡小西区，课堂上教师尽心尽力地讲授，学生睁大眼睛，屏息凝视，认真听讲。但是，教师提的问题，只有少数学生表达了想法，教师只能问："他说得对吗?""你们也是这样想的吗?"学生齐答："是"，于是教师欣慰地进入下一个教学环节。却不知有的学生思绪早就飞到了窗外，飞到了自己的童话世界里。

转眼来到 2013 年，平板进入课堂，从小环节着手，教师尽量让学生参与问题的思考和展示。结果，学生对课堂学习的兴趣大增，以前爱走神的学生也变得很专注。

小学三年级语文《分桃子》一课，教师通过平板动态记录了学生分桃子的过程。结合记录，学生积极与教师分享自己思考的过程，课堂氛围活跃，学生成为课堂的"主角"，主动参与讨论。这小小的改变带给学校教师很大的触动，课堂上教师讲什么并不重要，学生在想什么更重要。只有学生主动参与到学习过程中，学生才会有兴趣，课堂才会有活力。

为了让学生在课堂上有更多探究、交流的机会，教师改变教学流程为前置性学习+课堂学习+课后延伸拓展，让学生人人参与、同时参与，记录过程，及时反馈，使动态管控成为可能。

二、学生的起点在哪里，教学就从哪里开始

如何保证前置性学习的效果呢? 网络学习空间有了用武之地。前置性学习阶段，教师通过网络学习空间发布导学问题或微课，引导学生收集、筛选资源，开展自主学习，激活学生已有知识和经验，初步感知、自主建立已有知识经验

* 周英. 一块电子白板，唤醒五彩课堂［N］. 中国教育报，2021-12-15 (4).

和新问题之间的联系，独立思考形成初步认知。通过前测进行主观问题的收集和客观数据的统计，经过教师的分析，了解学生的真实学习起点和学生关注的问题，确定课堂将探究的核心问题，形成"学习任务单"，真正做到"先学后教、以学定教"。比如，以前的语文课生字学习，需要任课教师一遍一遍地重复，强化学生记忆，现在教师根据课前自学测评数据，针对学生认识困难的生字，重点设计趣味性活动帮助其学习。课堂气氛活泼、教学目标针对性更强，学生也在不知不觉中掌握了生字，这大大提高了学生的学习效率和学习效果。

现在，该校的数学、自然、美术等多门学科都开展了课前自学。通过对客观数据的分析，为教师的二次精准备课提供了可靠依据，改变了原来凭借主观臆测和经验判断进行备课的方式，真正做到了学生的起点在哪里，教学就从哪里开始。

三、课堂教学进程改造，构建智慧学习场域

经过几年的探索，泡小西区的教师通过线上线下融合，打通课内课外、校内校外、正式学习和非正式学习的壁垒，重构教学流程。"平行四边形、梯形、三角形、正方形可以转化成圆形吗？"在六年级《圆的面积》的课堂上，任课教师在学生课前自学的基础上，引导学生大胆验证自己的猜想。学生根据观点自由组合、自主选择实物或利用平板进行现场模拟、变形组合，每一组学生都非常投入，或在平板上利用切割拼接图形，或利用圆形纸片折叠拼剪，或在纸上画示意图，讨论解题思路和方法，亲自动手实践操作，记录探究解题过程……

将课堂作为教师与学生、学生与学生思维碰撞的磁场，鼓励学生带着思考、带着任务开展探究活动，突出知识与实践的紧密结合。学生之间根据自学知识掌握情况配组，分析问题、讨论展示、自由辩论，过程中充分调动学生的主动性和积极性，正是这样的课堂教学进程的重构，实现了构建智慧学习场域。

从语文、数学、英语主干学科到全学科，从一个班级到一个年级再到全校89个班级，从3位教师到246位教师，从50名学生到4200余名学生，学校沿着"智慧学习流程探索"的路径逐步实现了全学科、全员、全覆盖常态化、持续化和规模化推动课堂改革，让有效学习在每一个课堂真实发生。

在这里，学习源于学生的问题和思考。每当笔者看到课堂上学生疑惑的目光、紧锁的眉头、顿悟的喜悦、由衷的赞赏、探究的兴奋、没有游离的眼神……作为教师都会有一种成就感和幸福感。

前　言

　　教育是功在当代、利在千秋的德政工程。当下，充分利用人工智能等新兴信息技术，融合互联网思维，培养具有新时代特点、德智体美劳全面发展的社会主义建设者与接班人，不仅是我国教育的宏大目标，也是我校教育信息化发展的落脚点。在智慧教育的时代，教学、学习、管理、课程、评价以及学校的组织结构、业务流程、组织形态都会发生变化。这就是教育信息化努力的方向，也是我校教育教学信息化努力的方向，本书集结了我校近几年的努力成果。

　　本书分信息化时代需求、创建智慧校园、学校内部治理现代化、智慧学校的课程形态、智慧学校的课堂教学模式、智慧学校的学习方式等章节，全方位全视角透视智慧学校样本。本书为成都市多所"未来学校"乃至于全国的同类学校提供借鉴。同时，针对2021年"双减"教育热点，本书也明确提出学校要落实好"双减"政策，还需打好"加减组合拳"。除了通过"五项管理"切实有效减轻学生的作业负担和校外培训负担，泡小西区还落实了四点增量：一是增加体育锻炼，二是增加劳动教育，三是增加自主阅读，四是增加亲子沟通。我们认为"双减"是一次回归教育初衷和本质的行动，需要家庭、学校和社区的共同行动。

　　本书收录的《智慧学校的课堂教学模式》凝练了学校智慧课堂教学模式改革的典型经验，已获2021年四川省教学成果奖。本书的智慧课堂教学模式和学习方式章节收录了泡小西区教师近两年各级赛课获奖案例，为开展智慧教学的教师提供了可参考的经验。

泡小西区　周　英

2021 年 12 月 5 日

目　录

第一章 信息化时代需求

随着云计算、大数据、移动互联网、人工智能等现代科技的发展与应用，"互联网＋"与教育的融合渗透不断深入，信息化教育在内涵、深度和质量上也不断发展，教育教学系统的结构和形态正在发生变革与转型，逐步形成新的教育理念与模式——智慧教育。

智慧学校作为研究学校的一种新视角，引领了信息时代学校发展与变革的国际潮流与趋势，是未来学校变革的重要走向。

一、面向未来的学习需求

（一）教育信息化的发展趋势

教育信息化是教育现代化的基本内涵和显著特征，是信息时代教育改革发展的必由之路。《中国教育现代化2035》提出：加快信息化时代教育变革。建设智能化校园，统筹建设一体化智能化教学、管理与服务平台。利用现代技术加快推动人才培养模式改革，实现规模化教育与个性化培养的有机结合。[①]

中共中央、国务院《关于深化教育教学改革全面提高义务教育质量的意见》中也提出：促进信息技术与教育教学融合应用。推进"教育＋互联网"发展，按照服务教师教学、服务学生学习、服务学校管理的要求，建立覆盖义务教育各年级各学科的数字教育资源体系。加快数字校园建设，积极探索基于互联网的教学。

教育部《教育信息化2.0行动计划》中指出要"将教育信息化作为教育系统性变革的内生力量，支撑引领教育现代化发展，推动教育理念更新、模式变革、体系重构"。

《四川省教育厅关于开展"四川省智慧教育学校"创建活动的通知》中提出："以新发展理念为引领，以信息技术与教育教学深度融合为核心，以应用

---

① 中共中央、国务院印发《中国教育现代化2035》［EB/OL］.（2019－02－23）［2022－11－16］，http://www.moe.gov.cn/jyb_xwfb/s6052/moe_838/201902/t20190223_370857.html。

最新前沿技术为途径，以提升教师信息化环境下创新教育教学能力、并使之常态化为关键，以融合创新为目标。"

这些都预示着新一代信息技术推动下学校教育教学形态将发生质的变革。时代的进步呼唤学校的转型变革，呼唤教育的智慧生成，对学习需求提出了新的要求。

（二）智慧教育育人目标

基础教育阶段中小学的智慧学校建设，不应仅仅理解为基于信息技术对学校环境、教育教学和管理的改造，智慧学校建设的根本目标导向仍是对教育本原的回归和对立德树人根本任务的追求，需要从新时代教育培养什么样的人、怎样培养人的基本问题出发，力求突出教育的公平性、发展的全面性和对每个学生不同个性特点、学习需求的适应，思考并回答学校如何顺应信息时代和人工智能时代背景下的教育发展大趋势，借助新兴技术手段更好地培养国家所需的高素质人才，培养学生的核心素养、自主学习能力和创新能力等。[①]

1. 培养学生的核心素养

素质教育全面实施十多年来，其理念已深入人心。但在学校和家庭的教育实践中，往往难以深入实施，应试教育倾向难以从根本上扭转，学生全面发展、个性发展得不到真正落实。学生课业负担过重、健康体质状况下滑、社会责任感缺失、创新精神不足、实践动手能力差等问题，已成为困扰我国基础教育改革发展的"顽症"。

自 2015 年以来，教育部重点提出学生发展"核心素养"。中国教育学会于2016 年 3 月 4 日公布了《中国学生发展核心素养（征求意见稿）》，提出了"社会责任、国家认同、国际理解、人文底蕴、科学精神、审美情趣、身心健康、学会学习、实践创新"九大核心素养。

我国界定的"核心素养"是指，"学生在接受相应学段的教育过程中逐步形成起来的适应个人终身发展与社会发展的人格品质与关键能力"。这是符合世界潮流的，也是我国课程发展的必然诉求。"核心素养"的界定是学校教育从"知识传递"转向"知识建构"的信号，意味着我国学校的课程发展进入了新的阶段。[②]

中国学生发展核心素养研究以科学性、时代性和民族性为基本原则，以培

---

① 王枫. 面向 2035 的中小学智慧学校建设：内涵、特征与实践 [J]. 中国教育学刊, 2018 (9)：25—33.

② 钟启泉. 基于核心素养的课程发展：挑战与课题 [J]. 全球教育展望, 2016, 45 (1)：3—25.

养"全面发展的人"为核心，这也是"全面发展的人"的内涵之一。全面发展充分反映新时期经济社会发展对人才培养的新要求，高度重视中华优秀传统文化的传承与发展，提升 21 世纪国家人才竞争力，以"全面发展的人"为根本出发点和最终归宿点。

2. 培养学生的自主学习能力

自主学习是与传统的接受学习相对的一种现代化学习方式，以学生作为学习的主体，通过学生独立的分析、探索、实践、质疑、创造等方式来实现学习目标。自主发展强调人要学会学习、学会健康生活。学会学习是指在学习过程中重要的不是知其然，而是知其所以然，要明白其背后的道理，可以举一反三，使学生能够根据已学知识去应对还未出现的问题和状况，要有解决问题的能力、学习的能力、合作的能力。因此，使学生学会学习是教师锻炼学生应具备的一个素养。

自主学习能力也称为"学习者自主"，是指"对自己的学习负责的能力"。自主学习强调在具体情境中的解决问题能力及终身学习的能力。自主学习不仅指学习者要自觉自主地学习具体的学科知识与技能，更要注重其在复杂多变的社会情境中自觉主动地使用一系列复杂的认知策略（如反思与批判性思维等）与非认知策略（合作及目标管理等）解决复杂问题以达成各种个体及社会性的发展目标。[①] 因此，自主学习能力贯穿个体的终身发展，属于一种终身学习的能力。

在学校教育中，教师应把学生的自主学习能力作为核心培养目标。学生是具有能动性的学习主体，亦能具备自主学习和终身学习的能力。是否具有自主学习能力已成为衡量一个学生个人素质的重要标志，自主学习需要学生在学习过程中不断调整自己的目标，因此，培养学生的自主学习能力至关重要。

3. 培养学生的创新能力

"创新"是我国的基本战略之一。2016 年，中共中央、国务院发布的《国家创新驱动发展战略纲要》指出，"创新驱动是国家命运所系。国家力量的核心支撑是科技创新能力。创新强则国运昌，创新弱则国运殆"，把创新上升到了影响国家命运的高度。随着近年来的科学技术发展，创新越来越重要。

随着智能技术的发展和信息化时代发展趋势，快速更新的信息和快速发展的技术无疑会对创新能力有更高的要求，创新是人才培养的主要目标。2016

---

① 郭文娟，刘洁玲. 核心素养框架构建：自主学习能力的视角 ［J］. 全球教育展望，2017，46 (3)：16-28.

年9月"中国学生发展核心素养"正式发布，其中就有"实践创新"。为了响应创新驱动国家战略，更好地满足信息化时代对创新人才的需求，培养具有创新能力的人才是我国的必然选择。

智慧教育是教育在智能时代的新升华，是教育信息化推动教育变革的新阶段。而培养创新人才是智慧教育的核心目标。对学生创新能力的培养，主要是指学生的创新性思维、创新型人格的培养，即让学生"想"创新、"能"创新，创新能力是个人综合素质的集中体现，是个人主体性的巅峰表现，是人的现代化的重要表征，关乎学生的根本利益和长远利益，是学生未来有效应对不确定性外部环境的制胜法宝[①]，创新能力对学生的个人发展至关重要。

二、学校变革：趋势、挑战与技术驱动

（一）信息化背景下的学校变革

2017年10月，教育部学校规划建设发展中心发布了《未来学校研究与实验计划》，旨在根据中国教育现代化2030确定的核心任务……推动未来学校形态变革和全方位改革创新。这一计划对"未来学校"做出了界定：一是绿色、智能和泛在互联的基础设施；二是集成、智慧、因变的新学习场景；三是灵巧学习及创新的赋能场；四是开放融合的学习生态；五是创新的知识和信息网络拓扑结构；六是与人工智能融合的教师－课程智慧系统。[②] 因此，我们必须重新思考教育，用互联网思维打造教育新生态，构建和谐开放、灵活多元、富有生机的未来学校，发挥信息技术在教育资源配置中的独特优势，利用互联网思维改造学校，扩大教育服务的有效供给，促进教育信息化的可持续发展。随着信息化的发展与深入，学校在以下几个方面将发生重大改革。

1. 学校组织结构的变革

在信息化时代，学校会打破传统固化的形态，不再按照统一的模式进行修建、实施教育学生和培养学生方式，而是根据每个学生的个性化特征、需求、兴趣和技能水平等进行个性化培养。因此从学校结构来看，学校组织的时空结构完全被打破，从静态封闭到动态开放，从条块分割到联合协同，从定时定点有限供给到时时处处人人可学，组织管理也向扁平化、网络化、智能化方向发展。学校将是人人教、人人学、人性化和高度社会化的学习共同体，这是集体

---

① 褚宏启. 学生创新能力发展的整体设计与策略组合 [J]. 教育研究，2017，38（10）：21-28.
② 教育部学校规划建设发展中心. 未来学校研究与实验计划发布 [EB/OL]. （2017-10-10）[2022-11-16]. https://www.csdp.edu.cn/article/3038.html.

智慧聚变的节点，也是开放、流动、社会性且兼顾分布和连接的智慧认知网络与个性化发展空间。[①]

具体来说，学校将采用弹性的学制和扁平化的组织架构，根据学生的能力而非年龄组织学习；根据学生的个体需求提供灵活的教学安排，而不是按照传统的学期或者固定的课程结构；打破现有的学制，加强了不同学段之间的衔接，更好地满足当代学生的自主发展需求，为学生提供多种选择、更有个性、更加精准的教育，甚至学校与学校之间将采用不同形式的学分制，这样学生不再固定在同一个学校学习，而是可以学习多个学校的课程，获取多种优势课程和教师资源。[②] 学校亦将线上学习融入其中，为学生提供更多的适应性、灵活性、选择性和开放性。学校将打破封闭的办学体系，开发、整合与利用各种教育资源尤其是周边社区的教育资源，突破传统时间与空间的边界，利用现代互联网技术，向更广阔的现实空间与虚拟空间拓展，构建开放多元、多维一体的办学格局，打造无边界的开放教育。[③] 学校形态会以自组织的形式呈现，在利用大数据真正了解学生的知识结构、能力结构、个性结构特征、认知风格的前提下，学生完全可以自主组织自己的学习环境及背景、课程活动和结构等。因此，学校会彻底转变为促进学生开展高阶学习和非智力发展的重要场所。

2. 课堂教学的改进

传统的课堂是静态的、教学内容是相对固定而呆板的，还会受到时空以及学科分类等因素的限制。伴随着信息技术带来的教育升级，学校的课堂教学将从静态走向动态，从固定转为灵活，从分学科、多学科和跨学科向超学科形态发展。

在智能时代，课堂教学越来越多地体现为线上与线下混合形式，学校通过"在线课堂+智慧教学"结合线下学习突破传统课堂限制，让学习行为发生的场所不再囿于校园，学习时间也不只固定在课表，"学习"可以在任何时间、任何场景发生。通过信息技术与教育教学深度融合，将课堂教学的主阵地、主渠道抓牢抓稳，以"翻转课堂"颠倒传统教学流程改进课堂教学，再利用互联网及各类新媒体、新技术为学生提供丰富的认知工具和智能情景化兼具的支撑环境。信息技术能将书本情景化，再通过情景化问题的解决促进学生对书本知

[①]　任萍萍. 智能教育——让孩子站在人工智能的肩膀上适应未来［M］. 北京：电子工业出版社. 2020：5.

[②]　余胜泉. 互联网+教育——未来学校［M］. 北京：电子工业出版社. 2019：253.

[③]　艾兴，赵瑞雪. 未来学校背景下的智慧学习：内涵、特征、要素与生成［J］. 中国电化教育，2020（6）：52—57.

识的深度理解，同时，通过信息技术把外部环境变成一个可以探究的全时空学习环境。共享的教学数据和信息、共建的教学知识及共生的教学智慧能再造课堂教学流程，满足学生的自主学习需求，提升学习效率。

作为信息化龙头示范学校，泡小西区的课堂主张是"让学习真正发生"，课堂目标为发现真问题，展开真探究，确保真收获。泡小西区利用智慧教育平台对学生的操作类型、学习时间、学习结果和认知维度等方面信息进行记录和采集，了解学生学习的全历程，促进其开展深度学习；通过教学行为量化诊断，以网络听评课系统进行数据搜集，促进教师课堂行为改进和效率提升……

3. 教师角色的转变

信息化时代对教师也提出了更高的要求，教师的教学方式要从传统的讲授转向引导学生进行自主学习。由于无处不在的终端设备会倒逼教师进行角色的转变，因此，教师要从知识的传授者变为学生学习过程的设计者，要从面向教学内容的设计变成面向学习过程的设计，要将讲课变成设计丰富多样的学习活动，还要从重视学习内容设计、资源设计转向重视活动设计。[①] 这也意味着，教师必须朝着数字化方向转变，成为能够将学科知识与信息化深度整合的教师。

具体而言，在过往的教学中，学生获取知识的渠道单一，教师更多是向学生教授知识、展示案例、指导实践或回答问题。但是这样的功能无法满足信息化时代学生的需求，这就需要教师转变意识，变传授者为教学活动的设计者和组织者，成为学生学习的引导者和协作者。教师不只是课程执行者，更要有设计多样化教学的能力，还要能挖掘并开发数字化学习资源及与其相匹配的评估工具，创设多样化的数字化学习情境。除了能够从本校本班实际情况和学生基础、特征出发开发相应校本课程，还要有熟练制作、高频使用微课等形式，以及设计并实施"翻转课堂"等方面的能力。教师要了解学科内容的知识、熟悉教学法，掌握信息技术知识。在信息化背景下，教师要终身学习。学习资源的无限性和人精力的有限性要求教师不断学习，不断发展自身的专业能力和信息技术水平，方能促进学生的发展。

4. 人才培养的创新

学校的发展核心在于培养人才。在信息化高速发展的今天，生产过程已由单一重复的流水线生产模式转变为个性化、自动化且大规模的智能制造模式，

---

① 郭伟，李广平. 智慧教育与学校教育变革——访北京师范大学教育学部副部长余胜泉 [J]. 世界教育信息，2016，29（18）：8—15.

亟待培养去标准化、个性化、终身化的创新型人才。[①] 在人才培养模式方面，信息化时代的课程形态是动态的、多元立体的，构建跨学科整合的课程结构支持全时空、全受众的泛在教育；师生在教学交互的形态与结构也发生了实质性的变化，人机协同的教学使教师准确地了解了每位学习者的个性特征和学习需求，兼顾了规模化覆盖和个性化需求，从而真正实现了因材施教；信息化时代的学习是自组织的形式，学生和家长可以"私人订制"，他们会基于自身的爱好、特长与社会的需求而选择学习内容与学习进程。通过制定个性化的学习课程与活动，实现学生的个性化、选择性和适应性发展；信息技术将重构传统的评价体系，从单一知识学习评价走向综合素质评价。

学校在尊重每一位学生隐私的前提下，对学生学习全过程进行智能动态追踪，实现对学生德智体美劳的综合评估。通过学生综合表现的数据化，全面记录学校每一位学生的数字化发展历程，为他们提供精准的发展支持，形成了面向过程、人机结合、多元发展的人才培养评价机制。为了避免重复且无效的作业练习，我们可以通过系统获取学生数据，为其提供不同难度的课程及习题等资源，从而大大提高其学习效率。不仅如此，学生还将拥有自己的虚拟学习助手陪练答疑等。总的来说，信息化时代人才培养会以个人为单位，根据学生学习基础、进度的不同设计不同的教学重点与内容满足学生的个性化发展。

（二）"双减"背景下的学校变革

2021 年 7 月 24 日，中共中央办公厅、国务院办公厅印发了《关于进一步减轻义务教育阶段学生作业负担和校外培训负担的意见》（简称"双减"政策），明确提出要全面压减作业总量和时长，减轻学生过重作业负担，提升学校课后服务水平，满足学生多样化需求。[②] 教育的本质是立德树人，"双减"政策聚焦学校教育主阵地。对此，学校必须强化育人主体地位，切实提升育人水平。

1. "双减"政策下的学校课程变革

"双减"政策下的学校课堂变革，提高教育质量是关键。为减轻学生过重的课业负担，学校以重塑学生培养理念，更新学校课程体系，变革教师课堂教

---

① 刘邦奇. 智慧教育：新时代的教育变革与转型 [J]. 师资建设，2018，31（2）：3.

② 中华人民共和国教育部. 关于进一步减轻义务教育阶段学生作业负担和校外培训负担的意见 [EB/OL]. （2021－07－24）[2022－05－07]. http://www.moe.gov.cn/jyb_xxgk/moe_1777/moe_1778/202107/t20210724_546576.html.

学及改进学生学业评价推动减负落实。[①]

学校培养理念指向学生素养养成，升学率将不再是评价中小学教育质量的唯一标准，去应试化倾向已然是我们共同的目标，围绕学生能力发展提供高质量的课程体系将是学校减负不减质的有力保障。泡小西区一直以核心素养为导向，坚持基础课程核心化、特色课程个性化、课堂教学趣味化三位一体的改革实施路径。教师需稳稳把握有限的课堂时间，提升课堂教学的效率，在保障课时总量的情况下，通过不断整合有限的教育时间高效完成课程任务，最终实现学校课程体系整体育人价值的最大化。

学生学业评价不能再以单一的成绩为指标，泡小西区将强化综合评价，突出素质导向，认真落实《义务教育质量评价指南》，科学合理安排考试，规范考试命题管理，合理运用考试结果，探索增值评价，激发学生学习动力。

2. "双减"政策下的作业设计

学生作业负担是这次"双减"政策直接指向的关键问题之一。设计有效作业是切实减轻学生课业负担的落脚点。"减负"的主旨是减去学生过重的课业负担，摈除那些低效或者无效、盲目随意或机械重复的作业，设计合理、适度、优质的有效作业，激发学生的学习兴趣，促进学生的进步与发展，提高教学效率，实现轻负高效。[②]

优质的作业必须同时具备知识建构、学以致用能力发展及学科态度品质形成这三个方面的功能。[③] 泡小西区在压减了作业总量，总体降低考试压力的前提下，着手从规范作业来源、科学设计作业、合理布置作业、统筹作业总量、强化作业批改、加强作业分析反馈和课后辅导等方面系统推进作业深度改革，其中的关键是作业设计的改革及作业类型结构的改革。泡小西区聚焦作业管理，通过精心选择作业内容，布置分层、个性、拓展的弹性作业，根据难易程度将作业分为基础类、发展类、拓展类，兼顾不同层次学生学习需要进行作业设计；同时，为激发学生自主学习能力，实施学科性开放性作业。泡小西区还应不断完善作业管理机制，建立年级学科作业校内公示、作业总量审核、作业完成情况调查每日登记反馈等制度。

---

① 李刚. 十年来我国义务教育阶段减轻中小学课业负担的成效与建议 [J]. 湖南师范大学教育科学学报, 2020, 19 (03): 94—101.

② 肖正德. "减负"背景下有效作业的设计策略探究 [J]. 课程. 教材. 教法, 2014, 34 (4): 50—55.

③ 张黎, 曹湘洪. 基于核心素养的作业设计研究 [J]. 教学与管理 (理论版), 2020 (7): 98—101.

3."双减"政策下的课后服务

校内课后服务成为落实"双减"政策的焦点之一，高质量的课后服务是"双减"政策落地的重要一环，特别是课后服务的内容受到广大家长和教师的关注。指导学生高质量完成课后作业，积极开展各种课后育人实践活动，构建"课上＋课后"相互衔接、有效拓展的教育良好生态。

学校可根据学生年龄特点、学段要求和学校实际，因地制宜，分年级、分层次设置课后服务"项目菜单"，供学生和家长自主选择，尽可能满足学生的多样化需求，开展丰富多彩、形式多样的文化教育、文体、艺术、劳动、阅读、兴趣小组及社团活动等。此外，按照充分发挥学校教书育人主体功能的"双减"宗旨，还可以探索引进非学科类教育培训机构参与课后服务，校内课后服务还可以提供棋类、书法、美术、舞蹈、器乐、陶艺、手工艺、体操、游泳等通常由校外非学科类培训机构提供的服务内容。[①]

泡小西区在"双减"政策发布之后，坚持以学生为中心、以需求为导向，确保全面覆盖所有有相应需求的学生和家长。通过延长课后服务时间，保障家长有更加充裕的时间接送孩子。作为"书包不回家"的试点学校，我们坚持每天每生在课后服务时段"作业清零"，真正减轻了学生的学业负担。此外，"双减"背景下的课后服务，不仅要帮助学生减负，而且要帮助学生提升自我素养，发展自身潜能，因此学校开展了第三节课后服务"自主学习""一班一品"及社团活动等多种服务课程，帮助有需要的学生查漏补缺或拓展提升。

（三）学校智慧学校发展现状及蓝图

科学技术进步驱动的教育信息化发展，使中小学智慧学校建设成为面向2035教育现代化发展的必然趋势。智慧学校是以实现智慧教育为目标，借助现代信息技术手段充分感知师生的教学行为和学习发展，并通过数据收集与分析、个性化、智能化精准配置学习资源、调整学习方式和更新管理模式，产生最佳智慧型人才培养效果和最大管理效能的学校形态。

近年来，我国的教育信息化推进日益加快，在全国基础教育改革中已经开始了基于教育信息化的智慧学校建设初步探索和实践。泡小西区自2008年建校至今，从"1.0构建基于交互式电子白板的互动课堂"发展到"3.0'人人通'学习型社区"，用教育信息化引领学校办学品质全面提升，不断促进学校发展。泡小西区通过"网络学习空间人人通"模式的建设和应用，搭建了个性

---

① 马开剑，王光明，方芳等."双减"政策下的教育理念与教育生态变革（笔谈）〔J〕. 天津师范大学学报（社会科学版），2021（6）：1—14.

化的学习平台、交互化的资源平台、网络化的社交平台和精准化的管理平台，将服务课程学习拓展成为支撑网络化的泛在学习。

一方面，我们以"技术驱动"打破传统学校封闭的办学体系，通过对各种教育资源（尤其是学校周边社区的教育资源）的开发、整合及充分利用，力求突破传统教学中的时空边界限制，有效利用支持学校教育的信息技术，将教育教学拓展到更开阔的现实甚至是虚拟空间，为每位学习者搭建一个开放多元的学习平台，打造无边界的开放教育。另一方面，我们通过混合式学习环境中的人机交互，尽可能创设灵活多变的适应性环境及以学习者为主体的积极环境，将线上教学和传统课堂教学的优势结合起来的一种"线上"＋"线下"的混合式教学。我们不断优化教育资源配置，让学校教育变得更加智能。通过打造智能的学习环境、转变更新教学范式、推进评价模式"数据化"……从而为每一位学习者提供更加适合的高质量教育。

1. 发展现状和形势分析

《泡小西区教育信息化"十三五"规划（2016—2021）》中提出"以教育信息化带动学校整体办学提升"。在"十三五"期间，泡小西区的规划目标是培养具有 21 世纪技能的接班人。学校以数字网园的建设为核心，激发学生学习兴趣，满足学生个性学习需求，搭建实用开放的协作学习平台，提供友好方便的交流沟通渠道，构建不断更新的知识资源环境，改变教与学的方式，以提高学生学习能力为目的面向未来的数字课堂，有力地促进教育教学改革。

（1）泡小西区工作任务完成情况。

泡小西区工作任务完成情况见表 1—1。

表 1—1 泡小西区工作任务完成情况

类别	已实现任务	未实现任务
教师发展	智慧课堂教学模式梳理	成体系的教学资源体系
学生发展	数字化课程建设	学生个性化评价体系
管理提升	移动办公管理平台应用	办公管理平台单点登录和数据流通
		基于师生可穿戴设备的学校信息化治理服务体系
应用提升	申报各级信息化相关课题推动教师信息技术能力和素养提升	教师信息素养体系化培养课程梳理

续表1-1

类别	已实现任务	未实现任务
环境建设	无线网络基础建设	无线网络全域覆盖和统一认证
	项目学习专用教室建设和数字化课程建设	数字校园文化资源软、硬件建设
	网络学习空间软、硬件和网络教学平台配置	

（2）教师调查问卷反馈分析。

根据学校五年发展规划（2021.1—2025.12）调查问卷，全体教师反馈数据有以下分析：99.18%的教师认同学校信息化办学理念，100.00%的教师认为信息化提升了学校办学品质和教师专业能力，说明教育信息化办学理念已经植根校园文化；75.82%的教师提出希望在"学业数据分析"方面得到信息化的支持，说明教师在课堂教学中把关注点放在学生身上；关于课堂教学变革中的痛点，62.70%的教师提到"自身信息素养和能力的局限"，51.64%的教师提到"思想和理念的转变"和"技术的支持"，说明教师需要在信息化的时代持续提升自身的专业素养；关于专业能力提升方面，73.77%的教师提到"信息化环境下的教学设计"，72.95%的教师提到"技术支持的学情分析"，68.44%的教师提到"技术支持的学法指导"，54.92%的教师提到"信息化环境下的学业评价"，说明教师对在信息化环境中如何落实新课标学生素养培养要求并不清晰；关于感兴趣的信息化能力点，76.22%的教师选择"技术支持的学情分析"，75.82%的教师选择"探究型学习活动设计"，59.02%的教师选择"数据可视化呈现与解读"，说明经过信息化推进办公室多轮的培训后，教师对数据分析和探究设计比较重视；关于最喜欢的培训方式，49.18%的教师选择"课例分析"，符合学校以数据量化分析课例的教研方式。

（3）学校教育信息化现状 SWOT 分析

学校教育信息化现状 SWOT 分析详情见表1-2。

表1-2 SWOT分析

		优势 S	劣势 W
		1. 硬件基础：相邻的"一校两区"布局；办公、教学、管理等信息化平台建设情况应用较好 2. 软件基础：学校以教育信息化为办学特色，办学目标指向学生素养发展，教师团队学习研究氛围好 3. 课堂教学：学校以培养学生学习力为目标、以落实减负提质为路径、以课题引领为方式开展教学改革 4. 教师有专业发展的意愿，有评优晋级的需求，对赛课、论文、课题研究等有参与意愿	1. 教师相对年轻，校聘教师占比逐年增高，留任的难度越来越大 2. 课堂教学改革整体推进，教师精细能力掌握不够系统，教学评价不够客观 3. 作为"一校两区"的大体量学校，教师、学生人数众多且布局分散，管理难度大 4. 散点式按需建设各类平台，数据不能流通，未达成体系化建设和师生数据画像的目的
机会O	1. 以国家教育方针"五育并举"为导向，以成都市"幸福美好生活十大工程"为引领，以青羊区教育"十大行动"为纲领 2. 上级部门对教育信息化关注度和扶持力度较大 3. 学校信息化荣誉多，平台较高，教师参与培训和学习机会多，教学成果获取渠道多 4. 平台从批式数据向流式数据发展	SO战略（进击） 1. 以"五育并举"为指导、以"学科+"的方式来实施课程建设，助推教师教育理念的成长 2. 开展基于数据的教、评、策等研究，准确定位教育教学需要破解的难点，依靠课题引领教学改革持续发展，将教师引向规范的专业成长之路 3. 借助能力提升工程2.0系统培训，以数据形式引导教师关注自己的专业成长，帮助学校精准定位每个教师的发展需求	WO战略（稳固） 1. 在国家教育方针指导下，进一步做实做亮教育信息化办学特色，吸引有专业发展意愿的教师加入 2. 借助信息化手段，与不同地域、不同水平的教育资源实现协同发展，为不同层级的教师提供发展平台 3. 以实现个性化服务和治理模式变革为目的开展智慧校园建设
威胁T	1. 政策风向有一定的不确定性 2. 其他区教育系统体制待遇等易使学校陷入反复为别的学校培养人才的怪圈 3. 不同学段学生的学习能力、学习进度各不相同	ST战略（补强） 1. 坚定信念，创新发展 2. 根据实践状况，采用恰当策略适配发展需求 3. 伴随式采集、分析、应用数据，以自主学习为导向、以精准指导为策略、以分层作业为突破，实现学生个性化成长	WT战略（防御） 1. 加强政策研究与解读，把握时代脉搏，动态调整学校生长点 2. 搭建基于信息化的教师专业发展体系，以专业发展和职业研究留住教师队伍 3. 以专业和数据为支撑，引导教师关注学生差异化发展

2. 发展蓝图

（1）教师发展。

第一，利用技术支持教师教学方式转变。

在前期的智慧课堂实践过程中普遍存在教师重技术应用而轻能力发展的情况，结合问卷调查中 62.70% 的教师提到课堂教学变革的痛点是"自身信息素养和能力的局限"。计划以信息技术应用能力提升工程 2.0 校本培训的规划及实施促进校长信息化领导力、教师信息化教学能力、培训团队信息化指导能力全面提升，并将 76.22% 的教师选择的"技术支持的学情分析"作为必要能力点。在该项目中，整校推动是核心。

在常态化未来班级的工作推进过程中，教师依然存在重单个课例而轻整体设计的情况。因此，泡小西区计划在信息技术应用能力提升工程 2.0 校本培训过程中推动未来班级从单个课例实施走向单元或主题架构的系统化思考。

出台信息化资源管理制度，对各类资源的制作、管理、迭代、流通等做出指导，逐步规范教学资源、听学资源、阅读资源、影视资源等序列化、体系化建设。

第二，利用技术支持教师教研。

以年级学科名师工作室为核心，以解决学期教学计划重难点为目标，以推动未来班级整体架构设计和实施为路径，推动教师团队针对性教研。以展促培，借助区域联盟、帮扶学校、交流参观等途径，以远程直播、录制课例、现场展示等方式，以学期为单位制订课堂展示计划，分批次、分层级培训和输出教师。根据 49.18% 的教师选择"课例分析"为最喜欢的培训方式，利用好网络听评课等平台，继续做好以数据量化评价教师课堂教学行为，以"初检出报告—会诊定方案—复检新报告—对比显效果"的路径实现系统化教研。

第三，利用技术支持教师科研。

邀请专业力量，继续梳理、提炼现有课题《混合式学习环境中培养小学生学习力的实践策略》。重视高等院校、区域联盟、结对学校、帮扶学校等科研合作单位，在推广课题成果的过程中实现普适性价值。重视学科教师微小课题研究，为教师小切口问题解决创造条件，必要时整合形成学校规划课题。重视课题实施过程中的管理机制，实现科研过程的数字化和结果的数字化管理。

第四，利用技术记录教师专业发展过程。

策划数字化教师档案库，过程性记录教师专业成长轨迹，为教师评优晋级等提供依据。逐步融合教师教学平台数据、课堂观察平台数据、教师档案库数据，形成教师专业发展全景图。

（2）学生发展。

第一，利用技术支持学生学习方式转变。

以教师专业发展主导学生学习方式的变革，鼓励学生在网络学习空间中自主学习。以网络学习空间的优化建设支持学生在个人空间中开展自主学习。在校园内建设高自由度的听学、阅读、互动等场所，支持学生分散式、碎片化自主学习。搜集学生主动、自主、个性化学习的案例，以落地的实例引导教师进行指导。

第二，促进学生信息素养提升。

信息化推进办公室牵头制作序列化、专题化学生信息素养微课资源，指导学生在混合式学习环境中以科学的方式参与学习。优化信息技术常规课程，强调针对全体学生的信息素养培养。在现有信息化社团课程基础之上继续发展科创、STEAM、创客类课程，满足有这类发展需求的学生的信息素养提升，争取扩大覆盖面。配置科学学科虚拟实验室，在动手实践中激发全体学生的科学精神，自主发展信息素养。

第三，利用技术支持学生评价。

通过校企合作，进一步优化智慧教育平台的数据画像功能，支持学生过程性学业评价。策划数字化学生成长档案袋，过程性记录学生身心、学业成长轨迹，客观评价学生发展情况。逐步融合学生学习空间数据、德育评价数据、学生成长档案袋数据，形成学生发展全景图。

第四，利用技术改变学生生活方式。

融合现实空间和虚拟空间，真正地实现学生在混合式环境中的学习、生活、社交。配备智能手环等设备，配套校园内各类硬件设施，为学生校园生活提供全流程数字化、个性化服务。

（3）管理提升。

第一，优化管理方式。

规划新版校务管理平台，融合对外宣传、家校互通、电子办公、工作流处理、档案袋管理、数据汇总等功能；策划基于教师电子胸牌的教师管理平台，融合身份识别、权限分配、无感考勤、电子登记等功能，利用技术实现管理流程再造，提高行政办公、日常管理效率。

第二，优化沟通方式。

策划基于微信端的家校互通平台，实现基于网络的无障碍沟通。

第三，优化评价方式。

通过平台伴随式采集各项数据，构建数据支撑的教师、学生评价模型，实现发展性、个性化师生评价。

第四，优化决策机制。

通过建设智慧教育平台、校务管理平台、教师管理平台等，智能感知、智能分析、智能推送，构建基于大数据支撑的决策机制。

（4）应用支撑。

第一，教师信息素养提升。

以整体规划、部门协同、整校推动、分层培训、应用驱动、过程评价等落实信息技术能力提升工程 2.0 校本培训，将培训项目与日常教学教研工作融合，提炼形成高质量教师队伍培养新模式。

第二，智慧校园建设。

智慧校园是在云计算、大数据、物联网、移动互联、人工智能等技术支撑下的新型应用环境，其核心特征有两个：一是以人为本，为学生、教师、管理者、家长、公众提供具有良好体验的服务；二是通过对数据的智能感知、智能分析、智能推送信息，实现个性化服务。

第三，基础保障。

建成覆盖全校的、高质量的校园网，实现无线网络全覆盖；配备网络安全设备，实现全员实名制上网，网络安全机制完备。

第四，应用场景。

网络学习空间覆盖全体师生，并按需配套移动学习终端；校园内外学习、服务类软、硬件增加，给师生提供个性化教学和服务。

第五，服务团队。

不断加强教育信息化人才队伍建设，形成一支技术力量强、教学水平高、综合素质优的人才队伍。

第二章 创建智慧校园

学校是促进社会发展和个体发展的主要场所。在社会信息化的大背景下，建设智慧校园，不断推进以学校为主体的教育信息化进程，成为教育信息化的重要组成部分。

技术与教育的深度融合是《教育信息化2.0行动计划》的核心理念，也是教育发展的必然趋势。随着时代的发展，技术与教育的融合经历了起步、深化应用至融合应用的阶段，正在逐步迈入创新发展阶段，因此对学校的要求也逐渐提高，不仅要实现常态化应用，更要达成全方位创新。《中国教育现代化2035》明确提出"建设智能化校园，统筹建设一体化智能化教学、管理与服务平台"[①]，实现校园的全面融合，推动改进教学、优化管理、提升绩效。本章将讨论智慧校园的内涵、特征及泡小西区智慧校园的文化建设。

一、智慧校园的内涵与特征

（一）智慧校园的内涵

智慧校园是"互联网＋"时代学校信息化发展的新样态，是信息技术在教育领域的广泛应用与深度融合。北京师范大学智慧学习研究院院长黄荣怀在2012年提出，智慧校园是指一种以面向师生个性化服务为理念，能全面感知物理环境，识别学习者个体特征和学习情景，提供无缝互通的网络通信，有效支持教学过程分析、评价和智能决策的开放教育教学环境和便利舒适的生活环境。

从定义来看，智慧校园通过信息技术融入教育教学，形成了新的学生与教师、学生与学校、教师与学校之间以数据为纽带的交互环境。其目的是通过信息化手段解决当今学校中面临的各种教育难题。同样，智慧校园还是国家系统性思维、全局性思维在校园的体现，也是教育行为和过程数字化、智慧化的载

---

① 中国教育现代化2035［EB/OL］.（2019－02－23）［2022－07－31］. http://www.gov.cn/xinwen/2019－02/23/content_5367987.htm.

体。智慧校园具有可扩展性、便捷性、智慧性，只有这样才能服务于学生、教师、学校及整个教学学习过程。这样的智慧化环境极大地促进了学生的全面发展和个性化发展。

（二）智慧校园的特征

智慧校园的特征有五个方面：环境全面感知、网络无缝互通、海量数据支撑、开放学习环境、师生个性服务。

环境全面感知。智慧校园中的环境全面感知包括两个方面，一是传感器可以随时随地感知、捕获和传递有关人、设备、资源的信息；二是对学习者个体特征（学习偏好、认知特征、注意状态、学习风格等）和学习情景（学习时间、学习空间、学习伙伴、学习活动等）能及时感知、捕获和传递。

网络无缝互通。基于网络和通信技术，特别是移动互联网技术，智慧校园支持所有软件系统和硬件设备的连接，信息感知后可迅速、实时的传递，这是所有用户按照全新的方式协作学习、协同工作的基础。

海量数据支撑。依据数据挖掘和建模技术，智慧校园可以在"海量"校园数据的基础上构建模型，建立预测方法，对新到的信息进行趋势分析、展望和预测；同时，智慧校园可综合各方面的数据、信息、规则等内容，通过智能推理，做出快速反应、主动应对，更多地体现智能、聪慧的特点。

开放学习环境。教育的核心理念是创新能力的培养，校园面临从"封闭"走向"开放"的诉求。智慧校园支持拓展资源环境，使学生冲破教科书的限制；支持拓展时间环境，让学习从课上拓展到课下；支持拓展空间环境，让有效学习在真实情境和虚拟情境中都能得以发生。

师生个性服务。智慧校园环境及其功能均以个性服务为理念，各种关键技术的应用均以有效解决师生在校园生活、学习、工作中的诸多实际需求为目的，并成为现实中不可或缺的组成部分。

二、智慧校园的文化建设

智慧校园建设的关键是实现信息技术与学校建设的深度融合，提升学校的现代化水平，实现智慧教育的育人目标。加强智慧校园文化建设，能够充分发挥智慧学校的优势，整合各种资源，全面提升智慧学校的建设水平。

智慧学校不仅是一种技术的存在，更是一种文化的存在。在文化的引领下，不断生成智慧学校的办学理念、办学目标，并通过有效的价值引领以提升智慧学校的整体育人效能。泡小西区建于 2008 年 8 月，系泡桐树小学教育集团的成员学校之一。泡小西区自建立之初，就把教育信息化作为学校的发展方向，探索在数字校园、智慧校园中的文化建设，实现育人目标。泡小西区秉承成都市泡桐树小学教育集团"教育在我们之上"的教育信仰，围绕"营造影响孩子一生的氛围，促进每一个学生最大可能的发展"的办学追求，遵循"尊重、责任、感恩、自信、个性、合作、诚信、坚韧"的共同价值观，牢牢把握"无人不课程、无事不课程、无时不课程"的课程建设理念，致力于构建"适合每一个孩子和谐发展"的课程体系，依托智慧校园，形成了促进学生发展的"健康课程""智慧课程""快乐课程"，实现和谐教育，学生能自主发展，成人成才。

文化建设是智慧学校发展的根基与动力，决定了智慧学校建设的方向与实效。学校文化是师生自主创造、滋养师生生命优质成长的保障，泡小西区师生共同创造百果园、朗朗溪、泡家厨房、泡家农场、智能照明系统、声环境系统、雨水收集系统、阳光房数字阅读、图书馆电子墨水屏阅读器、智慧听学系统、听评课系统、未来教室、乐高机器人教室、灯彩博物馆、水墨工作坊等功能场所，实现师生的健康、智慧、快乐成长。

（一）文化建设促进师生健康成长

1. 百果园

走进泡小西区就像走进了一座公园，校园绿树成荫、生机盎然，进校门后左转就来到了百果园。园中几棵桃树，虽长得不太高，但到了收获的季节，不高的树枝上挂满了诱人的桃子，然而没有学生舍得采摘。苹果树开花的时候，白色花朵特别好看，到了秋天苹果成熟的时候，红红的很可爱。远处的枇杷树也长得很茂盛。枇杷果成熟的时候金灿灿的，风一吹，枇杷果就会掉下来，把它捡起来洗净吃一口，酸溜溜的。课间，学生喜欢到百果园里呼吸新鲜的空气或静静地看书，或三五成群地谈心，或聚成一堆玩耍。在百果园里很多同学留下了许多的美好记忆。

2. 朗朗溪

朗朗溪因学生时常在池塘边诵书而得此名，是学生最喜欢的地方之一。虽仅是一方曲曲折折的小池塘，池水却清澈见底，池中养了很多大大小小的锦鲤。早读声响起的时候，红鲤鱼跃出水面，划破了平静的水面，水草伸着懒腰，舞动着双手。课间有的学生在池边赏鱼、喂鱼，还有的学生在池塘边画鱼。学生的笑脸倒映在池水中，和池中的鱼儿形成了一道独特的校园风景。

3. 泡家厨房

泡家厨房是泡小西区生活劳动、生产劳动和服务性劳动课程中的重要组成部分，也是深受学生喜欢、家长点赞的一门学校特色课程。泡小西区引进家长、社区志愿者走进泡家厨房的大课堂，形成家、校、社协同育人的场域。学校以泡家厨房劳动课程为重要载体，融入德育、美育等教育内容，以日常生活为学科切入点，培养学生的生存能力、应用能力、创造能力，重在培养学生诚信、尊重、责任、感恩、坚韧、合作、自信等品质。学生可以在这里烹饪美食、品尝美食，了解美食文化，体验健康生活（如图2-1所示）。

图2-1　制作美食

泡家厨房劳动课程弘扬劳动精神，教育引导学生崇尚劳动、尊重劳动，使他们懂得劳动最光荣、劳动最崇高、劳动最伟大、劳动最美丽的道理，长大后能够成为热爱劳动、诚实劳动、创造性劳动的德智体美劳全面发展的社会主义建设者和接班人。

4. 泡家农场

泡家农场为学生在泡家厨房烹饪美食提供了新鲜的食材。泡小西区有自己的农场，学生在农场里劳动，自己动手育苗、施肥、浇水，收割等（如图2-2所示）。这既增强了学生和大自然之间的联系，又培养了学生吃苦耐劳的优良品质和团队合作精神。收成之日，学生能享受自己的劳动成果，这些都是在课堂教学中无法体验到的。泡小西区一直践行"生活即教育"的教育宗旨，促进学生全面且可持续发展。

图 2-2　挖花生

5. 智能照明系统

泡小西区公共场所较多，照明在整个校园能耗中所占比例较大。因此，学校安装了智能照明系统，实现了场景、时间、区域、光照度感应及红外感应控制等多种控制方式，不仅能有效避免公共区域的照明资源浪费，还可以帮助学校有效管理校园作息（如图 2-3 所示）。该系统能提供用户友好的程序设置，为每个教室设置合适的灯光，保护师生视力健康。智能照明系统大大提高了泡小西区照明电力的管理水平，也为全校师生提供了一个更健康、舒适的工作及学习环境。

图 2-3 智慧照明系统

6. 声环境系统

泡小西区在校园内创建声环境系统，既能保护教师的嗓子，又能保护学生的听力，还解决了校园噪音扰民的问题，营造了和谐、温馨的育人环境。录播教室还安装了均衡扩声系统，实现了教室内声场均衡，使教室任意位置的声音明亮清晰；无线麦克风助力教室，使教师语音清晰度更高。此系统能优化校园环境，助力科技、智慧、绿色、趣味校园建设，全方面保护师生的听力健康。

7. 雨水收集系统

校园是集中用水大户，泡小西区利用雨水收集系统建设了一个具有多样性特质的健康、和谐校园。此系统将雨水收集后直接回用，用于校园绿化、冲洗操场跑道、景观用水等（如图 2-4 所示）。减轻校园排水和处理系统的负荷，增加校园内土壤水分的相对含量，使校园内树木、草坪生长良好，进而达到净化校园空气、减弱校园噪声的效果，为节约校园用水、保护水资源起到很大的促进作用。

图 2—4　雨水收集系统

（二）文化建设促进师生智慧成长

1. 阳光房数字阅读

泡小西区结合自身的文化特色，打造浓郁的科技书香校园气氛，巧妙地将纸质阅读与电子阅读相结合，为学生提供多样化的阅读方式。学校为全校师生建立电子阅读账号，利用电子阅读系统创设更适合学生和教师的阅读方式。利用超星阅读系统进行阅读，已经成为学生课余时间喜欢的休息方式。泡小西区也将电子阅读系统用于更多阅读课程和阅览活动，为学生的自主阅读、个性化阅读创造了有利条件。

2. 图书馆电子墨水屏阅读器

泡小西区在图书馆设立电子墨水屏阅读器，覆盖了全学科，可以根据学生的阅读习惯提供个性推荐，使阅读变得有趣。电子墨水屏阅读器特置的"听书馆"，能带领学生聆听国学诵读，帮助学生领略传统文学的美。其分级测评体系为学生科学制定阅读能力维度标准，科学分析学生阅读现状，有助于教师有效掌握学生的阅读情况。

校园阅读系统与墨水屏阅读器的结合能最大限度地满足师生的阅读需求，丰富其阅读形式，完善其阅读体验，提高其阅读效果，建立教学和阅读的新形式，实现师生的智慧成长！

3. 智慧听学系统

智慧听学系统是通过网络对智能互联网音箱连接并精准控制，构成一个强大的智能物联网教育、教学、管理环境。该系统汇聚海量教学资源，以听学为理念，倡导学生用耳朵学习，将听与学充分打通，用听来学习。

听学系统可帮助开展校园主题文化活动，如在校开展爱国、安全、感恩等主题教育，可使用智慧听学系统在学生进校、离校时播放相关信息，营造良好的校园听学氛围。

教师可利用智慧听学系统组织学生在上、下午两个时间段定时进行语文和英语课程的听学，如在晨读时间播放英语有声读物，在课间播放校园音乐、中华吟诵、国学启蒙等内容，在课后推送有声读物、名著导读、阅读与写作等内容。学生可充分利用课余的碎片时间，以更加灵活的学习方式，巩固内化知识，扩充知识量。

4. 听评课系统

泡小西区采用听评课系统，可实现在线观课、评课和议课，并支持数据化课堂观察统计和分析。教学视频信息分发至各种终端，可使教师在不同的地点同时参加教研活动。这增加了量化观察的框架，为课堂教学的结构、思维层次和师生互动占比等方面提供了观察工具，由听课教师在现场或是远端通过系统进行记录，并由系统完成分析运算，生成可视化数据报告，帮助教师提高教研深度，有效改进教学设计，提高教师专业发展水平和信息技术应用水平。

（1）教学结构观察。

教学结构是由教学设计决定的，与教学的效果密切相关，通过对课堂教学结构的观察、统计和分析，结合教学目标、重难点及实际学情，可以给教师提供更具操作性的改进意见（如图2-6所示）。

教学结构	累计时长（秒）	累计次数
组织秩序	20	1
教授讲授	38	1
示范演示	121	2
个人学习	55	2
小组学习	34	1
交流展示	79	1
点评反馈	17	2
教学检测	6	1

图2-6 教学结构图

（2）认知层次观察。

该系统有认知层次观察的量表，通过使用量表进行观察统计，可以观察到课堂教学的认知层次，也可以在课后给授课教师提出具体的指导意见。

（3）S—T观察分析法。

S—T观察分析法是一种以可视化方式分析教学个性的教学分析方法，它将教学过程中各种复杂的行为分为S（学生）行为和T（教师）行为两个类别，这大大减少了行为分析记述中记录者主观经验的模糊性，提高了分析过程和记录结果的客观性与可靠性。

5. 未来教室

泡小西区的未来教室（如图2-7所示）融入了先进的科学技术和现代教育理念，给教师教学、课堂呈现、学生的学习方式都带来了新的变化。未来教室中设施设备先进齐全，具有智能化、人性化、交互性强，便于更新和维护及高度可持续性等优势；其设计和空间布局着重围绕加强学生交互、开展灵活性的教学活动和学生活动、帮助学生学习等要点进行。教室采用移动式多边桌，可以独立使用，也可以根据不同课程活动的需求进行组合，满足学生研讨式、合作式、探究式等不同的学习方式，有利于促进生生之间的有效沟通与互动，提升学生对学习的参与度、积极性和专注度。

图2-7　教师在未来教室授课

6. 乐高机器人教室

泡小西区作为乐高教育灯塔学校，也是乐高教育基地校四川师范大学的课题实践学校，以科学、数学、信息技术三个学科组为核心，以各年段学生心理认知特点和思维发展重点为依据，建构基于乐高创客的课程体系。在日常教学中，结合学校广泛使用的优学派电子书包平台和网络学习空间，通过跨学科的STEAM和创客课程模式开展常态教学，或以主题项目式学习等方式链接家长、社会群体等共同参与学生的智创活动。泡小西区A、B两区分别建立了创客中心，开设了无人机、机器人、人工智能、乐高等课程，分为年级课程、项目课程和常态课程三种形式。创客课程打破了学科界限，真正以培养学生的科学精神、实践创新能力这两大核心素养为教育目的，促进每个学生最大可能的发展（如图2-8所示）。

图2-8 乐高创客课程

（三）文化建设促进师生快乐成长

1. 灯彩博物馆

泡小西区于2020年8月建立灯彩博物馆（如图2-9所示），陈列学校彩灯非物质文化遗产教育的优秀作品与彩灯非物质文化遗产教育实践成果，鼓励学生积极投入彩灯非物质文化遗产课程实践；同时推进彩灯非物质文化遗产教育，以彩灯为核心从课程推进的角度打造赏灯、制灯、观灯、研灯等多位一体的项目式、沉浸式体验课程。经过实践探索与成果提炼，泡小西区6个年级4200多名学生积极实践彩灯非物质文化遗产课程，学生将书法、绘画、建模、立体结构与彩灯相结合，完成了大量优秀彩灯作品。

灯彩博物馆在周末、节假日与寒暑假向社会常态化开放，并开展了社区彩灯教育。从课内辐射到课外，以校内带动校外，以学生带动家庭，以家庭带动社区，共同以灯为媒，不断推进点亮童心、点亮家庭、弘扬中华优秀非物质文化遗产传统文化，促进学生健康快乐成长。

图 2-9　灯彩博物馆

2. 水墨工作坊

本着"传承中华水墨文化、提升师生艺术素养、打造学校美术特色、建设泡泡美术团队"的宗旨，泡小西区于2015年9月成立秦伟书画工作室（如图2-10所示）。教师依托水墨工作坊，开展混合式环境下水墨融合学科课堂美育教学实践，开展校内、校外主题展示等美育综合实践活动。水墨工作坊不仅是教师水墨课堂实践探究的平台，更是学校水墨氛围营造和推进学校美育的阵地。水墨工作坊内陈列着各种作品，摆放着相关的工具材料和相关历史文化资料，让文化自觉与文化自信在学生心中萌芽。

图 2-10 水墨工作坊

3. 校园水墨画、版画展示

当校园变身成了艺术展，那艺术家一定就是学生！水墨飘香，雅韵育人。校园展示水墨画，一隅一角，无不彰显水墨元素，学生充分感悟和体验了水墨画的美，并沉浸于中华博大精深的水墨画文化中。泡小西区目前已经积淀了浓厚的传统书画氛围，实现水墨、版画与校园文化的有机结合，随处可见师生水墨画、版画作品展示、校园内精心呈现了凸显水墨和版画的特色景点，让学生在深厚的水墨画和版画中享受艺术的熏陶，实现快乐成长（如图2-11所示）。

图 2-11 版画长廊

4. 科学体验区

为了助力学校科技教育，传播科学知识、科学思想，激发学生科学兴趣，培育学生实践探究能力，泡小西区引进壁挂式科学仪器，让科技馆进校园，打造科普互动智慧走廊（如图 2-12 所示）。泡泡科普智慧墙涵盖物理、数学、艺术、生命科学、现代科技等主题，利用原理展示、互动体验、探究钻研等功能，融科学性、知识性、趣味性于一体，通过科学实验展现课本知识，对课本知识进行拓展与延伸。学生在参观和操作中，感知科学现象、感受科学奥秘、体会蕴含其中的科学原理、提高动手、动脑能力，在玩乐中更好地领会科学知识，提升科学素养和创新能力。

图 2-12　科技长廊

5. 学校游戏区

游戏来引路，校园乐趣多。泡小西区根据学生的年龄和心理特征，在 A 区打造墙壁益智游戏走廊，B 区特置白沙池和海底世界游戏角，这不仅美化了校园环境，也满足了不同年龄段学生的全新游戏体验感。这些游戏区深受学生喜爱，成为他们课间、课后的休闲乐园。学生在群体游戏中能学会遵守规则，加强学生之间的合作能力和沟通能力，在游戏的过程中使学生学会正常的人际交往，锻炼其身体，培养其想象力，真正实现让学生学会玩，乐于玩，玩有所获。学校是游戏的乐园，校园是快乐的舞台。

6. 班级文化展示

本着"各美其美、美美与共"的大美理念，泡小西区积极创设"一班一品"的特色班级文化建设，实现学生的健康快乐成长。教师、学生和家长都积极参与其中，为班级文化建设出谋划策，营造积极进取、健康向上、温馨和谐的班级文化氛围。在教室前门布置各班中队名称、班主任和副班主任两位教师的照片及寄语、班级全家福照片。教室后门布置班级规则、班级活动照。教室内分四面墙，一号墙面布置少先队队角、卫生角，对学生进行核心价值等方面的劳动教育。二号墙面布置课程表、各学科好习惯作业、优秀作业展示区、学生作品展，培养作业好习惯，自主管理能力。三号墙面分为三大版块，布置班级活动、劳动教育、班级荣誉，进行劳动教育，强化生活好习惯，帮助学生找到集体归属感和集体荣誉感。四号墙面布置图书角的张贴和设置，培养图书有序借阅及归还好习惯。

小小文化墙，班级新形象。独具匠心的班级文化墙不仅给学生带来无声的熏陶和感染，也给予每位学生展示自己风采的平台和机会，充分展示了学生的智慧、审美情趣和艺术才华，创造不同的班级文化特色（如图2-13所示）。

图2-13　班级文化外墙

第三章　学校内部治理现代化

党的十九届五中全会将"基本实现国家治理体系和治理能力现代化"作为2035年远景目标之一。教育是社会发展的基础，教育治理现代化是国家治理现代化的根基。学校是教育活动实施的主要场所，教育治理现代化理应立足这一基本单位。推进学校治理体系和治理能力现代化既是依法自主办学的必然要求，也是提高教育治理效能的关键力量。[①]

学校内部治理现代化是指协调学校各种利益关系的一系列制度安排。学校治理现代化是现代化在学校治理中的应用，可以从理念现代化、制度现代化、技术现代化三个方面建构。

一、理念现代化

理念现代化是指思想行为层次的现代化，在学校治理中主要表现为学校治理目标的人本化和学校治理队伍的专业化。学校治理目标的人本化是以人为本的理念在学校管理中的应用，体现了以人为中心的发展观和治理观。学校治理目标的人本化意味着学校的治理活动不是为了治理而治理，而要服务于学生德智体美劳五育并举的全面发展，服务于学生核心素养的培育。[②]

泡小西区的学校治理目标为"营造影响孩子一生的氛围，促进每一个学生最大可能的发展"，办学特色和学校文化为"教育信息化和家校共育"。泡小西区将国学吟诵、生活教育、民乐、机器人课程、乐高等特色项目与学科整合，不断助推学生多元发展，积累人发展与成长的基本素养。不断将"基于核心素养的课程改革""'一对一'信息技术下学习方式的变革""教育流程的再造""'1+N'课程整合与研发"作为研究重点以更好地激发学生自主学习，体现学习选择性、开放性和个性化学习与健康成长。泡小西区积极营造一种向学生

---

① 成刚，朱庆环. 学校治理现代化再认识：理论特质与未来趋势［J］. 中国教育学刊，2021
(4)：5—11.
② 成刚，朱庆环. 学校治理现代化再认识：理论特质与未来趋势［J］. 中国教育学刊，2021
(4)：5—11.

学习共同成长、向教师学习共同发展、向家长学习共同进步的良好氛围！

学校治理队伍的专业化是指学校治理的主体是接受过专业系统训练的人力资源，意味着要打造专业化的学校干部队伍和治理团队。学校治理队伍专业化意味着要摒弃传统的经验管理，转向现代的科学管理。

经过十三年的努力，泡小西区已由原来的一校一区 6 个班，发展为一校两区 103 个班级。随着泡小西区的发展壮大，学生人数的增多，我们已建立了一支成熟的民主决策、科学管理、用心服务的管理团队，实施横向管理、纵向管理及地域管理三种模式相结合的新型管理方式（如图 3-1 所示）。其中，横向管理即年级组下沉式管理是较好的发挥中层团队的核心力量，深入基层，让管理准确到位、确保服务到位、确保工作取得实效。

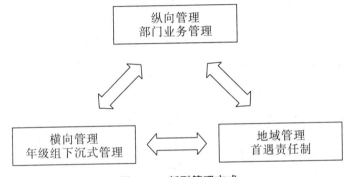

图 3-1　新型管理方式

所谓下沉即沉得下、沉得准、沉得稳，思群众之所想，谋群众之所需。要找准学校管理的痛点与短板，不断改进优化，更好地为师生服务，为我们的学校发展奠定稳固的基石。

二、制度现代化

制度现代化是法律法规、规章制度、学校章程等制度层次的现代化，在学校治理中表现为学校治理的法治化和规范化。其中，法治化体现在制度建设上，规范化体现在制度执行上。学校治理的法治化从机制建设层面来讲，要建立以校长为核心的行政团队集体决策机制、以党组织为主导的教育方针的维护与监督机制、以教师为主体的教育教学审议机制和师生家社政一体化的综合育人合作机制来促进学校治理体系现代化。[①]

泡小西区的扁平化管理模式是："一个核心、四个中心，横纵两条线、一

---

① 周彬. 学校治理现代化：变革历程与建设路径［J］. 教育发展研究，2020，40（6）：51-58.

督查"（如图 3-2 所示）。

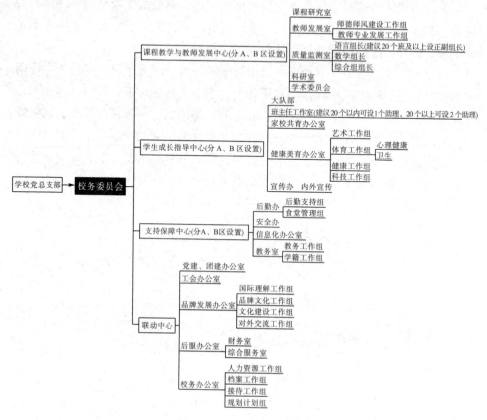

图 3-2　扁平化管理模式

"一个核心"是指学校党总支部领导下的校务管理会。这是扁平化管理模式的起点，也是整个管理系统的核心，重大事件一切以校务委员会为中心，集体研究，重点突破。

"四个中心"指的是学校的相关管理工作分成课程教学与教师发展中心、学生成长指导中心、支持保障中心、联动中心四个管理实体。这是扁平化管理模式的构成主线，管理成员由教学、教务、德育、后勤、安全、信息推进部分领导相关干事构成。全面负责本部工作的布置、检查、指导、评比，形成横向管理通道。

学校治理的规范化是指学校治理中要依法治校，按章程办事。教育利益关系日趋复杂，教育矛盾和问题交织叠加，学校治理面临的形势环境更为严峻。

目前，大量的教育矛盾纠纷集中在校闹、师生关系、校园欺凌等领域。[①] 为有效解决上述问题，泡小西区制定了教师教育管理制度（见表3-1）。

表 3-1　教师教育管理制度

教学常规	备课、上课、作业、测评管理要求
	延时服务管理
	一周一课计划表
	学科教学工作计划表
	复习计划表
	晨读检查记录表
	静心阅读检查记录表
	教学常规巡视记录表
	教学事故登记表
专业发展	校本研修、科研、培训
	各级名师工作职责
	师徒结对协议
	学术委员会管理办法
	教师专业发展五级推进实施细则

三、技术现代化

技术现代化在学校治理中表现为学校治理的智能化和精准化。具体来说，就是以互联网为依托，以物联网、大数据、云计算、区块链、人工智能等前沿技术为支撑，以多主体协作和信息共享为手段，将技术要素不断融入学校治理实践，建立智能化学校治理监测体系，适应政府、家长、社会依托技术高度参与治理的趋势，建立家校联动的治理体制，实现家校协同、社区参与、技术理性、制度保障的精细管理和精准管理目标。[②]

泡小西区信息化推进办公室负责收集、统筹各个部门在工作开展过程中的

---

① 成刚，朱庆环. 学校治理现代化再认识：理论特质与未来趋势［J］. 中国教育学刊，2021（4）：5-11.

② 成刚，朱庆环. 学校治理现代化再认识：理论特质与未来趋势［J］. 中国教育学刊，2021（4）：5-11.

技术需求，评估需求的可行性，并进行前瞻性设计，通过自行开发、校企合作、购买服务等渠道，为各个部门在教育教学管理中的工作开展提供智能化支持（见表3-2）。

表3-2 各部门办公管理智能化应用

部门	工作需求	智能化支持工具
课程教学与教师发展中心	教师教学行为量化评价分析	网络听评课系统
	教师专业发展水平监测	电子档案袋
	数字阅读及阅读效率测评	电子阅览室
	支持学生碎片化、非正式学习	听见时代智慧听学机
学生成长指导中心	家校论坛直录播	直播系统
	支持学生自主管理	校园文明管理系统
	支持学生综合素质过程化、多主体评价	学生综合素质评价系统
支持保障中心	分校区排课	排课系统
	教师请假管理、设备故障报修、公共教室预约、工资查询、物品申领、学生选课等	移动办公系统
	公共教室管理	人脸识别开门
	安全管理	安全综合防控体系
联动中心	支持与远端帮扶学校双向教研教学	远程教学系统

案例3-1

《智慧防控，安全守望——学校在智慧校园安全综合防控体系支持下的安全管理》

一、实施背景

泡小西区于2008年建校，经过多年的发展，学校的办学规模不断扩大，学生人数迅速增多，截至2021年10月有接近5000名学生，学校的安全管理工作压力日益增大；而学校的教师队伍普遍偏年轻，工作精力主要集中在教学组织和教学实施上，对于"一岗双责"的要求在一定程度上停留口头。

如何提高教师参与学校安全管理工作的主动性和积极性，这需要学校革新治理体系、提升治理能力。

通过分析，学校在安全管理工作中存在以下现实瓶颈（如图1所示）：

图 1　学校安全管理工作中的现实瓶颈

在这样的现实背景下，学校通过深入学习《国务院办公厅关于加强中小学幼儿园安全风险防控体系建设的意见》《四川省人民政府办公厅关于加强中小学幼儿园安全风险防控体系建设的实施意见》《成都市学校安全防范标准》等相关文件，对学校安全管理工作现状开展 SWOT 分析，决定以教育信息化作为手段实现"破局"。

作为四川省现代教育技术示范校，泡小西区以"教育信息化"为办学特色，开始尝试在现代教育技术的支持下，以"互联网＋"的思维研发安全管理机制，在保留传统安全工作优秀成分的基础上，改进工作方式，创新工作方法，将全校教师纳入安全管理体系，提高其安全管理工作效率，提高教师安全管理工作的积极性、精细度和准确度，提升安全管理工作水平，让广大教师乐于参与安全管理工作，使校园更加安全和谐。

二、具体举措

基于以上现实背景和工作需求，泡小西区于 2015 年开始尝试引入智慧校园安全综合防控体系，该平台融合先进的安全教育与管理理念，充分利用互联网、物联网将人防、物防、技防相结合，实现了校园安全教育信息化、常态化和实践化，推动形成校园安全防控"标准化、制度化、智能化、专业化"的新格局。整个管理平台采用互联网、物联网、云服务、大数据、人工智能等技术手段，围绕校园安全涉及的安全教育、安全管理、安全应急三大核心任务，将校园的人、物、事、技等进行有机系统整合，通过智能化物联网升级和融合学校原有的安全设施设备，形成智能联控、物物联动、人人参与的校园综合治理新模式（如图 2 所示）。

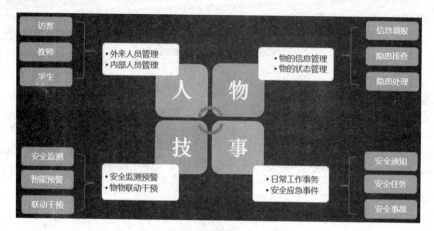

图 2　智慧校园安全综合防控体系

泡小西区根据智慧校园安全综合防控体系的优势，针对学校自身在安全管理工作中的现实瓶颈，制定八大防控任务清单，建设集广播、监控、巡检、通讯、报修、考勤、请假、疏散、访客登记等为一体的信息化、立体化校园安全系统（如图 3 所示）。

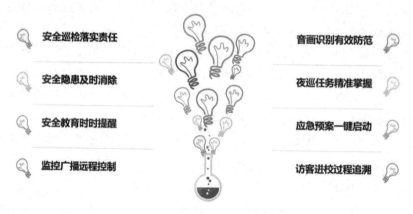

图 3　八大防控任务清单

（一）安全巡检落实责任

利用智慧校园安全综合防控体系，学校将以往手工检查安全情况提升为利用手机等移动端设备检查，将纸质记录提升为电子记录，所有的检查记录均可实时上传至后台服务器，系统自动记录检查时间且无法更改，全部检查内容逐一筛选，即时发现安全隐患，并第一时间反馈给相关负责人，请其进行研判和回复。

1. 责任区域全面覆盖

学校安全管理员将校园内所有教室、功能室、办公室、食堂、操场、公共区域等学生活动场所和教师工作场所及消防设施等功能区，按照网格化管理要求分割为独立的管理区域，对于不同区域可能存在的不同类别安全隐患，设定各不相同的巡检项目，做到全校每个区域都有安全管理岗位，每个管理岗位都安排了管理人员。

2. 安全管理全员参与

根据"一岗双责"的工作要求，学校的每一位教育工作者，从校长到教师再到安保人员都要参与到安全管理的工作中，每个人除了教育教学工作，还要主动做好安全管理工作。对于已经划分好的安全管理区域，需要安排最合适的管理人员，才能发挥最大的作用。比如：班主任负责自己的教室区域，学科教师负责本学科的功能教室，行政人员负责楼层或办公室，安保人员负责门卫室或消防设施，固定的管理范围相关负责人有不可推诿的安全管理责任，有利于建设安全和谐的学校风貌。

3. 安全巡检不走过场

在实现定人定岗后，学校通过普及性的全员安全培训，提高全体教职员工的安全意识，使全体员工产生自发的安全责任心，并根据各个安全管理区域的不同情况，执行日检、周检、月检的不同层级要求，将与人为划定和赋予的安全责任和岗位责任人的安全责任心相融合，实现广大教职员工在安全管理过程中的履职尽责。

4. 记录考核夯实成果

在安全管理工作中，只要存在安全隐患，不管这个安全隐患多小，都可能会发生，所以应尽早发现，尽早排除。因此，泡小西区制定《安全管理工作考核制度》，定期"回头看"，确保安全管理的成果得到了巩固。

借助安全巡检后实时上传到后台服务器的数据，学校安全管理员可以详细掌握每位教职员工、每个安全管理区域的巡检情况，及时表扬巡检数据翔实的巡检人或约谈巡检情况有懈怠的巡检人。

对于完成巡检工作的教职员工，学校安全服务中心在每月月末进行工作统计，每期计入安全绩效评估，有奖有惩，突出工作实绩，将安全管理工作落到实处，最大可能地调动广大教职员工的积极性和参与性，使整个校园沉浸在安全和谐的工作氛围之中。

（二）及时消除安全隐患

要实现校园的长治久安，对于各个点位巡检过程中发现的安全隐患必须及时处理，所有的隐患治理必须有责任人，违反工作要求必须追究责任。为了实现这三个"必须"，泡小西区制定了安全隐患处理流程（如图4所示），确保有效规避风险，能有效消除校园隐患。

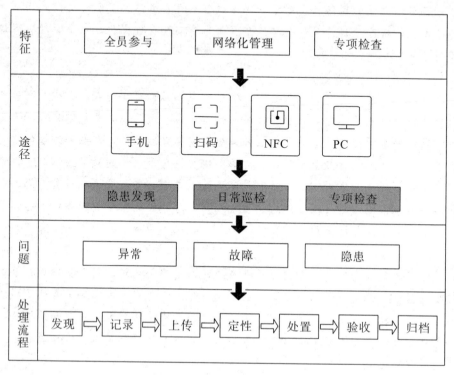

图4 安全隐患处理流程

通过全员参与的隐患发现、专人专岗的网格化日常排查、专业人员的专项检查，以手机拍照、录音、录像、描述等多种方式上报的安全隐患会统一汇集到安全服务中心，学校安全管理员进行隐患确认，并根据隐患的级别、种类不同，将隐患信息转至后勤等相应部门进行后续处理。整个过程后台记录上报隐患、确认隐患、转报隐患、部门接单、约定时限、结果反馈的详细时间点，有数据、有照片，有效实现了安全隐患处理的闭环。

（三）安全教育时时提醒

泡小西区的智慧校园安全综合防控体系包含成序列的视听类安全教育资源，通过"1530"模式，利用全校广播和校园电视台对全校师生开展安全教育。即"课前课后1分钟、放学前后5分钟、假期前后30分钟"，全天候的安全教育和提醒真正让全体师生将安全注意事项常记心间（如图5所示）。

‹	**常用任务**	＋
♫	如何安全过马路	···
♫	课间活动安全常识	···
♫	教室内活动注意事项	···
♫	校内活动安全注意事项	···
♫	道路行走安全需知	···
♫	发生踩踏事故时如何保护自己	···

图 5　安全教育资源

（四）监控广播远程控制

泡小西区的智慧校园安全综合防控体系激活和融入已有的校园广播和监控体系，安全管理人员能够在手机端远程实时查看校园任意一处监控画面、控制任意喇叭播报资源。

假设安全管理员在校外通过手机端查看到校门处有疑似可能发生暴力行为，管理员能够马上通知校门处的广播指挥周边教师组织学生撤离，并通知安保人员到现场进行处理。

（五）音画识别有效防范

为了保障师生的人身安全和学生的合法权益，学校需要对校外的可疑人员进行监控，对校内可能发生的暴力事件进行有效预防。

在学校的校门口安装有人脸识别系统，该系统与公安部门的犯罪信息库连通，当有性侵等高危犯罪前科人员出现在学校周边，系统将即时识别并提醒门卫人员保持高度警惕。

在学校内学生易聚集的区域安装有语音识别系统，该系统识别到"打架"等敏感词语时会自动向管理人员的手机 APP 报警，管理人员可以通过调看移动监控、移动广播喊话等方式及时预防暴力事件发生。

（六）夜巡任务精准掌握

作为平安校园的重要保障，保安人员夜巡值勤的落实是非常重要的。过去保安人员夜巡的落实情况只能在纸质的记录本上查看，真实情况无从得知。借助智慧校园安全综合防控体系的统一部署，泡小西区安排保安人员夜巡的过程中对校园里所有消防设施进行扫码和检查。消防设施的常检常新得到落实，保安人员在哪个时间点巡夜到了哪个区域也一目了然。

（七）应急预案一键启动

在智慧校园安全综合防控体系的支持下，学校根据火灾、地震等自然灾害的不同特质及学校的实际情况，设置合理的安全应急预案。当自然灾害突然发生时，可以利用手机端一键启动应急预案，让全校的广播系统按照一定的流程进行应急指挥，保障全校师生在自然灾害面前能够不慌乱，有序自保和撤离（如图 6 所示）。

图 6　应急预案启动机制

（八）访客进校过程追溯

学校外来人员的入校管理同样非常重要，特别是在后疫情时期。在智慧校园安全综合防控的体系下，学校能够快速有效地确认和跟踪访客信息，确保被访者对访客负起责任。

通过在访客机上测温并识别人脸信息或扫描身份证，后台记录访客信息；访客在系统中点选被访者后，访客机自动向被访者手机端发起视频通话请求，被访者和门卫人员确认访客的入校请求；访客结束拜访时，再次进行面部扫描登记离校，完善整个访客进校流程记录（如图7所示）。

①	②	③	④
来访者使用身份证登记	受访教师授权同意	来访者进入学校	后台记录来访信息

图7　访客机工作流程

三、实践效果

（一）安全管理成效

在智慧校园安全综合防控体系的支持下，泡小西区经过几年的实践，总结出适合本校校情的一整套安全管理培训、落实、督促、处理、考核措施。借助信息化平台的数据记录，学校不断夯实和强化教职工的安全意识，使学校各区域安全检查实现常态化，让每一名教师都成为安全管理的参与者，形成整体的安全管理氛围，保障学校在全体教职员的支持下建设平安校园。

（二）辐射影响

泡小西区的安全管理模式得到广泛认可，多地教育部门、电教部门到学校考察信息化支持安全管理工作的情况。青羊区教育局安全管理与应急处置科在学校组织举办全区"学校应急与安全管理培训会"，学校安全管理员在会上向全区学校介绍和推广智慧校园安全综合防控体系。学校在智慧校园安全综合防控体系的支持下，先后获得全国消防安全教育示范校、四川省防震减灾科普示范学校、成都市食品安全科普示范学校、成都市防震减灾科普示范学校。

泡小西区借助智慧校园安全综合防控体系，大大提高了小学安全管理工作效率，降低了教师日常管理工作压力，提升了安全管理质量，将"未来学校"的理念渗透到安全管理当中，将学生安全教育、教师安全责任区巡检、安全隐患排查治理融合到统一的管理平台中，使得日常管理有记录、月末统计有数据、期末考评有支撑，责任划分清晰明确，工作流程一目了然，去掉了烦琐环节，让教师能集中精力做好班级管理和学生的教育工作。学校的安全管理工作水平稳步提升，通过长期坚持不懈的努力，学校的数字化安全管理方式逐渐成为泡小西区一张闪亮的名片。

第四章　智慧学校的课程形态

　　学校课程是一个以本校育人目标为统领的，高度融合了国家、地方、校本三级课程资源的，拥有独特的一体化结构的课程系统，是实现育人目标的载体。

一、课程目标

　　泡小西区坚持着生活教育的办学特色，生活即教育，学生的学习来源于与之密切相关的生活；通过生存技能课程、生活技能课程、校本课程的开设，让学生在"教学做合一"的校园氛围中掌握技能，强调要将学校教育与学生生活紧密结合，让学生在体验与实践中，在培养其生存技能、生活技能的同时培养学生的意志品格。

二、课程体系

　　泡小西区的整体课程体系，又称为桐园课程（如图4—1所示）。

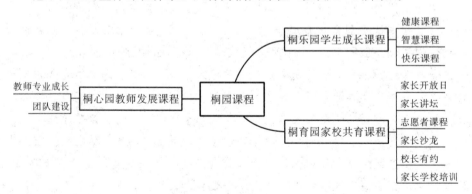

图4—1　泡小西区整体课程体系

　　按主体划分，泡小西区的桐园课程分为桐心园教师发展课程、桐乐园学生成长课程及桐育园家校共育课程。其中，桐乐园学生成长课程依据学校的教育理念又细分为健康课程、智慧课程和快乐课程（如图4—2所示）。

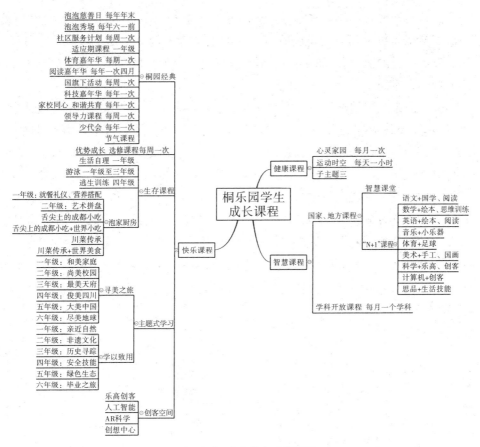

图 4-2 桐乐园学生成长课程

三、课程案例

(一)"N+1"学科拓展课程

在优化落实国家学科课程的基础上,学校可以优化拓展学科课程,探索学科内整合课程,进行教材内容整合、教材内容和活动整合,课内与课外整合、与教学资源整合等。

1. 数学+绘本

对于低年段的小学生来说,感受数学的高抽象性学科特点、满足数学学习过程中对思维习惯和能力的高要求,以及学会用"数学味"表达数学等,都具有一定的难度。要解决这样的难题,帮助低年段学生很好地完成幼小衔接,打下整个数学学习的认知基础,数学绘本能很好地帮助学生。泡小西区数学组的教师对此做了大量的实践研究。数学绘本有学生喜欢的色彩鲜艳的插图,丰富有趣的故事情境，简单的文字和数字，再通过教师生动的讲解，在这个过程中自然而然引入数学知识，借助故事情节的推进，激发学生发现问题、思考问题、解决问题的愿望，同时也拉近数学学科与学生生活的联系，使学生真正体会到数学是来源于生活、又运用于生活的。

数学教师需要提前做好各方面的准备工作：第一步，选择绘本。查找适合低年段学生阅读的，丰富有趣的、具有数学趣味的好绘本。数学教师通过网上搜索，进入图书馆查找相关资料等方式，找到三十本适合这个年龄阶段学生阅读的纸质数学绘本。第二步，创建绘本资源。按照教材顺序，分版块把纸质绘本变成便于讲解和利于学生观看的电子版绘本。数学教师分工合作，做成PPT课件（电子版绘本），在PPT页面的适当位置标注或添加引发学生思考的数学信息和数学问题，尽量把每一个电子版绘本做得更精彩，既能带动学生的思考和表达，又具有美感和思维的逻辑性，分类如下（见表4-1）：

表4-1　绘本分类

数与代数	1.《基摩的旅行》	数的排列顺序
	2.《小小外星人刷拉拉》	整十计数
	3.《破旧的卡车》	三位数的组成
	4.《加减乘除变魔术》	运算符号
	5.《嗖嗖的叶子车》	两位数的计算
	6.《喵喵喵尖尖猫蹦蹦猫》	排列规律
	7.《多多拉的日子》	日期
	8.《花妖精的生日派对》	排列规律
	9.《排排队》	顺序排列
	10.《比一比》	比较
	11.《笑眯眯阿姨的星星面包》	加法
	12.《彩虹棉花糖》	减法
	13.《卷发婚礼》	10的组成与分解
	14.《毛毛虫的袜子》	列式解题
	15.《我和123》	生活中的数字
	16.《这可不行》	数的组合与分解
	17.《猫咪的一天》	分数

数与代数	18.《一只脚蹦蹦跳》	数的比较
	19.《最小的风妖精1》	两位数的组成
	20.《滴答滴答当当当》	认识钟表
	21.《奇怪的一天》	数的组合与分解
图形与几何	22.《图形星的怪样国王》	平面图形
	23.《清扫机器人咕咚》	立体图形
	24.《找到啦》	平面图形与立体图形
	25.《大头国王的王冠》	精确测量
	26.《小熊的鱼娃娃》	相对测量单位
概率与统计	27.《小鬼加布》	分类
	28.《好奇王子和花花绿绿的蚯蚓》	逻辑推理
	29.《蜡笔的颜色大比拼》	统计图表
	30.《王牌汽车》	统计表

第三步，安排特定时间进行绘本教学学习，每周一节，每次讲一个绘本，时间不超过 30 分钟。第四步，绘本教学的内容、过程和效果。绘本教学的内容可以根据近期学习的数学知识选择相关内容，明线是故事情节，暗线是数学思考，两条线并进，才能使学生既能听故事又能学数学。故事讲完后，要让学生说说通过这个绘本故事学到了什么？遇到此类问题应该怎么解决？学会用数学的眼光观察世界，能发现问题、思考问题并解决问题。第五步，绘本学习的延伸。延伸一：讲。学生在校学习了数学绘本，回家后可以讲给家人听。既培养了学生的表达能力，也培养了学生对数学的喜爱。在假期里推荐一两本好的数学绘本给学生，一家人共读共享，既增进对数学的了解，又增进了亲子之间的感情，开学后在班级中看谁讲得更精彩有趣，给予适当的表扬和鼓励。延伸二：做。引导学生创作数学绘本，因为低年段学生喜欢写写画画，想象力也很丰富，再加上他们已经看了和听了那么多数学绘本，如果能给以适当的指导，他们是可以创作出有趣的数学绘本的。

2. 语文＋吟诵

采用吟诵的方式学习古诗文，既遵循了古诗文创作及其声音本身的意义，又能够让学生读出汉诗文的声韵含义，加深学生对古诗文的理解、感悟，有助于学生学会用正确的方法读书。在课题的探索研究过程中，既转变了教师的教学观念，又提高了教师的语文素养和综合能力，形成了一套符合低、中、高不同年段特征的吟诵教学模式；通过吟诵教学，激发了学生学习古诗文的兴趣，促进学生提高创新学习品质。课题的研究带动和培养了一批学校的骨干教师队伍，获得了不同层面的各类奖项，社会影响较广泛且良好。

3. 美术＋水墨画

水墨画课题组开展了依托工作坊的小学低年段水墨画入门教学研究，通过培训、实践研修、总结分享，课题成员探索出一套符合低年段特征的水墨画教学范式：小学低年段水墨画教学的重点是在基本了解、掌握传统笔墨技法的基础上，通过水墨语言大胆表现生活中的美好事物，开发学生的想象力，培养学生的创造力。教师课前要认真钻研教材、设计学案，制作精美课件；课上教师应加入水墨技法，学生通过"一看二品三创作"的方式学习水墨画，使学生参与到学习的过程中，使所有参与课程的学生都能感受到水墨画的魅力。课堂上学生在模仿教师的创作过程时，发挥自己的想象，创造出不同的水墨肌理效果，课堂中处处体现着学生的创造力和表现力。在工作坊中，学生用水墨的方法将他们喜爱的物品创作出来，把绘画变得生动有趣，激发了学生对绘画的热爱；学生自创作品，进行展示交流，充分培养和发掘每一个学生的创造力和表现力。通过水墨教学激发了学生对中国传统文化学习的兴趣，促进了学生创新学习品质的提高。

（二）跨学科课程

跨学科课程整合就是围绕一个共同的主题，打破了学科之间的界限，把不同学科不同领域的理论和方法有机地融合，有目的、有计划地设计组织课程内容和教学活动，以提高学生能力、促进学生全面发展为最终目的的一种课程组织方式和课程设计理论。[①]

泡小西区的灯彩课程以灯彩制作为主题，集非物质文化遗产传统文化传承、劳动教育、诗词吟诵、书法教育、水墨画教育、创客教育、项目式多学科融合教育、美学教育、综合实践活动等于一体，是一种基于真实情境的典型跨学科课程整合方式。它从真实情境出发，选择学习主题，提出探究问题和学习任务，以问题解决、任务完成过程作为课程内容的组织中心，采用跨学科的知识和方法，使学生作为研究者直接参与学习活动，通过问题的解决和任务的完

---

① 李克东，李颖. STEM 教育与跨学科课程整合［J］. 教育信息技术，2017（10）：3—10.

成进行课程学习。

1. 指导思想

以美术学科为核心，以"中华灯彩"为主题，打造国家级非物质文化遗产特色课程。集传统文化教育与学科整合于一体，开发兼具普适性和针对性的阶梯式发展课程。

2. 实践基地：灯彩博物馆

灯彩博物馆作为泡小西区灯彩课程实践基地，同时也是灯彩课程研发中心，位于泡小西区A区。灯彩博物馆是泡小西区开展灯彩非物质文化遗产教育成果的集中展示区，目前有序厅、中国灯彩历史、中华灯彩、学生灯彩作品四部分基本陈列，共有藏品近200件。中国灯彩历史基本陈列融科学性、知识性于一体，以大量的文字说明和珍贵的历史照片，展现了中华灯彩的历史沿革、灯会习俗的形成及现代灯会的发展。学生灯彩作品基本陈列展示了学校灯彩非物质文化遗产教育的优秀作品与灯彩非物质文化遗产教育实践成果，学生将书法、绘画、建模、立体结构与灯彩结合，完成了大量优秀灯彩作品。

3. 灯彩课程实施维度

泡小西区灯彩课程分为精品班及普通班两种类型，采用双线结构组织推进。精品班由各班级推荐的学生代表组成，由成都市非物质文化遗产灯彩传承人王东涛、学校灯彩课程负责教师于每周五下午在学校灯彩博物馆授课；普通班的灯彩非物质文化遗产教育则由班级教师进行课程讲授，将灯彩的历史、文化、结构、原理及审美等融入学科教学当中。经过前期实践探索，泡小西区六个年级4200多名学生积极参与灯彩非物质文化遗产课程。

灯彩博物馆现由成都市非遗灯彩传承人王东涛领衔的课程专业指导专家五名、专项讲解教师五名、直接参与课程研发教师二十余人，灯彩博物馆在周末、节假日与寒暑假等节假日向社会常态化开发，开展社区灯彩教育，中华灯彩文化惠民讲座，图书资料查阅、宣传交流，不断从课内辐射到课外，以校内带动校外，以学生带动家庭，以家庭带动社区，以"灯"为媒，为弘扬社会主义核心价值观贡献校园力量。

（三）创客课程

创客教育秉承"开放创新、探究体验"教育理念，以创造中学为主要学习方式和以培养各类创新型人才为目的的新型教育模式。做中学、快乐教育、大成智慧、构造论是创客教育背后的核心理念。创客教育具有无限的价值潜能，对个体发展、课程改革、教育系统变革及国家人才战略产生重大影响。[①] 创客课程强调多学科内容的整合性和课程材料的时代性，即所学内容要与时代发展有更加紧密的联系；强调信息技术的融合性，任何学科都可以引入各种技术工具、软件平台、媒体素材等，在促进学科教学的同时提升学生的信息素养；强调学科活动的实践性，让学生能够动手操作，教材内容、课后练习、教辅材料的组织应尽可能以活动为导向，而非说教式或操练型组织模式。

泡小西区的创客课程主要有机甲大师、3D 打印、人工智能、无人机、乐高等课程，主要通过项目或专题的形式，引导学生对某一领域开展深入的探究与实践，并通过运用信息技术解决实际问题的方法和过程，最终提升学生的动手实践能力。

1. 机甲大师课程

大疆教育平台创新推出其教育机器人：机甲大师 RoboMaster S1。该产品秉承寓教于乐的设计理念，在配备光、声、力等多种传感器的同时拥有强大的中央处理器，结合定制无刷电机、全向移动底盘和高精度云台，使学生在享受竞技乐趣的同时学习机器人、人工智能和编程等方面的知识。

机甲大师课程是在学校的大力支持下于 2019 年 9 月引进，并由信息技术组负责的一门新兴课程。首次启动是在三年级，因为三年级学生处于小学低年段，思维较活跃，对机甲大师课程有着浓厚的兴趣。通过学生问卷调查从三年级学生中挑选出二十位对机甲大师创客感兴趣，并有相关基础的同学组成了第一支机甲大师创客校队。泡小西区机甲大师课程包括以下基础课程与专题学习：

（1）基础课程。

你好 EP 机器人：学习什么是机器人、机器人及大疆教育平台模拟器基础知识，学习云台基础知识和控制云台，了解俯仰角和航向角的概念，能控制云台旋转。

底盘移动：学习底盘编程模块，控制底盘完成指定编程任务。

发起攻击、挨打反击：学习 EP 机器人的发射原理及编程模块，结合底盘移动和云台旋转，控制发射器发射水晶弹。

闪闪发光的 EP 机器人：了解 LED 灯的灯效设置，结合色彩设置呈现不同效果，学习使用循环结构，学习循环语句的运用和处理。

---

① 杨现民，李冀红. 创客教育的价值潜能及其争议［J］. 现代远程教育研究，2015（2）：23－34.

会唱歌的 EP 机器人：学习机器音效的播放，编写程序控制机器人播放《两只老虎》和《小星星》，学习函数体。

全向移动：了解麦轮的概念、特点、组成部件、工作原理，探究麦轮的运动路径，完成全向移动。

每一门知识都是由最基本的萌芽状态循序渐进地发展深化为难度更高、形态更复杂的知识。基础课程的设置面向零基础的学生，从入门到一步步熟练，扎实地掌握并熟练运用这些基本技能对于掌握这门知识十分重要。

（2）两个专题的课程学习

主题一：以建党 100 周年为背景，以模拟小小阅兵仪式为主体贯穿始终，利用思维导图引导学生对任务进行分析，将一个完整的任务分解成三个小任务，由浅入深、循序渐进，也根据学生的差异进行分层教学。

主题二：智能仓储挑战赛以现实生活中的智能仓储为背景，模拟仓库内的货物转运，编程控制全自动机器人完成货物搬运任务。

两个主题的学习让学生初步了解了机甲大师，理解机甲大师的连接、操作及对底盘的控制。

案例 4-1

《小小阅兵员》

一、教学目标

知识与技能：能够利用底盘模块、智能模块中的相关指令编写程序。

过程与方法：创设情境，分析机器人的基本路线；根据场景地图编写程序；通过拍手识别能够控制机器人前进、旋转等。

情感态度价值观：通过阅兵仪式，提高学生动手协作能力，培养学生爱国情怀。

二、教学过程

（一）创设情境，确定主题

观看阅兵视频，请学生模拟一个小小的阅兵仪式，并思考一下两个问题：如果我们想要组织一场阅兵仪式，怎么根据现有的场地完成？完成阅兵仪式需要用到哪些模块？哪些指令？

（二）任务分析，新知讲授

任务一：怎样让 EP 步兵车移动到表演区？

获得路线图：确定起点与终点，通过底盘控制 EP 步兵前进，增加底盘平移速率。

任务设计意图：小学阶段作为思维模式发展的关键期，学生逻辑思维的培养是以问题为基础的，引导学生发现问题、分析问题、解决问题是培养他们逻辑思维能力的重要途径。学生对任务进行分析，在完成任务的过程中，培养其分析问题、解决问题及用计算机处理信息的能力。在这个过程中，学生还会不断地获得成就感，可以更大地激发他们的求知欲望，逐步形成一个感知思维活动的良性循环，从而培养其独立探索、勇于开拓进取的自学能力。

任务二：统一控制 EP 进行表演。

通过智能识别控制：分析拍手识别与手势识别哪个更好；识别到两次拍手：前进 0.6 m；识别到三次拍手：左右旋转、敬礼。

任务设计意图：创新的核心是创造性思维，通过表演任务的设计、动手操作，培养学生的创新意识。

（三）分享交流

以小组为单位进行演示，并分享在编程中遇到的问题以及解决的方法。

任务设计意图：鼓励学生用技术进行探索并解决问题；培养学生发现问题与解决问题的能力。通过展示交流环节，学生在之前小组合作学习中没有完全理解的问题可获得满意的解答，学生对所学内容的认识也得以扩展和提升。在这一环节中，生生之间、师生之间相互启发，进而不断产生新的灵感。

三、教学意义

跨学科活动的设计，通过模拟小小阅兵的仪式，让学生对我国阅兵的相关知识有了一定的了解，有利于学生身心智力的发展，拓展了视野，树立了正确的爱国观，激发了学生的爱国奋斗激情。

2. 3D 打印课程

2020 年，泡小西区新建了创客教室，在这间创客教室泡小西区引入了 3D 打印课程。3D 打印课程是创客教育的种类之一，作为信息技术课程的拓展延伸模块与创客课程的基础模块，对加强学生的信息技术能力及创新能力有着不可忽视的作用。

泡小西区的 3D 打印课程以社团课的形式开展，开设 14 学时的 3D 打印创客基础课程，一周开展一次，3D 打印校本课程内容分为三个模块，分别是入门、进阶、应用，将 3D 打印与各学科之间进行融合教学。

本课程由易到难介绍了 3D 打印软件——3D One 的相关基础知识及学科融合的知识，实践重点在于要教会学生思考如何建模，不仅仅是简单的学习如何进行打印操作。教师要教会学生熟练掌握建模软件的基本操作，帮助学生将想法变成现实，能够将所学知识运用到实际生活中；通过生动具体的 3D 打印教学项目，以动手实践为学习重点，鼓励学生勇于提出问题，勇于实践尝试。学生通过设计和打印作品，能拓展他们的想象空间，获得创新思维并提高他们的动手能力、创新能力、团队协作能力、分析解决问题能力。

案例 4-2

《创意笔筒》是计划在 3D 打印课程入门篇的第五课的讲述内容，教学重点是使学生能够学会运用 3D One 软件建立笔筒的模型。教学难点则为对笔筒的基本结构进行细致分析，并联系实际，发挥想象，设计不同样式的笔筒模型。

本案例采用任务驱动法。首先，根据实际生活进行情境创设，让学生明确本课学习任务，在教师的引导下进行任务分析，根据分析对新课的重难点进行讲解。其次，学生采取自主学习的小组协作方式进行探究。最后，由学生展示分享作品，并采取多种评价方式对作品进行评价。整个教学过程由浅入深、由易到难，学生在任务驱动的学习过程中，继续加强对 3D One 软件的学习。

笔筒与学生的学习生活息息相关，学生对笔筒也有直观的印象，对笔筒并不陌生。因此，让学生通过动手实践制作笔筒，可创设有利于发展学生创新思维的教学情境。在实际练习中，让学生学会运用抽壳、草图、拉伸等工具的同时，巩固已学知识，在整个过程中，学生与学生之间互相合作、帮助，可培养善于倾听别人想法和意见的好习惯，加强生生之间交流、讨论等合作意识和探究精神。在完成基础任务之后，继续对笔筒的样式进行加工创作，如制作月牙形笔筒、六边形笔筒、双子座笔筒等，在联系实际的同时发挥想象、拓展创新，设计出不同样式的笔筒模型，再对笔筒进行美化，在此过程中逐渐形成良好的审美情操，提高自己的创新能力和实践能力。同时，学生在整个学习过程中使用 3D One 软件制作笔筒并加强与其他学科知识的联系，认识到 3D 打印技术在日常生活和学习、科技进步和社会发展中的重要作用。

3. 人工智能课程

泡小西区人工智能课程以优必选课程为基础，使用配套优必选平板与配套软件，分为入门级、进阶级、探索级及人形机器人四阶段，课程难度依次递增，从三年级开始进行授课。课程于 2018 年 5 月引进，迄今已三年有余，由信息技术组负责；课程根据学生基础，难度由低分到高分为《AI 上神奇动物》《AI 上智慧生活》《AI 在变形工坊》三部分。教学以学生分组活动为基础，同时针对不同水平层次的学生进行个别指导；通过搭建规定场景，培养学生的动手能力与创造能力。

4. 无人机课程

随着人工智能的快速发展，无人机技术渐渐出现在大众的视野中，越来越多的学生对无人机产生兴趣，于是在 2021 年 3 月泡小西区引入了无人机课程。无人机创客教育是以学生的手、眼、脑一体教育及开发作为目标。锻炼学生的动手能力，操作无人机飞行；模拟训练及实际训练飞行，锻炼观察力；通过动手能力锻炼大脑的条件反射及判断力。泡小西区无人机课程主要学习无人机基本原理及其组成，掌握无人机上的 GPS、陀螺仪、加速度计、电子罗盘、蓝牙、WIFI、云台、遥控、视频传输等技术，学生可以根据自己的理解和创新，灵活搭配各个模块，设计组装属于自己的无人机，并完成创新。同时，泡小西区无人机校队也积极参与比赛，在区、市级比赛上也取得了好成绩。

5. 乐高课程

泡小西区于 2018—2019 年上学期积极引入了乐高教育创客课程，正式成立了乐高项目组，由学校一把手牵头，分管信息化的副校长和主任负责，数学、科学、信息技术教师一同组建了乐高项目组。项目组工作的初衷是以学生喜爱的乐高教育套装为学习资源，通过对乐高教育课程资源的借鉴引入，鼓励教师打破学科界限，创新开展课题研究和教育教学实践。

泡小西区乐高创客社团是以乐高特色课程为载体开展活动的，为了能够让校内不同年龄段的学生都能在乐高创客课程中得到发展，本校按照年级划分，形成 A 区和 B 区，A 区成员由 1～2 年级的学生组成，B 区成员由 3～5 年级的学生组成。

案例 4-3

《无接触取餐口》

一、教学目标

第一，在设计的过程中，了解齿轮的更多作用，发挥创造力；第二，经历小组合作的过程，一起搭建、尝试、调整，体会动手的乐趣，体感成功带来的自豪感；第三，根据当前新型冠状病毒肺炎疫情的情境进行思考和创新，了解人们为抗疫所做的准备，提高自我防疫的意识。

二、教学过程

（一）联系

第一，播放动画视频《新冠肺炎疫情如何改变生活》，教师提问：在新型冠状病毒肺炎疫情的背景下人们的生活发生了哪些改变？第二，教师可进行课程导入，利用之前学过的齿轮的知识设计一款无接触取餐口方便人们的生活。

（二）发现与反思

第一，教师提问，怎样才能实现无接触取餐呢？第二，学生讨论，头脑风暴；第三，交流汇报，表述小组的初步。

任务设计意图：启发学生，借助某一个视频情境，表达自己初步的思考，唤起学生对无接触存取的研究经验。

（三）出示挑战

过渡提问：我们设计无接触取餐口要考虑哪些问题呢？出示挑战任务，请学生讨论设计方案。

任务设计意图：思考设计要注意的问题和明确接下来的搭建任务要求。

（四）搭建

小组讨论根据要求完成初步设计；小组合作，寻找到合适的材料进行搭建；在搭建的过程中记录遇到的问题及解决办法。

任务设计意图：小组讨论，形成小组合作探究的初步方案，在动手搭建的过程中发挥小组的作用，对无接触取餐口进行改进，在改进的过程中思考并填写《实验记录单》，在搭建过程中，鼓励学生遇到问题要多思考，提升其解决问题的能力。

（五）分享和反思

小组展示其作品，介绍作品的功能和运动原理；和其他小组分享交流设计理念，以及设计过程中遇到的问题和解决办法；学习其他小组优秀的建议和方法，继续改进自己的作品。

任务设计意图：小组上台展示作品，和同学交流设计理念并总结经验，在反思交流中提升学生对所学知识的认知和运用。

（六）拓展

联系本单元所有的知识点以及学生平常生活的经验，思考还可以在生活中的哪些地方实现无接触工作，让人们在新型冠状病毒肺炎疫情的影响下生活得更加健康方便？

（四）家校社三位一体劳动教育课程

《中共中央　国务院关于深化教育教学改革全面提高义务教育质量的意见》中将立德树人作为教育教学改革的首要任务，并特别指出要加强劳动教育。劳动教育不仅要重视"做"，也要重视其背后的价值取向——培养学生对劳动的热爱和尊重，让学生充分感悟劳动的意义，帮助学生树立正确的劳动观。[①] 泡小西区根据学生的实际情况，科学设计课内外劳动项目，采取灵活多样的形式，激发学生劳动的内在需求和动力。注重系统培育，根据不同年龄阶段学生的特点和需求，开设一些与家政、烹饪、手工、园艺、耕种、饲养、非物质文化遗产等相关的劳动实践课程，培养学生自觉参加劳动、诚实劳动，实现劳动教育理论化、课程化、生活化。

同时，在确保"双减"背景下劳动教育课时不能少于一半。家长在家须给孩子安排力所能及的家务劳动，学校要坚持学生值日制度，组织学生参加校园劳动，积极开展校外劳动实践和社区志愿服务。

家校共育是泡小西区的办学特色，所以在劳动教育的顶层设计中也融入学校的办学特色，着力构建以家、校、社三位一体的劳动教育课程体系。与此同时，家校社联动机制是将更多优质的社会资源转化为学校课程开展的教育资源。通过课程化的方式将劳动教育纳入常规教育教学活动课程中，形成学校校本特色课程、优化师资结构，为每一个学生提供劳动教育的沃土。

1. 学校劳动技能课程

泡小西区在实施劳动教育时坚持保障常规的生活品德课程，在课程中提供创造性劳动的研究和实践，促进学生动手动脑，以劳动教育为载体探索多学科知识的融合与应用，实现知识与劳动、"内在思"与"外在做"的有机结合，从而帮助学生在实践中体验劳动快乐，培养其创新精神。

具体内容为常态品德课程、班队会课程、少先队课程、社会实践课程（如图 4-3 所示）。

---

① 中共中央 国务院关于深化教育教学改革全面提高义务教育质量的意见 [EB/OL]. (2019-06-23) [2022-11-16]. http://www.moe.gov.cn/jyb_xxgk/moe_1777/moe_1778/201907/t20190708_389416.html.

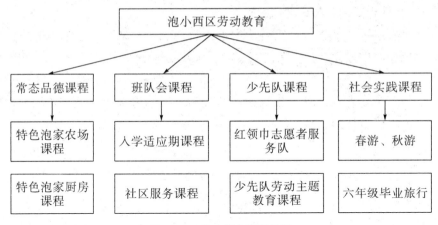

图4-3　劳动教育课程体系

学校的校园种植活动，即泡泡农场课程，让学生真实体验农民辛勤耕耘的过程，使学生对生活抱有感恩之心，培养学生对劳动者的尊敬。学生在泡泡农场课程中体验种植与采摘，在泡家厨房课程中学生学习烹饪与礼仪。在这个课程中学生不仅学习制作美味食品的过程，教师更是着重从饮食文化的角度向学生渗透世界村的文化教育。

2. 家庭劳动技能培养

青少年时期是学生良好行为习惯养成的重要阶段，家庭是此阶段学生的主要生活及学习场所。开展良好的家庭劳动教育，可以帮助儿童养成良好的习惯，培养其热爱劳动的素质。

在一年级新生家长培训中，泡小西区特别提醒家长要多注重学生良好习惯的日常养成，并在入学课程、入队课程中充分加入了家校共育的力量。泡小西区倡导把家庭劳动教育日常化，让学生掌握洗衣、做饭等必要的家务劳动技能，小到整理书桌房间，大到参加家务劳动，从点滴处培养其劳动意识，在家务劳动中养成热爱整洁的良好习惯。同时，通过学校家校共育课程的泡泡家长学校系列课程，帮助和指导家长树立正确的劳动教育的观念，帮助学生认识到家庭中的每个人都有其责任；家长要在学生进行家务劳动时起到示范作用，当他们无法克服困难时，可以通过直观具体的引导让他们学会一些基本劳动技能。

同时，泡小西区倡导"周末不宅家"活动，学校在设计家校合作课程时增加了社会实践课程，鼓励家长引导学生深入田间地头、工矿车间、街道社区，让他们在田间挥洒汗水中，体验劳动的欢乐，提升劳作的技能，感知劳动之美，实现自我锻炼和自我提升。

3. 社区资源的各类延伸课程

社会要发挥协同作用,支持学生走出教室,动起来、干起来,在公益劳动、志愿服务中强化其社会责任感。除了与东坡路社区一起积极合作,我们还利用家长资源搭建多样化实践平台,满足各年龄段学生的实践需求,更为重要的是弘扬"劳动光荣、创造伟大"的主旋律,汇聚正能量,强化舆论引导,创建劳动教育的条件和氛围。

第五章 智慧学校的课堂教学模式

一、教学模式概述

教学模式是教学的一种范型，是在一定的教学思想或教学理论指导下，建立与教学目标、教学内容、教学程序、教学方法相联系的综合的相对稳定的策略体系。

二、教学模式变革历程

（一）基于交互式电子白板开展初步的混合式教学研究（2008 年 9 月—2012 年 8 月）

本阶段主要解决的是教学资源不够丰富、课堂教学互动形式单一问题。主要的解决措施有：开展全学科交互式电子白板教学，重点研究有效运用互联网丰富教学资源，并在混合式教学中利用电子白板的交互功能促进师、生、资源互动；探索基于数据的教师教学行为分析。自 2011 年起，学校教师参与基于网络的教师专业发展 COP 项目，依据数据反馈，改进教学行为，增强课堂互动性。

（二）基于线上线下的混合式课堂进程改革（2012 年 9 月—2015 年 8 月）

本阶段主要解决的是传统小课堂学习时空受限，学习延展性不够，未充分调动学生积极性的问题。解决问题的措施有：第一，尝试混合式教学改革。2012 年，初步搭建混合式教学环境，该环境由传统教学环境和以"云平台＋移动互联网＋个人学习移动终端"建构的虚拟教学环境组成。在教育部教育技术与资源发展中心（中央电化教育馆）的指导下，以语文学科为突破口开展实践研究，探索"线上－线下"翻转式教学流程。2014 年，参与学科扩展至语文、数学、英语，探索线性"课前导学－课中研学－课后共学－课外拓学"教学流程，促进学生主动学习。第二，初步形成教学支持系统。教师通过平台发布任务，查看数据；建设丰富的线上线下资源并引用；引导学生通过平台空间进行学习交流、讨论。第三，初步探索教学评价。基于数据进行教师教学过程与学生学习过程的评价，利用网络听评课系统对教师的教学行为进行分析，利用 ACTS 学业素质能力评价报告对学生的学习结果进行评价，通过成效评价对学生的自主发展状况进行综合评估。

（三）创建并运行混合式教学的"大课堂矩阵"教学模式（2015年9月—2017年8月）

本阶段进入混合式教学深水区，主要解决教师教和学生学的行为交互深度不够、教学效能不高的问题。解决的措施是：2015年，参与学科扩展至所有学科。教师秉持"大课堂"理念，依托省市区级教育科学规划课题研究，探索出基于"课前-课中-课后"师生交互的混合式教学"大课堂矩阵"教学模式，并在教学中不断实践。

（四）完善并整体运行混合式教学模式的整体改革行动框架（2017年9月—2020年8月）

本阶段主要解决的是教学支持系统和评价体系不完善，混合式教学不成体系的问题。主要的解决措施有：第一，构建"三面合力"支持系统与"三维交互"评价体系。利用信息化平台功能，探索混合式教学中学习任务的"数控台"、学习活动的"资源馆"、学习交流的"空间站"如何发挥作用并支撑教学模式的开展；探索如何通过过程评价、结果评价、成效评价保障教学的持续改进。第二，体系性构建混合式教学模式整体改革行动框架。基于教学活动中存在的问题，通过教学模式、支持系统、评价体系推动高质量课堂的发生，促进学生的自主发展，形成混合式教学模式整体改革行动框架。第三，完善混合式教学模式整体改革行动框架。在所有学科中运用此行动框架，在实践中发现问题并进行调整。

（五）不断总结经验，应用和推广成果（2015年9月至今）

自2015年开始在校内实践检验，2017年开始系统盘点、总结经验、提炼成果，在各级各类期刊发表相关论文或出版专著；在区域内其他学校应用验证，在城市、农村地区等多所学校得到推广，取得良好的实践效果。

三、混合式教学"大课堂矩阵"教学模式

（一）小学混合式教学存在的问题

1. 小学课堂混合式教学"混而未合"

小学混合式教学存在的问题有：教师运用技术的目的不明，技术与教学相

互割裂，技术与教学的协调性差，功能整合不足等。一些课堂看似运用了高技术，实际上是披上信息化外衣的传统教学，甚至还存在教师课堂炫技等现象。这种随意、零散、无序的技术运用导致小学混合式教学"混而未合"。

2. 小学课堂混合式教学"混而不深"

小学混合式教学存在的问题有：教师的技术运用流于形式，课堂多是抢答、点赞、上传作业等浅层次认知活动，缺少讨论、探究、合作解决问题等能够促进学生深层次认知的活动。教师没有根据学科特点和学情变化选择合适的技术，在教学的关键环节仅重视技术的作用，这种表面"积极""活跃"的互动难以调动学生深度参与，导致混合式教学的"混而不深"。

3. 小学课堂混合式教学"混而低效"

小学混合式教学存在的问题有：混合式教学的评价跟进不力，缺乏对目标达成过程与结果的随时监控与调整，教师不及时、不会用、甚至不用评价反馈的数据指导教学持续改进；缺乏多类型评价方式，对学生的个性发展与情感状态关注不够，导致混合式教学"混而低效"。

（二）对小学混合式教学的认识

1. 混合式教学要通过多教学要素的融合推动课堂的深度学习

混合式教学能把传统学习方式的优势和 E-Learning（数字化或网络化学习）的优势相结合，但并不意味着深度学习就能真实发生。真正意义上的深度学习，需要多教学要素支撑、丰富课堂，尤其需要多教学要素优化融合。在课前、课中、课后均进行线上、线下混合，要素间交叉融合，形成了主体、资源、方式、媒体、时空五大教学要素的融合。混合式教学中要根据学习进程有的放矢地选择融合要素与方式，促进学生全感参与、开放讨论、思维进阶。学生主动在线上或线下与教师、同伴、家长、专家交流，开展思维碰撞、反思提升、自我建构，推动学生进行深度学习。

2. 混合式教学要通过重构教学组织形式实现课堂的有效教学

传统教学基于教学流程线性推进的教学组织形式，已不能适应混合式教学的开放性与不确定性。为增强混合式教学的有效性，须重构教学组织形式，突破时空界限、再造教学流程、开展分层教学，使学生的学习意愿、思维、行为始终处于稳定、持续的"自生长"状态。混合式教学中，课前主要实现知识的识记与理解等低阶认知目标，课中、课后则可以实现对知识意义的深层次理解、批判性审视及迁移应用，整个过程遵循布鲁姆教育目标分类，推动教学有效发生。

3. 混合式教学要通过多样化的评价设计保障课堂的持续改进

相对于传统教学单一的评价，混合式教学中的评价更具多样性、即时性和开放性，嵌入教学活动全程，引发师生教与学行为调整，从简单的浅层学习逐渐过渡到需要高阶思维参与的深层学习。为充分发挥评价对课堂有效改进的作用，须进行过程、结果、成效等多样化评价，构建评价体系，协同整合，保障课堂的持续改进。

（三）小学混合式教学的整体改革

泡小西区基于混合式教学中存在的"混而未合""混而不深""混而低效"等问题，构建了"大课堂矩阵"教学模式、"三面合力"支持系统、"三维交互"评价体系，共同构成了小学混合式教学模式整体改革行动框架——"飞机模型"（如图 5-1 所示）。其中，机尾代表的是混合式教学中存在的问题，旨在表明问题是改革行动框架的逻辑起点；"大课堂矩阵"教学模式为机身，即改革行动框架的核心；"三面合力"支持系统和"三维交互"评价体系分别为两翼，以保障教学模式的正常运行；机头表达改革行动框架的目标为高质量课堂，即实现学生的深度学习、教师的有效教学、课堂的持续改进，最终目标是推动学生自主发展。

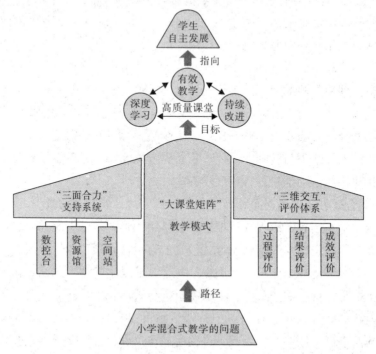

图 5-1　小学混合式教学模式整体改革行动框架——"飞机模型"

1．"大课堂矩阵"教学模式

（1）"大课堂矩阵"教学模式的思想借鉴。

教师认识到信息技术支持人类突破身体感官在物理空间上的限制，通过人与媒体的互动，可以实现线上与线下人人交互、人机交互的教学形式。教师需要聚焦问题解决开展教学的要求，形成了以教师为主导、以学生为主体的混合式教学"大课堂矩阵"教学模式的基本思路。

（2）"大课堂矩阵"教学模式的含义。

"大课堂矩阵"教学模式是指教学时空与教学主体两类要素队列组合形成的教学活动结构框架。"大课堂矩阵"教学模式中"大课堂"是相对40分钟的传统"小课堂"而提出的，借助信息技术实现"小课堂"横向和纵向的延伸。横向是指打破传统课堂的时空界限，将"小课堂"延伸为以线下为主、以线上为辅的课前－课中－课后"三段式"课堂。纵向是指变革了传统"课前预习－课中授课－课后复习"单一任务的线性教学模式，探索了课前、课中、课后均有"教师导学评学，学生研学共学"且有多层次任务的矩阵教学模式。

（3）"大课堂矩阵"教学模式的组织结构。

如图5-2所示，混合式教学的"大课堂矩阵"教学模式形成了"三段十八环节"的教学改进关键环节。每个环节都是师生在课前－课中－课后行为交互形成的线上、线下教学活动。既有以教师为主的活动，如发布任务、问题导学等；也有以学生为主的活动，如自学议学、共学共思等；还有师生共同的活动，如前测反馈、个性化促学。此模式旨在借助信息化手段，通过线上、线下师生交互，为学生创建学习新场域。根据学情，师生既可按时段推进每个环节，又可灵活选择，或重复或跨越，形成适合班情的教学流程。

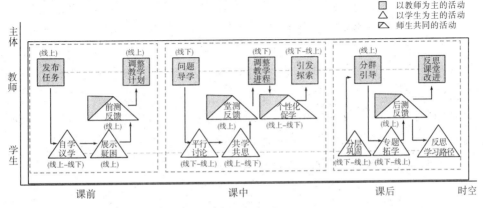

图5-2　混合式教学的"大课堂矩阵"教学模式

混合式教学的"大课堂矩阵"教学模式分成课前、课中、课后三个小矩阵实施。

第一，课前矩阵旨在探明学情，精制教学目标。

课前，教师制定课堂教学目标并逐步分解教学任务，设计符合学生最近发展区的教学支架，以导学单、微课等形式发布线上任务。学生利用平台、教材等资源自主预习并完成导学单任务，与同学进行交流，也可在线提出自己的困惑、想法，教师及时在线上进行针对性指导。教师线上发布课前测并根据课前测反馈的学生自主学习的情况，了解学生的认知情况，聚焦学生存在的核心问题调整课中的教学计划。课前，学生对将要学习的内容和目标进行大致了解，自行解决消化一部分知识内容，主动做好学习的准备。

案例 5-1

教学五年级《红楼春趣》，教师课前通过平台发送导学单，指导学生自主学习。学生根据任务单要求，通过读课文、查阅资料、询问家长、上网搜索搜集相关信息，以图片、文字、视频等形式在班级空间中发布对贾宝玉这个人物形象的初步感知，并围绕题目中的"趣"字，在文中相关地方圈点、勾画、批注，并拍照上传。完成导学单任务后，学生可在线查看同伴的作品，再通过"趣"处进行交流、讨论、评价、建议，实现生生之间的认知交流和共构。教师通过课前测反馈在线梳理学生自主学习成果，发现学生对贾宝玉形象的评价单一，对文中的"趣"处感知不够细，便根据小学古典名著教学中激发兴趣目标要求，将"体会人物性格特点和关系""感受《红楼梦》之趣"作为教学重点。

第二，课中矩阵重在问题教学，实现教学目标。

课中，教师针对课前定位的核心问题以任务单的形式引导学生开展探究性活动，组织学生自主学习、合作交流，深度思考，实现教学目标。学生在独立思考的基础上，以线上、线下的方式，发表观点、参与讨论、分享心得体会，进一步与同伴开展合作学习、探究解决问题的方法，达成共识或提出疑问。教师关注学生的学习状态并及时肯定学生、鼓励学生，对学生的学习成果予以点评和指导；借助平台发布课中测，即时反馈了解学生的认知增量，及时调整课堂教学进程，对学生进行针对性的集体辅导或个性化指导。教师根据课堂上新产生的问题，以线上、线下多种方式引发学生课后反思。

案例 5—2

课中，教师引导学生根据课前自主学习中的习得，对文中贾宝玉形象展开交流，并适时指导学生抓住细节描写，体会语言表达，感悟人物形象。教师在线发布"金陵十二钗"名册，指导学生勾画文中出现的人物，以小组交流的方式讨论人物阶层异同。教师引导学生结合文中"趣"的描写，运用比较阅读方法验证《红楼春趣》人物间是否有严格的阶层之分。教师通过课中测反馈发现学生对名册中的人物阶层异同已掌握，但对不同阶层之间的关系不清楚，教师及时调整课堂教学进程。学生在平台中自选教学资源，深度体会《红楼春趣》中的人物阶层和人物关系，并展开讨论。

第三，课后矩阵意在巩固拓展，深化教学目标。

课后，学生基于个体学习报告反馈和进度差异开展分层学习，可以通过回溯课堂主环节、查阅线上线下资源、线上同伴交流等方式巩固提升学生已有认知。教师根据学生的兴趣点设计并发布拓学单与配套在线资源，引导学生课后拓展。学生根据教师发布的拓学单自主选择主题，利用自选或推送的线上线下资源开展拓展性学习，拓宽自己的知识面。教师发布课后测并根据反馈了解学生的学习效果，实施线上线下个别指导。教师通过回溯课堂环节，反思"大课堂矩阵"教学模式的薄弱环节，改进课堂教学，为下一阶段的教学矩阵做准备。学生可以通过在线查阅阶段学习报告和回溯课堂环节等方式反思学习路径，巩固学习成果。

案例 5—3

课后，学生持续展开对《红楼春趣》"趣"的鉴赏，自主选择深入研究的方向，如人物、建筑、服饰、饮食、医学等自选线上线下资源，自选学习伙伴，共同研读，将研究的过程、结果、佐证材料等汇总形成微型研究报告，发布到班级空间里与同学进行讨论。师生对各微型报告进行在线点评，教师对学生课后测反馈的问题进行在线指导，通过回溯课堂反思教学中的不足进行改进。学生通过回溯课堂主环节反思自己的学习行为，习得名著赏析的方法，深化文化认同。

在实施过程中，教师指导学生使用移动终端的时间严格控制在一次连续不超过 20 分钟，一天累计不超过 60 分钟，符合《成都市教育局关于切实减轻义务教育阶段学生过重课业负担的指导意见》要求。

（4）"大课堂矩阵"教学模式的实施准则。

第一，实现时时参与的多要素共融。师生共建共享资源空间，灵活选取教学资源，随时调取、随时储存。学生可随时组合使用多类型设备开展无缝学习。通过课内课外、校内校外场景融合，学生能时时进行正式、非正式学习，即学生时时可学。

第二，搭建处处共在的共学共研空间。师生借助信息技术提供的线上交流平台随时随处交流讨论，形成虚拟的学习社交生态圈。学生在课堂内外根据自身兴趣、能力、思维方式等选择学习伙伴，在线上线下开展对话与探究活动。

第三，满足人人获得即时的反馈及评价。教师通过数据支持和评价反馈，把控和调节矩阵各环节，推动"大课堂矩阵"教学模式的持续改进。利用信息技术伴随式采集每一个学生学习过程的数据并提供"学习画像"，教师根据阶段诊断报告精准判断，对学生给予更具针对性的指导。

2."三面合力"支持系统

如图5-3所示，基于混合式教学的规模化、常态化、持续性实践，建构学习任务"数控台"、学习活动"资源馆"、学习交流"空间站"的"三面合力"支持系统，为"大课堂矩阵"教学模式的运行提供强有力的支持。

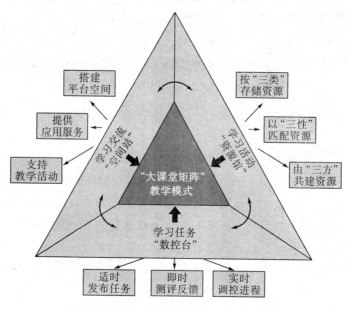

图5-3 "三面合力"支持系统

（1）学习任务"数控台"，为教师提供主导教学进程的手段。

泡小西区混合式教学的"数控台"是教育数据采集、存储、分析平台。该平台对教育数据进行统一管理，对数据标准进行统一规范，对各项数据进行多维度的、高效的分析挖掘，支持教师利用数据调整教学活动。

第一，适时发布任务。教师通过平台发布导学任务，根据学科、课型的不同，教学任务内容包括预习微课、自学支架、问题引导、回顾练习、讨论主题等。学生在线读取任务后，在导学任务的引导下开展自学议学、平行讨论、分层学习。

第二，即时测评反馈。教师根据导学任务的不同，因人而异地向全体学生或对个体或对小组发布测评任务，学生在线完成测评或提交自己的探究成果。教师利用平台对学生的测评数据进行自动分析，快速解读数据背后学生的真实学情、思维方式、认知维度、能力层级，以此为教学调整提供依据。

第三，实时调整教学活动。

通过数据采集、挖掘、分析，既可根据学生的认知起点调整教学计划，进行二次备课，实现"以学定教"；也可根据学生的认知增量决定选择预设的某教学环节，或者重组资源帮助学生再次理解；还可根据学生的错误或创新的学习成果再生教学资源，引导深度思考、合作探究。

案例 5-4

在《猴王出世》的教学过程中，教师在课前发布导学任务指导学生自主预习，并通过线上收集学生自学后对石猴的最初印象的关键词，利用高频词云图直观呈现学生初读后的共识性的观点。通过高频词云图，教师发现相当比例的学生认为能够形容石猴的关键词有"神通广大""狂妄""不羁"等，但这并不是学生基于文本解读得到的结果，而是学生通读《西游记》全书后形成的固有印象。因此，教师根据问题精准定位的学生自主预习预习中存在的问题，及时调整教学计划，将"引导学生通过研读课文准确抓住人物形象"确定为课堂的重难点。

（2）学习活动"资源馆"，提供同步与异步学习的支架要素。

泡小西区混合式教学的"资源馆"是多方共建、存储、使用、加工、共享、更新的各类序列化、系统化教与学资源的存取空间，支持学生在混合式教学环境中基于资源开展同步或异步学习。

第一，按"三类"存储资源。按资源形态分类可分为实体形态资源（如纸质试卷、纸质阅读、教具学具等）和数字形态资源（如微课视频、数字阅读、互动课件、电子试卷等）。按使用方式分类可分为演示的资源（如微课视频、听学音频、纸质阅读、数字阅读等）和可操作的资源（如纸质试卷、电子试卷、互动课件、拓学应用等）。按学习目标分类可分为支持学生同步学习的资源（如互动课件、教具学具、纸质试卷等）和支持学生异步学习的资源（如数字阅读、电子试卷、拓学应用等)。

第二，以"三性"匹配资源。

向教师提供满足学生共性需求的资源："资源馆"有大量与教学内容相匹配的资源，如预习微课、自学支架、课程资料、评测任务等。教师根据适合学生共性的学习需求提供基础的学习资源，推动学生前置性学习和自我认知。

向学生提供贴合个性需求的资源："资源馆"建设有个性化学习资源和课内外各种在线课程。学生在研学、共学过程中，根据能力和兴趣选择不同层级、不同主题的学习任务或学习小组，并在"资源馆"里自主选择符合自己学习内容所需要的个性化学习资源。

向学生自适应推送实现针对性需求的资源："资源馆"会自适应地推送针对性的进阶或巩固练习，支持学生进行分层学习；也会推送相关任务快速检测学生现状，根据检测结果绘出学生专属的知识地图，并针对学生对知识的掌握情况智能推送适合的资源，提供个性化优学方案。

第三，由"三方"共建资源。

教师规划性共建教学资源：教师在教研组和名师工作室的指导下，按规划在资源馆创建各种教学资源。截至2021年6月，泡小西区校本资源数量已达到67281个。

学生自主性共生学习资源：学生根据教师的导学任务，自主或团队合作搜集学习资源，由学生共同建构的资源有切己性的学习经历和生活体验，更易被学生群体理解和接受。

平台开放性引入公共资源：泡小西区资源馆已经与国家教育资源公共服务平台实现对接，教师可以引用来自国家教育资源公共服务平台和其他网络平台的公共资源。截至2021年6月，教师可引用的公共资源总数达1903815个。

案例5-5

在英语学科Cities的教学过程中，教师在课前在线分组发送不同的课前导学资源。学生在自主学习的基础上利用平台、互联网等渠道收集相关的照片、文字、视频等，共建资源；学生在线查阅同学的前测作品，在班级空间里与同伴交流，开展基于资源情况的学习。课后学生根据教师布置的拓展学习任务及自身需求，利用线上、线下资源拓展自己的知识面。

(3)学习交流"空间站"，创设人人对话、人机对话的平台。

学习交流中的"空间站"是指学生、教师等多个主体之间的交流、分享、沟通、反思、表达、传承等活动的载体，既指网络虚拟学习环境，也指个体能够分享知识的物理空间。

第一，搭建互联互通的平台空间。

学习交流"空间站"包括个人空间（教师空间、学生空间、家长空间等）和机构空间（班级空间、学校空间、区域空间等），并集成了公共应用服务和数据分析服务。学习交流"空间站"实现了"一人一空间"，支持不同用户的互联互通，实现信息沟通与数据交换；支持各类公共应用服务的汇聚与调用，实现服务贯通。

第二，提供多层交互的应用服务。

个人空间是具有角色基本功能且可拓展的个性化工作与学习场所，是调用各类应用服务的个人应用枢纽。机构空间能够调用公共应用服务，支持生成性资源管理、信息发布、活动组织与活动分析等。公共应用服务包括资源共享服务、教学支持服务、学习交互服务和决策评估服务等。学生通过个人空间和班级空间，调用公共应用服务，支持混合式学习活动，并将空间应用中形成的生成性资源存放于个人空间或班级空间，支持自主发展。

第三，支持开放共融的教学活动。

在"大课堂矩阵"教学模式中，师生借助互联互通的个人空间搭建路径，随时开展多向交流讨论，包括与各领域专业人士进行远程互动；学生在个人空间和班级空间交流的过程中，可以通过举手投票、开帖子、写回复等方式及时表达自己的观点、意见；教师通过学习交流"空间站"可以随时开展测评，及时获得学生的学情反馈。

案例 5—6

在二年级《民以食为天》单元中，教师利用平台现场和专家连线，请教课文中"刀工"的各种名称；在三年级《汉字溯源》单元中，教师利用平台带领学生走进故宫数字博物馆，在线参观瓷器展，学习"皿"字底的意义，并在学生关注青铜器铭文时，利用搜索引擎立即学习金文的来历；在五年级《民间故事》《四大名著》单元中，教师课前在班级空间发布导学任务，及时搜集学生的观点，并投放相关资源供学生在班级空间里交流；将搜集的观点在课堂上进行面对面二次整理后重新投放到班级空间，课后学生进行点评生成新的疑问，并在个人空间筛选资源自主拓学。

第六章 各学科大课堂"矩阵"教学设计论文典型案例

《坐井观天》第二课时教学设计

一、目标及目标解析

（一）教学目标

第一，巩固"渴、喝"等生字，读准多音字"哪"，会写"渴""喝"等生字。

第二，分角色朗读课文，完成小鸟和青蛙的对话。

第三，明确小鸟和青蛙争论的问题，交流它们观点不一致的原因，体会故事中蕴含的道理。

（二）教学目标解析

生字学习是低年段学生语文学习的重要内容，利用课堂时间多读多正音，随文识字，帮助学生把生字读正确，把课文读通顺。"哪"这个多音字的两个读音在同一篇课文中出现，可以对比记忆。"渴""喝"两字字形相似，可以通过学习，引导学生学会利用偏旁不同，区分字义，因此，设计了该课时的第一个教学目标。

学生分角色朗读课文，完成青蛙和小鸟的对话。该教学目标契合本单元的语文要素——初步感受课文语言的表达效果。另外，本篇课文的体裁是寓言故事，情节生动、对话有趣，学生可以在朗读过程中加深对课文的理解。

体会《坐井观天》这个寓言故事蕴含的道理，对于二年级学生来说比较困难，因此，设计教学目标为本课的教学重难点。引导学生深入故事情境，理解小故事背后的大道理。

二、内容及内容解析

（一）教学内容

第一，随文识字"渴""喝""哪"，通过找近义词理解"大话"，通过结合生活实际理解"无边无际"，会写"渴""喝""哪"等字。

第二，抓住不同标点，体会说话时的不同语气，读好角色语言。

第三，明确青蛙和小鸟对"天的大小"的不同观点，理解产生不同观点的原因。了解"寓言故事"这个体裁，知道它有"小故事，大道理"的特点。

（二）教学内容解析

根据低年段学生的学情，在识字教学中，可借助不同的识字方法，帮助学生构建音、形、义之间的关联。使学生在识字过程中产生主动识字的兴趣，学会归类识字，逐步养成观察字形结构的习惯。

本文选自统编小学语文二年级上册第五单元。本单元围绕"思维方法"这一主题编排了《坐井观天》《寒号鸟》《我要的是葫芦》三篇课文。本单元语文要素之一是初步感受课文语言的表达效果。因此，应让学生多读多感受，体会不同标点的不同语气，完成角色对话。

《坐井观天》一文是小学阶段安排的第一篇寓言故事。课文通过简短而传神的对话，讲述了一个有趣且寓意深刻的故事，揭示了一个道理：看待问题，站得高才能看得全面。"坐井观天"也是一个成语，用来形容眼界狭窄、所见有限。在此背景下，了解寓言故事这个体裁，帮助学生理解寓言故事背后的道理十分重要。

三、学情分析

本篇课文是学生第一次在课本中接触寓言故事，对于课文的基本内容掌握比较容易，但对其寓意的理解会稍难，需要教师在教学过程中积极引导学生，深化其认识。

刚升上二年级的学生，在学习过程中主要依赖无意注意，以直观、感性思维为主，因此，教学中采用生动的动物板贴再现情景，通过课堂实验体验井中青蛙狭窄的视线，帮助他们体会不同视角造成认识的不同。

《坐井观天》这个故事，大多数学生都听过。学习中要充分利用该优势，调动学生的学习兴趣，促使学生积极参与到课堂活动中来。

四、教学诊断

第一，明确小鸟和青蛙在争论的问题，理解故事的基本内容。

第二，通过各种形式的朗读，在朗读中体会故事寓意，进一步认识到因所处位置的不同会导致眼界的不同。

五、媒体、技术选择

使用"一对一"数字化设备、多媒体。

六、教学流程

（一）复习导入，引出问题

第一，回顾旧知，利用板贴，明确青蛙和小鸟的不同位置。

第二，展示课前平板投票结果，导入本课讨论的主问题：青蛙和小鸟为什么有不同的认识，谁的观点相对客观？

任务设计意图：利用生动有趣的板贴，帮助学生回忆课文内容，轻松进入语文课堂；根据优学派教学平台互动课堂的投票结果，充分利用大数据的优势用学生最感兴趣的问题来开启课堂学习。

（二）细读课文，精思领悟

1. 学习青蛙的观点

（1）学生齐读课文，找到青蛙和小鸟争论的问题：天的大小。明确青蛙的观点是："天只有井口大。"

（2）读懂第四自然段青蛙说的话。

第一，通过找近义词和联系生活，理解"大话"的意思。第二，通过句子对比，读懂"天不过井口那么大，还用飞那么远吗？"意思就是"天不过井口那么大，不用飞那么远"。初步感受标点符号不同导致表达的语气不同。

（3）朗读青蛙的话，读出青蛙的自大和青蛙对小鸟的话的怀疑。

2. 学习小鸟的观点

（1）请学生利用平板勾画青蛙认为小鸟说了什么"大话"。

任务设计意图：利用平板的勾画功能，请学生勾画相关语句，并上传至平台，教师及时了解学生的完成情况。同时利用智慧课堂的"点赞"功能给所有回答正确的学生点赞，让课堂充满爱的鼓励，使学生享受成功的欢愉。

（2）学生自由朗读第三自然段，教师指名学生读。

随文识字——"渴""喝"。用偏旁的不同来引导学生区分"渴""喝"。学生观察两个字的不同，思考应该怎么写好。教师总结：两个字都是左窄右宽，"渴"字左右同高，"喝"字左低右高，写的时候注意右边部分，上面是一个扁日，下面的部分横折钩压在横中线上，里面的人第二笔是一点，最后竖折。学生拿出课中测，两个字各练习一次，教师提醒学生书写姿势。

抓住关键字词，"一百多里""口渴了"，想象当时小鸟的样子，品读第三自然段小鸟的话。

（3）师生合作读第二、三自然段。

（4）学习第五自然段，明确小鸟的观点是："天无边无际。"

读准字音："际""哪"。

理解"无边无际"的含义。结合偏旁，字理识字；联系生活实际，如沙漠、宇宙、草原、海洋，引导学生练习说话。出示句式：（　　　）无边无际，大得很哪！

情境想象：小鸟在无边无际的天上飞会看到些什么？

教师指导朗读第五自然段小鸟说的话，要求学生读出自己的感受。

（5）男女生对读第四、五自然段，感受小鸟的着急和青蛙的自大。

3. 学习青蛙和小鸟"笑"的不同

过渡：小鸟内心十分着急，把它看到的告诉青蛙，这次青蛙相信了吗？

（1）学生自由朗读课文的第六、七自然段。

（2）同桌之间进行小组讨论："青蛙和小鸟为什么都笑了？他们的笑有什么不同？"教师指导学生深入理解青蛙的固执己见，小鸟的善良和无可奈何。

（3）指导学生开展小组合作，分角色朗读第六、七自然段。

重点指导学生抓住青蛙和小鸟的动作和表情合作朗读，完成角色之间的对话。

（三）集体讨论，感悟寓意

青蛙和小鸟一直这样争论下去可不行，它们俩到底是谁弄错了呢？小小裁判员，请你们打开平板来进行投票吧！

第一，请学生各抒己见，并说出自己的理由。第二，结合课堂实验，感受青蛙生活的世界。感悟正是因为青蛙和小鸟所处的位置不同，造成各自的见识和眼界不同，所以看待问题的观点也不一样。

请学生用双手各攥成一个圈，重叠在一起。一只眼睛闭起来，用另一只眼睛抬头从这个圈中看天花板，注意不要东张西望。

任务设计意图：通过课堂实验，创设故事情境，帮助学生转变视角，亲身体会青蛙在井中的生活。

第三，结合课堂小游戏——看图猜物，启发学生看事情要看全面。

第四，结合以上活动和课文，谈一谈，你有什么收获？

第五，总结寓言故事的特点：小故事，大道理。

（四）课外延伸，拓展练习

说一说：假如你穿越了时空隧道，去到了青蛙的家，这时青蛙还是不愿意跳出井口，你如何向它介绍外面缤纷的世界呢？请把你的发言上传到班级空间，我们一起来寻找最精彩的发言。同时，也记得积极给其他同学点赞和评论！

任务设计意图：运用拓展式的练习，让学生自主地大胆探索相关的未知领域，并在班级空间展示自己的所学、所悟、所感、所获。以优学派教学平台为基础，实现以学生为中心的人机互动，以实时反馈技信息实现高效的师生互动。

七、效果反思

《坐井观天》这篇课文，作为教材中第一篇寓言体裁的课文，我们在教学中有必要总结其教学经验。

一是抓住学段特点，把握低年段学生学情，指导学生随文识字。如本课中"渴""喝"两字出现在同一句话中，通过随文识字、对比记忆，减轻学生记忆负担。

二是紧扣单元共性，提升和发展学生思维。如关于青蛙和小鸟谁对谁错，通过平板投票功能发现学生的不同选择，在生成和引导中帮助学生理解课文寓意。

三是把握课文特点，落实朗读指导。如青蛙和小鸟的三次对话分别采用了师生对读，男女生对读，小组分角色合作读。在读中体会，读中思考。

泡小西区　郑　萌

《大小多少》第一课时教学设计

一、目标及目标解析

（一）教学目标

第一，通过归类识记、图文对照、字理识字等多种方法，认识 12 个生字和 2 个偏旁。知道"果"的笔顺，会写"小""少"。

第二，正确朗读课文，了解"大小""多少"的对比关系，背诵课文。

第三，初步了解"个、只、堆"等量词的正确使用。

（二）目标解析

《语文课程标准》在教学建议中倡导低年级"多认少写"的识字教学理念，所以在识字方法上，通过归类识记、图文对照、字理识字等实现生字与图画的结合，抓住汉字的构字规律，尽量让学生在最短的课堂时间，学会运用多种方法识字，掌握识字策略，培养学生自主识字的能力。教材插图资源丰富，根据教材呈现的事物间的关系，引导学生根据不同大小、不同数量的事物学会用恰当的数量词表示。

二、内容及内容解析

（一）教学内容

《大小多少》这首儿歌由四小节组成。每小节有两行，第一行从"大小"或"多少"的角度进行简单比较，第二行通过具体事物，感受"大小"或"多少"。这首儿歌节奏感强，读起来朗朗上口。配合儿歌，有四幅对比图，形象地呈现了事物间"大小""多少"的关系，提示学生不同大小、不同数量的事物要用恰当的量词表示。

（二）教学内容解析

《大小多少》是统编小学语文一年级上册第五单元的第二篇课文。这是第二个识字单元，识字单元重在引导学生识字、写字，发现汉字规律，培养学生运用学过的方法自主识字的能力。

在第一个识字单元，学生认识了象形字，初步感受了汉字以象示意的特点。在本单元，学生将认识会意字，并进一步了解汉字偏旁表义的构字规律。

学生在识字的同时，还能了解汉字的文化内涵，使学生体会到汉字不仅有用，还很有意思。随着识字量的增加，教材中的合体字大幅增加，尤其是形近字的出现，增加了学生识记的难度，更加多样的识字方法可以帮助学生建立字音、字形与字义之间的联系。

三、学情分析

学生进入一年级已经两个多月，对于识字和写字已经有了一定的基础。课前通过问卷进行课前测，在学生掌握一定识字量的基础上对本课要求的会认字和会写字进行筛选，发现"杏""莘""牛"的读音学生掌握不准，"果"的笔顺比较难掌握。在选择合适的量词进行短语搭配上，"只"和"头"以及"堆"和"群"分不清，是学生学习的一个难点。

一年级的学生正处于具体形象思维阶段，充分利用课文的插图可以帮助学生理解内容，引导学生采取图文结合，理解词句的方法发现文字与图画的对应关系，对事物的大小多少可以有更直观的了解。

四、教学诊断

教学重难点：通过归类识字等方法，了解量词"头、群、颗、堆"的正确使用。学生在运用"群"和"堆"这两个量词时会遇到困难，应注意区分。

五、媒体、技术选择

（一）教学媒体和教学技术

课前，通过问卷星设置课前测，了解学情，及时调整教学目标。

运用希沃白板课件，利用圈划、投屏、放大镜等功能多方面展示学生学习过程。

用班级优化大师进行课堂小组、个人加分，及时反馈学习效果，进行有效的评价。

（二）媒介创新

本篇教学设计立足在"信息技术提升2.0工程"背景中，努力做到学、教、评、练一致，通过信息技术和学科教学课堂的融入，进一步培养学生的自主学习和小组探究学习能力。通过希沃白板的放大镜、手机及时投屏展示等信息技术手段辅助教学，及时反馈，有效评价，极大地激发了学生学习的积极性，为学生营造了一个好学、敢问、敢表达的课堂氛围。

六、教学流程

（一）课前环节

利用问卷星进行课前测，了解学情。包括针对字音、字形和量词短语搭配的两道多选，还有为了了解学生在生活中所认识的动物而设置的一道开放题。

（二）课中环节

1. 看图导入，激发兴趣

首先，创设森林运动会的情境，教师导入课题。其次，教师读课文，学生圈出动物的名字。最后，读词语。

任务设计意图：通过创设情境，使学生对本课内容产生好奇和求知的渴望。读词语检测学生的识字情况。

2. 图文结合，学习生字

第一，字理识"牛"，并拓词。

第二，偏旁识字，学习"反犬旁"，识记小猫的读音，并出示课前测学生去动物园里看到的动物，利用希沃白板的放大镜、聚光灯等功能，圈出反犬旁的字。

第三，对比识字：鸭子、鸟，认识"鸟字边"，并拓词。

第四，字形演变识字：苹果。

第五，偏旁归类识字：杏子、桃子。

第六，齐读词语，再次巩固。

任务设计意图：学习生字"牛"时，利用字形古今对照的方法，让学生发现象形字的特点；抓住形声字形旁表义的特点，用猫和鸭字带出一类字；用偏旁归类学习，杏子、桃子都是木字旁，理解木字旁的字与树木有关。

根据汉字的特点采用不同的识字方法，能激发学生识记汉字的兴趣，提升其识字效率。

3. 积累量词

创设情境，引入量词：只、群、堆。在具体情境中理解："只"用来给小型动物做量词，"一群"给有生命的事物做量词，"一堆"给没有生命的事物做量词。通过"一轮红日"和王羲之的书法作品体会量词不仅仅能够说清楚事物的数量，还能把事物说得非常形象生动。开展词语游戏：量词碰碰碰。

任务设计意图：低年级学生年龄小，游戏是学生最喜欢的形式，教学中设计了"量词碰碰碰"的游戏，使学生在学中玩、玩中学，加深对量词的认识。

4. 范写写字，指导书写

对比写字："小"和"少"。先看"小"字，引导观察，说说怎样写好，再进行范写，边写边说要领：第一笔竖钩压在竖中线，左右两点要匀称，左点比右点略低。与前面的"小"比较，观察"少"在书写时的变化。写字要领：第一笔竖不带钩，第四笔要稍长，托住整个字。给出评价标准：描红正确一颗星，正确书写两颗星，和书上写得一样好看的三颗星。教师提出要求认真书写，书写后进行自评。学生进行描红、练写。

任务设计意图：书写指导可以抓关键笔画解析，"小"字和"少"字中竖钩是重点笔画，教师应着重讲解并示范书写，紧扣写字教学重难点，帮助学生提升观察与书写的水平。

5. 回顾课文，拓展练习

（1）生生表演读课文。

（2）师生合作读课文。

（3）借助板书背课文。

任务设计意图：多种形式读课文既可以让学生在潜移默化中理解词句意思，又可以激发学生的朗读兴趣，培养其语感。

6. 结语

在生活中理解"小大多少"：小个子，大胸怀，多宽容，少计较。

（三）课后环节

寻找生活中喜欢的事物，用适当的量词搭配。

七、效果反思

（一）情境与知识关联

教师运用森林运动会的游戏情景开题，引导学生关注课文中的事物进行比较。学生联系生活将直接经验用语言描述，凸显了语文的工具性。

（二）有层次地指导识字和写字

本课生字较集中，结合课文特点，在课题中认识"多""少"，随文识记其他的生字，关注了新偏旁，引导学生进行知识迁移。指导写"少"和"小"字时，通过对比，找出其相同点和不同点，接着熟悉这个笔画在田字格中的占位，再指导写好"小""少"字，这样为学生搭好支架，分解笔画顺序，重点指导，突破写字教学的重难点。信息技术融入课堂以辅助教学，提高了学生学习的积极性。

（三）教学是一门遗憾的艺术

这堂课因太过注重识字方法的教学，而忽略学生个体对文本的感悟。在识字单元和课文单元，如何去平衡、协调识字和朗读课文的时间是笔者非常困惑的地方，未来笔者会在教学实践中探索更好地解决方法。

泡小西区　袁梦男

《四季》教学设计

一、目标及目标解析

（一）教学目标

第一，随文认读"四""春""夏""秋""冬"等生字，认识笔画竖弯，正确书写"四"，理解"谷穗弯弯""鞠着躬"等词语的意思，读准多音字"地"。

第二，正确朗读课文，读准字音，初步了解四季的特征，感受四季的美丽。

第三，仿照课文，让学生说说自己最喜欢的季节。

（二）目标解析

《四季》以拟人化的口吻描述了四季不同的特点和代表性事物，篇幅不长，读起来朗朗上口，易激发学生对大自然美丽景观的赞赏和热爱。《语文课程标准》的课程总目标中提出在发展学生语言能力的同时，还要发展学生的思维能力，激发学生的想象力和创造潜能。本着这一教学目标，教师在引导学生通过朗读感悟课文意境美、情景美的基础上，以培养学生的想象能力和创造能力为宗旨，进行教学设计。

二、内容及内容解析

（一）教学内容

《四季》这首儿歌由春夏秋冬四小节组成，是一首童趣浓厚的诗歌，通过对春天的草芽、夏天的荷叶、秋天的谷穗、冬天的雪人这几种代表性事物的描述，表现四季的不同特点，表达了对四季的喜爱之情。诗歌采用拟人的手法、排比的形式，语言生动有趣，很受学生的喜爱。

（二）教学内容解析

《四季》是统编小学语文一年级上册第四单元第四课，这是一首富有童趣的儿歌。课文通过对草芽、荷叶、谷穗和雪人的描述，表现了春、夏、秋、冬四季的不同特点，运用了拟人化的写法，多使用叠词，富有童趣且朗朗上口。各小节语言句式、结构大致相同，便于学生仿说。同时，四幅插图色彩明丽、形象生动，便于学生观察和想象，也有助于学生理解儿歌的内容。

在教学这篇课文时，把握儿童诗的特点，以读的方式贯穿课堂始终，调动学生参与学习过程，让他们感受到四季的美丽与可爱。

三、学情分析

一年级的学生已有一定生活经验，学生都知道一年有四个季节，对于每个季节的特征也基本了解。所以课前我让学生围绕自己最喜欢的季节进行说话练习，并让学生画了一幅画关于自己最爱的季节，在了解学生对不同季节事物特点把握的同时，也为课堂中学生的仿说提供支撑。

一年级学生的思维以具体形象思维为主，对语言文字的理解力较差，注意力集中的时间比较短，因此在自主合作、探究学习的过程中，教师的有效引导就显得尤为重要。这节课主要通过让学生借助直观的图片、形象的板书、肢体动作演一演，让学生兴趣高涨地参与学习。

四、教学诊断

教学重难点：初步了解四季的特征，感受四季的美丽并仿照课文，让学生说说自己最喜欢的季节。

五、媒体、技术选择

（一）教学媒体和教学技术

第一，课前布置说话练习，收集学生的视频，了解学生对不同季节事物特点的理解。

第二，利用希沃白板课件、希沃课堂游戏巩固学生对不同季节特有事物的认识。

第三，运用多媒体，播放谷穗的科普视频，进行学科融合，让学生了解谷穗成长的过程和生长特点。

（二）媒介创新

在"信息技术提升2.0"的背景下，教师将教学内容与信息技术手段相结合,课前分享了学生有关自己最爱的季节的说话视频,课中运用希沃白板里的归类游戏激发学生的学习兴趣和积极性,在仿说环节教师利用思维导图给学生进行思维的建构,让仿说更有条理,最后的分享环节使用了投屏技术,把学生的绘画作品进行展示,调动学生参与,营造和谐有趣的课堂氛围。

六、教学流程

(一)课前环节,激趣导入

教师将课堂前测视频引入,分享学生课前录制的视频:说说自己最喜欢的季节及原因(PPT:视频剪辑展示学生喜欢的四季)。

随文识字"四":有一个"生字宝宝"要跳出来和我们打招呼,它还带着一个新的笔画来了,叫作"竖弯",和教师一起写一写。哪个亮眼睛来当小教师提醒文字的占格问题,特别注意竖弯的占格,现在看教师写一个,你们的小手跟着比画,比画后请翻到课本61页,自己描一个写一个。

(二)课中环节,初读课文

教师:课文中把四季描写成了一首小儿歌,请你翻到60页,自由读课文,注意读准字音,并用笔圈出"春、夏、秋、冬"四个字,生齐读生词(读完后出示字卡"春、夏、秋、冬",由学生认读并粘贴在黑板上)。

教师:还有这些词语咱们一起来读一读(PPT出示文中的生词)。

(三)课中环节,感知课文,指导朗读

1. 春天——我是小诗人

春天,万物复苏,小草从土里钻出来了,你看(出示图片)草芽什么样?什么尖尖?(贴字卡),这里像尖尖这样两个一样的字组合在一起的词语叫作叠词,你能换一个叠词形容草芽吗?(嫩嫩,绿绿)指导朗读"草芽尖尖"。尖尖要读得轻而短。

引读,草芽尖尖对小鸟说……草芽在对小鸟说的时候是什么心情?(高兴、自豪)体会草芽的心情,试着读一读草芽说的话。把这一节连起来读一读,男生和女生分别读。

春天除了尖尖的草芽,还有许多美丽的景物呢!(出示PPT:春景柳树,桃花)谁能给春天再写一句话!(PPT:桃花_____,它对小鸟说:"我是春天。"柳叶_____,它对燕子说:"我是春天。")

任务设计意图:看图片填空补全句子,为学生提供说话支撑,也为最后仿说作铺垫。

2. 夏天——想象真奇妙

听，谁在唱歌？（播放青蛙的叫声）走，我们去荷塘中找找它（出示荷叶图片）荷叶长什么样？什么圆圆？荷叶圆圆（板书）引读。引导朗读荷叶圆圆，它对青蛙说？青蛙会对荷叶说什么呢？（预设："我也是夏天"）

强调翘舌音：这一小节里面有两个翘舌音要特别读准，（说，是）谁想来读一读？

3. 秋天——科学进课堂

送走了炎热的夏天迎来了凉爽的秋天（播放音乐过渡），看！（图片展示秋季的景色，教师随机讲解）为什么要说谷穗弯弯呢？（PPT：科普小视频，了解谷穗的生长特点），教师相机指导（粘贴谷穗的卡片）谷穗成熟了，所以谷穗就变得弯弯的了。

谷穗弯弯，它怎么说？（引导朗读）谁知道鞠躬是什么动作，我们一起做一做，带着动作一起读一读。

任务设计意图：运用多媒体，播放谷穗的科普视频，进行学科融合，让学生了解谷穗成长的过程和生长特点，提高课堂积极性。

4. 冬天——我来演一演

瞧，教师把谁带到课堂上来啦？（出示雪人卡片）教师扮演雪人和学生打招呼，雪人第一次来到我们的教室，今天我们才学了叠词，你想送一个什么叠词作为礼物送给雪人呢？（预设：白白，胖胖）雪人大肚子一挺，它顽皮地说（引读），谁想来学学这个雪人，大肚子一挺是什么样的？

强调多音字"地"：联系《天地人》区别多音字，指导朗读，读好雪人说的话，强调"就是"。

（四）课中环节，仿说课文

第一，找一找一二小节有什么相似的地方？（PPT）三四小节？总结规律和句式。

第二，希沃白板分类小游戏，将景物归为正确的季节中。

第三，出示句式，请生试着填空，为仿说做准备。

第四，出示思维导图，教师讲解思维导图，同桌之间根据自己课前的绘画仿说练习，编写小儿歌。

第五，请学生上台汇报展示，教师用投屏分享学生绘画作品。

任务设计意图：先抓住课文句式的规律，明确仿说框架，再用归类游戏巩固学生对季节特有景物的认识，再完成说话填空熟悉句式，最后自由仿说，渐渐培养学生的自主意识，也为最后的仿说做了铺垫。

（六）课后环节，课后作业

请学生将自己编写的儿歌写在绘画作品的空白处。

七、效果反思

针对这堂课中四季的教学，教师利用图片、音频为学生创设了情境，调动了学习的积极性，让他们身临其境地感受了不同季节的特点。为了达到较好的仿说成果，教师采用由浅入深的方法，从看图填空补全句子再到自行根据课文句式仿说，一步步消除学生对仿说的陌生感，同时利用思维导图筑框架、搭思路，让说话变得更容易且有条理。整个教学首尾呼应，课前学生绘制的图画在仿说环节成为实物参考，让他们看着自己的图画仿说，符合低年段学生的思维特点。

在教学过程中教师也注重了单元内容的前后呼应，强调前期拼音教学中的翘舌音，在讲到多音字"地"时教师让学生翻翻前面的课文，找到"地"的不同读音。课堂中信息技术的运用也极大地提升了学生参与课堂的主动性，吸引其注意力，提高了课堂效率。

泡小西区　石瑞璇

《中国美食》第二课时教学设计与反思

一、教学目标及解析

（一）知识与技能目标

第一，认识"菠、煎、腐"等15个生字，读准多音字"炸"；会写"烧、烤、炒"3个生字；正确认读"凉拌菠菜、香煎豆腐"等词语。

第二，理解偏旁"火"和"灬"意思，发现其意义上的联系。

（二）过程与方法目标

第一，正确、流利地朗读课文。

第二，了解中国美食，结合自己课前制作的菜品图片，联系生活实际，说出制作哪种食物需要运用到哪些烹饪方法。

（三）情感态度与价值观目标

通过了解中国美食文化，激发学生对家乡的赞美和对中华传统文化的热爱。

二、教学内容及解析

《中国美食》是部编小学语文二年级下册第三单元第四篇识字课文。本文是一篇图片课文，主要通过各种各样的菜品图片，让学生在认识中国美食的过程中学习生字、了解中国的传统饮食文化，增强学生的民族自豪感，激发其爱国热情。

本单元为识字单元，重在培养学生的识字兴趣与能力。依据单元特点及新课标要求，拟定了本课的教学重点和难点。

三、学情分析

每个学生都有自己喜爱的美食，学生学习这一课积极性特别高，教师在教学这一课时，只须适时地点拨和引导就可以了。

二年级学生有一定的知识基础，已掌握了基本的识字方法，因此生字学习障碍相对较少。但学生生活经验有限，对文中图片上的菜名不是全都了解。教学本课时要充分利用文中插图，还可以从网上下载各类精美的美食图片，激发学生的学习兴趣，再顺势引导学生识字、读词，总结汉字规律，从而认识更多的汉字。通过对中国美食的学习也能增强学生对中华传统饮食文化的热爱之情，激发其民族自豪感。

四、教学诊断

（一）教学重点

第一，认识"菠、煎"等15个生字，读准多音字"炸"，会写"烧、烤"。

第二，认识中国美食，能说出美食名称和制作食物用到的方法。

（二）教学难点

第一，能从汉字中发现和总结规律。

第二，通过介绍中国美食，激发学生热爱家乡和热爱祖国的情感。

五、媒体和技术选择

第一，本课应用电脑白板课件，以及数字化学习终端设备，学生一人一机（优学派学生平板电脑）。

第二，通过优学派智慧教育平台的智慧课堂，让学生在做中学，提高课堂师生互动实效性，以及学生课堂学习针对性。在教学过程中，通过增加课前测练习、互动游戏、视频导入等环节，激发学生兴趣，便于教师掌握学情，及时反馈，提高课堂效率。

第三，利用智慧课堂网络学习空间，拓宽学习时空，将教材与生活、文字与文化相融合。课后发布拓展阅读任务，学生阅读后以摄影形式上传到班级空间内，生生之间相互学习、取长补短。

六、教学流程

（一）课前导学

1. 课前测练习，以学定教

针对本节课的知识点，教师自编课前测联系单，了解学生预习情况。课前，教师利用优学派智慧教育平台发布课前测练习，让学生在平板上答题。学生提交后由教师统计全班学生的答题情况，并将课前测结果通过平台发送到学生平板上。教师根据学生情况进行分析与讲评，确定学生真实学习的起点，以学定教。

2. 故事导入，激发兴趣

查看课前测单报告后，奖励学生听一个故事。故事内容是远古时代是如何发现和使用火的。

任务设计意图：教师利用优学派智慧课堂，发布课前测练习，了解学生课前知识掌握情况，以学定教，有的放矢进行教学，再通过故事导入。

（二）课中研学

1. 创设情境，归类识字

教师创设情境，以"原始社会——青铜器时代"人类烹饪方法的演变过程为主线，出示图片，引导学生通过多种方式归类学习"烧、烤、炸、炒、炖"五个带火字旁的生字，并了解"火"对人类文明的重要意义。

教师播放火字旁到四点底的字理演变视频，帮助学生理解其意义上的联系，引导学生通过多种方式学习"蒸、煮、煎"三个带四点底的生字。结合图片、视频等资料，教师引导学生总结归类识字的方法，并积累更多带有火字旁和四点底的汉字。

任务设计意图：教师通过多媒体出示图片、视频等，引导学生在情境中识字读词，帮助学生更加直观形象地理解字义，突破教学重难点。

2. 联系生活，学以致用

教师通过优学派智慧课堂发布学生课前的实践作业，让学生展示自己的劳动过程和制作的菜品照片。学生要联系生活经验，运用教师给出的句式支架交流食物名称及需要用到的烹饪方法，例如"烧、炸、煎、煮"等，对本节课所学知识进行迁移训练，同时也训练了逻辑思维和口语表达能力。

任务设计意图：教师通过优学派智慧课堂，展示学生自己的劳动成果，更能贴近学生的实际生活，激发学生的自豪感和学习兴趣。在此基础上，教师搭建句式支架，学生也能开展更具针对性地表达练习。其他学生也能用心倾听，学习他人长处。

3. 回顾课文，课堂小结

教师创设情境，运用图文结合的方法，引导学生通过多种方式认读食材名称。让学生利用本节课学到的烹饪方法，运用优学派学生平板上的互动环节，将食材"变"为一道道美食佳肴摆放在"餐桌"上，学生在游戏中认读"香煎豆腐、水煮鱼"等菜品名称，加深理解和记忆。

教师再通过互动题板功能发送资源，学生接收任务后自行搭配"爱心晚餐"，活学活用，用本课学到的菜品给父母搭配一顿营养丰富、荤素合理的爱心晚餐，在活动中促进知识的迁移与运用。

最后，学生通过交流，总结出本课印象深刻之处，教师引导其自行总结本课学习内容，升华学习主题。

任务设计意图：教师出示美食图片，让学生在情境中认读生字词；通过优学派智慧教育平台互动功能发送给学生资源，学生在操作的过程中也能进行识记和辨别生字，从而实现本课知识的迁移与运用。

4. 趣味练习，指导书写

教师通过平台发布课堂练习，学生完成"偏旁组字"游戏，激发学生兴趣、掌握形声字构字规律；在此基础上，教师引导学生观察发现"烧、烤、炒"三个字的结构特点，由教师范写并提示书写要点和关键笔画，学生在田字本上写好这三个字；将学生的书写投屏到大屏幕上，大家一起交流评价，加深对生字的理解和记忆。

任务设计意图：学生已习得了归类识字法，并对形声字构字规律有了进一步理解。在此基础上，教师通过平板电脑发布趣味互动游戏"偏旁组词"，激发了学生的学习兴趣，也在课堂上巩固了相关知识点；教师发布字理演变视频，播放笔顺和关键笔画，再将学生的书写投屏，师生共同交流评价，以使加深对生字的理解和记忆。

（三）课后拓学

在课后，教师通过优学派智慧教育平台发布课后拓展任务，推荐学生在课后阅读绘本《灶王爷》，并提出思考问题：请你说一说为什么过年的时候我们要供奉灶王爷？学生阅读后，以摄影形式上传作业到班级空间，同学间互相观看学习，点赞与评论，取长补短。

任务设计意图：拓展学生课外阅读量，加深对中华传统饮食文化的理解和热爱；在班级空间内上传作业，同学之间可以互相学习，取长补短。

七、效果反思

（一）构建自主学习课堂，品味"趣""读""训"

识字教学是小学低年段语文教学的重点，在混合式教学环境下，我们要构建以学生为中心的自主学习课堂，落实语文素养，让学习真实发生。

以本课为例，首先是品味"趣"字，本课通过各种情境创设和游戏活动，激发学生学习语言的兴趣，感受中华优秀传统文化。其次是凸显"读"字，指导学生读正确、读出感情，在读中感受祖国语言文字的优美。最后是重视"训"字，课标指出语文课程是工具性和人文性的统一，在本课教学中，注重学生听说读写能力的培养与训练。

（二）"导—研—拓"三环节打破课堂内外界限

随着科学技术的不断发展，新媒体和新技术越来越多地应用到课堂教学中。在本课中，课前导学环节教师发布课前测练习，引导学生自主学习。课中研学环节，基于学生真实的问题与需求，设计问题与任务链，引导学生开展真探究。课后拓学环节，学生在班级空间共享展示、交流讨论，并能选择丰富的课外优质资源，延伸学习，实现学生个性化发展需求。"导—研—拓"三环节打破了课堂界限，链接了线上与线下、课内与课外、校内与校外。

（三）不断思考、不断改进

新技术的应用，在很多方面会帮助教师把课堂教学设计得更好。但由于新技术的不断涌现，一线教育工作者应用经验不熟，因此还有许多要思考的问题。比如，在这堂识字课中，如何将更多新形式、新思路和新策略运用在教学中，让识字教学充满情趣化也是需要教师深入思考的问题。因此，在混合式教学环境下，笔者将继续探索如何将传统学习方式与数字化学习的优势相结合，根据课标要求和小学不同学段学生的特点，以学生为中心，构建语文学科的自主学习课堂。

泡小西区　陈雅婷

（本课获四川省第十六届校园影视教育成果展示交流活动二等奖）

《肥皂泡》教学设计

一、目标及目标解析

第一，正确、流利、有感情地朗读课文，用自己的话说说吹肥皂泡的过程。

第二，通过结合生活经验、联系上下文、查资料等多种方法理解文中难懂的词句。

第三，体会作者由肥皂泡产生的丰富想象，并能发挥想象说出肥皂泡还有哪些美丽的去处，感悟童年的乐趣。

二、内容及内容解析

《肥皂泡》是部编小学语文三年级下册第六单元的第三篇课文。本单元的主题词是"童年"，冰心写的这篇童年吹肥皂泡的文章非常贴近学生生活，文笔清新自然、情感真挚淳朴、意境深邃优美。冰心童年吹肥皂泡，不但吹出了快乐，吹出了情趣，还吹出了梦想，寄托了她对美好生活的向往。

三、学情分析

三年级学生已有一定的独立学习语文的能力，能够自学生字，对文中不理解的地方提出疑问，抓住文中的关键词理解文章的主要内容，体会文章表达的思想感情。虽然学生对本课兴趣极大，有部分生活体验，但在理解部分词语如"光影凌乱、轻清透明、玲珑娇软"上存在困难，需要教师的点拨。

四、媒体、技术选择

基于互动电视、优学派智慧教育平台和平板操作，搭建智慧课堂。利用游戏、互动题板、阅读资料包激发学习兴趣，突破教学重难点。

五、教学流程

课前利用优学派电子书包给学生发送阅读资料《肥皂泡的小秘密》。用趣味的文字提示了肥皂泡脆弱的原因——肥皂泡的身体太薄，表面张力太大；肥皂泡身上出现五彩花纹的原因——阳光的反射；肥皂泡从上升到下降的原因——肥皂泡肚子里的空气由热变凉，体积变小，浮力变小。

任务设计意图：学生们对于肥皂泡并不陌生，但对于藏在它后面的知识却知之甚少，而课文中又有所涉及。课前阅读资料让学生不是空着脑袋进入的课堂，搭建起了建构式的学习支架。

（一）课中复习回顾，说说过程

1. 回顾内容

之前，我们一起走进了《肥皂泡》这篇课文，今天我们要继续感受吹肥皂泡的乐趣，我们一起读读课题。

这篇文章是我国著名作家冰心写的，主要描述了她小时候做肥皂水、吹肥皂泡、欣赏肥皂泡和想象肥皂泡的趣事。那美丽的肥皂泡经了她的手、她的嘴、她的眼、她的心，不仅吹出了快乐，还吹出了她童年的梦想。

2. 回顾过程

你们还记得吹肥皂泡的过程吗？我们来完成一道排序题，请你们将图片按顺序排列，图片可以拖动和放大（如图6-1所示）。教师选择两名学生说明过程，学生说完后，要及时对两名学生的说明过程进行点评。

图6-1 智能题板——排序吹肥皂泡的过程

接下来，就让我们欣赏那如梦如幻的肥皂泡吧！

请学生说一说他们看到的肥皂泡是什么样的？在冰心眼中的肥皂泡又是什么样的呢？请你翻到78页。

任务设计意图：激发学生兴趣，回顾旧知，为接下来的教学做准备。

（二）课中交流体会，欣赏泡泡

1. 默读第四自然段，说说肥皂泡的样子（如图6-2所示）

图6-2 肥皂泡的样子

2. 分享句子，品读课文

其一，颜色美。这肥皂泡，吹起来很美丽，五色的浮光，在那轻清透明的球面上乱转。问题一，五色的浮光，是什么样的？为什么会产生五色的浮光？你可以换一个词语吗（查查资料、联系生活、换词法）？问题二，五色的浮光在什么样的球面上乱转呀？轻清透明给你什么样的感觉（拆分法）？由教师带领学生看视频感受美丽的肥皂泡。

其二，形状美。若是扇得好，一个大肥皂泡会分裂成两三个玲珑娇软的小肥皂泡，四散分飞。玲珑娇软的小肥皂泡是什么样的？体会肥皂泡的变化，大小、少多。

其三，姿态美。有时吹得太大了，扇得太急了，这脆薄的肥皂泡，会扯成长圆柱的形式，颤巍巍的，光影零乱。教师带领学生理解"颤巍巍"，请学生说一说颤巍巍还可以形容哪些事物？然后，教师带领学生理解光影零乱，看图后请学生说一说他们看到的是什么样的泡泡?

其四,当看到肥皂泡颤巍巍的时候,你的心情怎样? 紧张,文中的小朋友也和你们一样紧张呢。

任务设计意图:指导学生在反复朗读中感受肥皂泡的美丽,感受吹肥皂泡给作者带来的童趣。引导学生用联系上下文、结合生活实际、运用抓关键词语的方法理解难懂的句子。由教师指导学生现场扇肥皂泡,感受其变化,帮助学生理解词语,活跃课堂氛围。

(三) 课中放飞思绪,想象泡泡

1. 发散想象

教师范读:是呀,那一个个轻清脆丽的小球,像一串美丽的梦……

冰心将这些轻清脆丽的肥皂泡比作什么呢? 这串美丽的梦是什么样的呢?

教师指导学生朗读:那一个个轻清脆丽的小球,像一串美丽的梦,是我们自己小心地轻轻地吹起的,吹了起来,又轻轻地飞起,是那么圆满,那么自由,那么透明,那么美丽。教师提醒学生注意朗读过程中"轻轻地"要读的轻柔;四个"那么"形成排比句,用"爬楼梯读法"。

2. 朗读感悟

教师提问:这自由地肥皂泡借着扇子的轻风,飞到了哪些地方? 你想跟随它的脚步去哪儿看一看。

教师抽学生朗读:鼓励学生读出其奇思妙想。

3. 体会感情

教师提问:目送它们远去,你的心情如何? 学生谈完感想后,教师回答冰心的心里也充满了"快乐、骄傲与希望"。

4. 配乐朗读

让我们带着快乐、骄傲和希望,一起来读一读。

5. 放飞思绪

每个小朋友都有一个美丽的梦,假如你就是这些轻清脆丽的肥皂泡,你会带着你美丽的梦,去到哪儿,做什么呢?

6. 笔下生花

在随意贴上写,贴到泡泡星球上。写完的学生拿出平板拍照上传,还可以互相评论哦(把你的梦想贴到泡泡星球上去吧! 想要探索自然的学生、心怀美好的学生、心思细腻的学生,泡泡星球上可少不了你)。

我是一个肥皂泡。

我要飞到＿＿＿＿＿＿(哪儿),＿＿＿＿＿＿＿＿(做什么)。

任务设计意图：引导学生走进作者内心，感受泡泡带来的美好。再展开丰富的想象，带领泡泡去往更多美好的地方。与此同时，让学生实现在文中学、在文外用。

（四）课后拓展延伸，课外阅读

在冰心的笔下，童年的乐趣还有很多呢。课后教师将她的《我的童年》发给你们，大家可以利用课外时间阅读一下。

任务设计意图：拓展阅读，发散学生思维，启发学生继续阅读。

七、效果反思

学生的能力是否得到发展是评价教育好坏的一个重要标准。教师教了不等于学生学了，学生学了不等于学会了。为了让学生学以致用，在交给学生理解词句的多种方法后，教师放手让学生自行感悟肥皂泡扇得好时的样子，"若是扇得好，一个大球会分裂成两三个玲珑娇软的小球，四散分飞"。在思维火花的碰撞中，学生用拆分法理解了"玲珑娇软"：娇——娇小，软——柔软；还找到了近义词玲珑剔透、小巧玲珑、精美别致等；结合生活经验感悟到肥皂泡大球分裂成小球的姿态美；用查资料的方式找出了肥皂泡四散纷飞的原因；最后教师还选学生在课堂中展示，及时感受吹肥皂的乐趣。由此构建学以致用、知行合一的活动课程体系。

泡小西区　王　兰
（在 2021 年度青羊区教师教育信息化大赛中荣获三等奖）

《猫》第二课时教学设计

一、目标及目标解析

（一）目标

第一，深入理解课文内容，把握猫的特点，体会作者对猫的喜爱之情。

第二，体会作者是如何表达对猫的喜爱之情的。

第三，拓展阅读不同作家创作的《猫》，体会不同作家的表达方式有何不同之处？

（二）目标解析

本单元以"作家笔下的动物"为主题，编排了老舍的《猫》《母鸡》和丰子恺的《白鹅》三篇作品。《猫》一课细致生动地描述了猫的古怪性格和小猫满月时的淘气可爱。

本单元的语文要素是使学生"体会作家是如何表达对动物的感情的"，不仅要体会文章中表达的情感，还要关注作家是如何表达的。教师可要求学生举例说说从哪些地方看出老舍非常喜欢猫。另外，教师准备了夏丏尊和周而复等作家写猫的片段，要求学生体会不同作家对猫的喜爱之情。这样的安排也进一步落实了本单元的语文要素（如图 6-3 所示）。

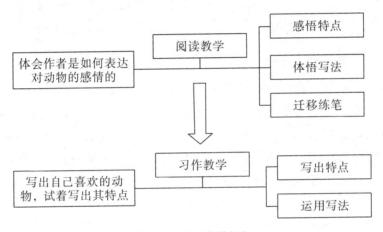

图 6-3　单元整体框架

二、课程内容及内容解析

（一）内容

第一，统编小学语文四年级下册第四单元第十三课《猫》。

第二，阅读链接：夏丏尊写的《猫》，周而复写的《猫》。

第三，课外资料：老舍先生的作品《猫城记》，夏目漱石的作品《我是猫》。

（二）内容解析

本文是著名作家老舍的作品。作者细致、生动地描述了猫的古怪性格和小猫满月时的淘气可爱，字里行间流露出对猫的喜爱之情。课文分为两大部分，先写猫的"古怪"之状，后写了小猫的"淘气"之态，以"满月的小猫们就更好玩了"为过渡句,将前后两部分内容紧密联系在一起。全文语言生动传神、风趣十足,对猫的深情倾注其间,令人百读不厌。

三、学情分析

四年级学生基本可以独立或合作识记生字词,教师只要针对学生的薄弱点、易错点进行点拨、强化即可。因此,教师与学生交流阅读故事的整体印象,引导学生在读中思、想中悟,这是本课的主要目标。我们班级共 44 人,班上大部分女生比较文静,男生相对比较活跃。班级里成绩较好的学生不够活跃,课堂较少举手发言。部分学生举手发言时声音极小,语言表达能力较差。朗读感悟的基础不深,比较表面的东西学生能较容易地体会到,而对于较深层次的内容学生很难体悟出来。

四、教学诊断

《猫》是小学语文四年级下册的一篇精读课文,整个单元以动物的人文主线串联了《母鸡》《白鹅》等课文。让学生具体感受作家笔下惟妙惟肖的动物形象,同时比较课文在表达上的不同特点。老舍先生笔下的《猫》是一篇妙趣横生的散文。课文细致、生动地描述了猫的性格古怪和刚刚满月的小猫淘气可爱的特点。本文的教学重点和难点如下:第一,品读课文第二自然段,感受猫的古怪,体会作者的喜爱之情;第二,通过学习具体文段句式,让学生感受作者语言写法上的幽默。

五、媒体、技术选择

在交互式电子白板与学生数字学习终端的信息呈现方面,能够实现信息的清晰准确传达。因此,我们在本节课的学习环节中采用了以下方案:课前,教师设计了班级空间展示环节,学生通过讨论,聚焦了他们最感兴趣的问题:从哪些地方可以看出作者喜欢猫?引导学生开展正式的学习。课中,学习过程中通过互动题板功能接收任务,学生拍照上传学习成果,进行小组合作式讨论,全班分享式学习,增强学生学习的积极性。课后,结合电子书包的作业发布功能,向学生发布课后学习任务,让学生通过班级空间学习和进一步分享讨论,以此增强学生的自主学习能力。

但是这些功能有时也会造成学生缺乏想象力。比如,在想象猫的小爪印的过程中,教师给出图片后可能会限制学生的想象力,当学生真正遇到学习困难时,这样的技术能够帮助我们实现引导思考的效果,同时也需要教师在教学过程中适当的筛选，巧妙地出示，不能滥用多媒体技术。

六、教学流程

教师提出课前讨论，学完第一课时后，很多小朋友在班级空间上进行了热烈的讨论，其中一位同学提出从哪些地方可以看出作者喜欢猫？而大部分同学在这个问题上提出了质疑。今天我们就带着这个问题开展下面的学习。

（一）思维导图，复习导入

上节课我们学习了《猫》的第一课时，学生画了丰富多样的思维导图（如图 6-4 所示）。

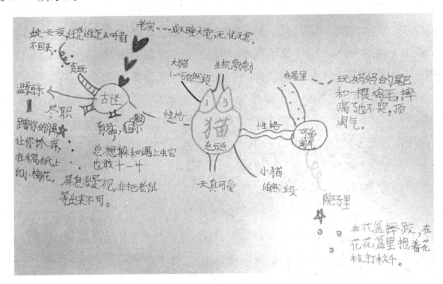

图 6-4　学生画得《猫》一文的思维导图

任务设计意图：在导入环节，通过思维导图，回顾第一课时猫的主要内容，让学生对文章形成整体把握。教师设计了班级空间展示环节，课前，学生通过班级空间的讨论，聚焦了他们最感兴趣的问题：从哪些地方可以看出老舍先生喜欢猫？引导学生开展正式的学习。

（二）聚焦问题，感悟"喜欢"

1. 明确学习要求

请大家一边阅读一边勾画，找出体现老舍先生喜欢猫的地方，批注自己的想法，小声读出自己的体会。

2. 抓关键词品读第二自然段

第一，这个自然段出现了猫的哪些性格？（预设：老实　贪玩　尽职）

93

第二，你有什么发现（预设：我发现了猫有相反或者矛盾的特点）？老舍先生用一个词巧妙地把这些矛盾的性格串联起来，你发现了吗？

第三，老舍先生聊起他的猫，会怎么说呢？教师问学生：你感受到什么？

第四，老鼠夜间出没非常谨慎，那么猫是怎么捉老鼠呢？（预设：屏息凝视）我们看看屏息凝视这个动作，屏住呼吸，一动不动，大家一起来。做一做，你们觉得累吗？（预设：累）可是猫要坚持几个钟头，可见它是多么尽职！

3. 抓动作（品读第三至第五自然段）

第一，教师提问：你是从哪些动作看出猫的温柔可亲呢（蹭、伸、跳、踩）？所以这里说明猫和老舍先生关系怎样（亲近）？

第二，教师提问：你从小梅花体会到什么？及时对学生的回答进行点评。

第三，教师提问：长、短、粗、细，变化多端，老舍先生说这是怎样地叫唤？请学生想象一下，猫长长地叫唤，是在对老舍先生说什么呢？如果猫短促地叫唤，又是在对老舍先生说些什么呢？请学生带着感情读一读。

任务设计意图：白板呈现出学习要求后，可以实现教生之间的言语交互，让学生明确学习任务与学习步骤。同时，在进一步学习过程中，通过互动题板接收任务，学生拍照上传学习成果，开展小组合作式讨论、全班分享式学习，增强学生学习的积极性。

（三）聚焦写法 总结升华

第一，我们一起来看看，老舍先生写大猫是古怪的，这是在夸它吗？可是写它古怪的同时，也在说它温柔可亲、老实、勇猛，这其实是在……

第二，这种表面上好像不是很喜欢这只小动物，实际上在字里行间却藏着对它们深深的喜爱，板书（喜爱），这就是明贬实褒。

任务设计意图：为了进一步引导学生发现老舍先生语言的风格特点，教师反问：老舍先生写大猫是古怪的，这是在夸它吗？通过回顾板书，引导学生理解明贬实褒，对本节课做总结升华。

（四）聚焦对比，拓展阅读

1. 链接阅读

如此爱猫的作家可不止一个，课后链接还有两位名家也写了猫。教师把它发布到班级空间的作业中，请大家课后认真阅读完成，下节课一起讨论学习。请默读课后"阅读链接"，对比老舍先生写的猫，体会不同作家对猫的喜爱之情，思考并完善以下表格（见表6-1）。

表 6-1　《猫》对比阅读

作者及作品	描写猫的哪些方面	对猫的感情
老舍的《猫》	性格古怪、淘气	他们都非常喜爱猫！
夏丏尊的《猫》	写外形、写一家人的感受	
周而复的《猫》	写毛色，写动作、神态	

2. 拓展阅读

教师再跟大家分享日本作家夏目漱石的作品《我是猫》，这本书从猫的角度写它的所见、所闻，视角非常独特。而老舍先生的《猫城记》则写了一只猫奇妙的历险经历。

任务设计意图：通过阅读链接引导对比阅读，发现表达同样的情感可以有不同的方式。同时，结合电子书包的作业发布功能，向学生发布课后学习任务，让学生通过班级空间学习和进一步分享讨论。

七、效果反思

第一，在教学组织上，遵循小学中年段学生的年龄特点，没有抛掉传统的班级授课形式，而是运用教师集中讲授，帮助学生回顾主要内容，为后面的自主学习建立支架。第二，在自主合作学习过程中，借助数字化学习终端设备——电子书包，师生可以聚焦讨论问题，在这一阶段具体的学习过程为"自主学习—合作探讨—全班分享"。教师是一位引导者，更是一位助手，使学生真正成为学习的主人。

但是，在小组讨论合作学习的环节，教师安排的学习任务要求不够明确；在成果展示环节，学生的回文不够深入。因此，教师需要帮助学生明确清晰地了解任务要求，借助电子书包可以让学生不慌乱地展开学习。同时，我们提出要以自己的步调反复、轻声品读文本，对文本重点内容进行圈画和批注，并在文章的字里行间找到尽可能多的证据。

本课学生整体上学习积极性较高，但是由于时间有限对有些问题讨论不够深入，因此课后可以给学生更多的回文时间，通过朗读感受大猫的古怪与小猫的淘气。在后面的教学中，我们还需聚焦问题、深入讨论，这样学生的获得感会更强。

泡小西区　李栓栓

"纵深推进　横向联动":
小学语文五年级"民间故事＋缩写训练"项目式学习设计

一、纵横联动　经纬成网——学习设计思路阐述

(一) 教材解读

基于语文教学围绕"人文主题"和"语文要素"双线组织,加强不同年段、不同册次的纵向联系,体现学习由易到难、由浅入深的发展梯度和思维发展的循序渐进。

学生从抓六要素入手,提取课题中的六要素概括主要内容,从用"谁＋干什么"的句式梳理课文情节概括主要内容,到将"谁＋干什么"凝练成含有关键词的小标题概括主要内容,最后发展到用"梳理情节后进行分类、重要情节说清楚,次要情节说简明"的方式进行长文缩写,使学生的概括能力得到了训练。

(二) 设计理念

遵照《语文课程标准》对学习方式的指导,本着"瞻前顾后"的思维结构,着力加强单元内部的横向联系,使各板块内容形成合力,打造学习支架,尊重学生学习方式。

沿着"复习巩固—运用生疑—讨论尝试—总结建模—实践运用—反复巩固"这一训练模式开展,每段训练的成果都是开启下一阶段训练的基石;每段训练任务的提出都是基于上一阶段任务实践运用后的延伸发展;每个新授的知识点都是由旧有知识点巩固后自然生成变化而来的。横跨了中年段训练和高年段训练,这样的教学设计做到了教学设计中的承前启后、环环相扣。

任务设计意图:本着语文教学设计应该有"瞻前顾后"的思维结构,教师着力加强单元内部的横向联系,使各板块内容形成合力,共同促进学生发展。教师选用了"单元整合"的方式进行处理。课前对比新旧课文,复习旧知。学生发现问题后,将第一篇课文《猎人海力布》作为建模的例文,进行讨论,最终形成一个初步的解决方案。将该单元后面课文《牛郎织女》作为解决方案试运行的材料,在运行中总结经验,不断优化,形成了一个比较完备的方法后再进行课外拓展,在丰富多彩的实践活动中检验方法的适用性。

（三）目标培养

顺应学生思维发展的轨迹，强化语文要素的落实，特别是高阶思维能力——信息提取、分类、概括、推理的提炼学习和实践运用。从中年段开始，学生的思维发展逐步由单个的字词转向句段学习，对结构有进一步的认识，并且抽象思维能力开始得到发展，此时，语文要素的重点落在对提取关键字词、概括信息能力的训练上。这堂课重点展示了对信息提取、概括的发展性训练的过程。

（四）技术融合

信息技术在教学中的应用解决了以往课堂上学生反馈周期长、教学设计依据少、课堂交流反馈差等问题，突显了"教师主导—学生主体"的现代化课堂教学理念，以学生问题为起点，以学生需求为核心，以学生应用为指向，真正做到了"以学为中心"。

二、瞻前顾后 环环相扣——教学流程展示

（一）起始课时

教师比较民间故事、神话故事及童话故事结构上的不同。让学生尝试梳理文中情节，启发学生认识到民间故事较长且里面有多个重要人物。学生提出用小标题法梳理主要情节并概括主要内容。

（二）第一课时：讨论建模——重要情节（说什么）

对比学生梳理的主要内容和"语文园地"中的范文，发现缩写有新的变化，基于此，学生提出新的问题："什么是重要情节？"

以第一篇课文《猎人海力布》为例，学生进行自行阅读，投票选出他们认为重要的情节，并阐述他们的理由。通过收集理由，对比其共同点，学生总结出重要情节的标准是推动故事情节发展或凸显人物品质的关键点，可用《牛郎织女（一）》和《牛郎织女（二）》进行实验。

（三）第二课时：讨论、建模——缩写重要情节（怎么说）

确定了重要情节后，我们进入缩写的具体操作中。这里的课前测非常重要，因为缩写是概括这个语文要素发展到中高序列时学生必备的素质，它直接指向了学生能以更快的速度处理长文本的能力，那么教师设计课型的主要策略就是根据不同学生的能力做到：唤醒其已有知识；引入新情境，运用已知发现问题；进行解决问题的推理和预设；实践运用、验证推理预设的科学性；继续

拓展使用，巩固和优化方案；总结经验，得出新的模型。

第一，教学主题为"民间故事＋缩写训练"项目式学习设计，教师依托统编小学语文五年级上册第三单元，对学生的缩写能力进行阶梯式地训练。

第二，学生在三、四年级已经接受了比较明确地概括性训练，主要体现在对句子转述、缩句等方面已达到掌握运用的程度；把握要素、厘清情节，使段落和篇章达到易掌握的程度。学生从二年级上册起，教师以单元为整体对文本进行了项目式学习，通过三年以来的学习经验积累，逐步形成解读"单元主题—明确单元重点—自学单元基础知识—建立单元学法模型—突破课内重点问题—拓展课外类型资源—总结自我感受"。这样的一种单元整体学习的模式，从2017年至今，又进行了多种尝试。

第三，本课教师便尝试采用"课前测—课中测—课后测"的方式进行学习，互动平板上更是有大量各种类型的整体学习任务。学生非常善于通过这样的学习方式进行探究式学习，形成了环环相扣、互为生长的智慧学习云课堂，组建了多层次、多方位的学习共同体。本次单元整合选送了单篇建模的一节课和群文阅读建模的两节课，旨在通过新媒体、新技术的运用建立思维模型，解决本单元的学习重难点。

第四，教学重难点为使学生学会转述的方式，结合概括主要内容的方式，对重要情节进行缩写。将转述单句的方法和概括主要内容的方法综合运用到缩写文段内，最后完整缩写全文。

第五，教师在课前，用"班级空间"布置了诊断性任务——课前讨论进行学情分析。

检验全班的参与度，数据是否客观、真实。教师将学生发言记录复制到词云APP，通过对字符串的过滤，发现一共有45名学生参与了讨论发言，占全班总人数的84.9%。这说明数据是真实有效的，全班参与讨论的面很广，足以涵盖各层面的学生，获得的数据是真实有效的。

教师为检验发言的有效性，定位发言的指向性，对发言内容进行整理，通过词云APP根据词性进行筛选，去掉字符串和无效的连接词、代词、副词等，得到关于讨论内容的词云图如下（如图6-5、图6-6所示）：

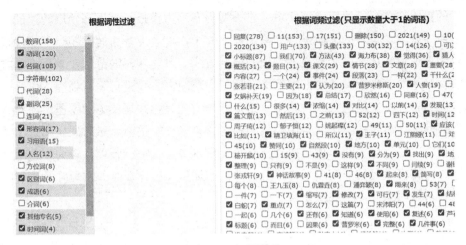

图6-5　词语筛选

图6-6　发言高频词统计图

通过统计图可以看到很多学生都提到要用小标题的方法，"瞻前顾后"的学习方式对学生的序列化学习模式的建立很有帮助，并且学生能够在短时间快速唤起已有经验，这样的学习是有次序和层次的顺势推进。课前任务是用微课等方式唤起学生对概括、转述等技能的已有经验。课中主题活动是课堂上用转述单句、转述整段、运用新方法概括重要情节、综合运用等各种方法缩写整篇长文。课堂上，学生先展示学习的成果，然后以《牛郎织女》中的长句进行转述的巩固性练习。以第一篇文章《猎人海力布》为模板，学生开始用转述的方法对一个重要情节的文段进行缩写。在缩写中，学生发现新的问题。不能仅仅只用单纯地转述，必须要用上其他的概括方式。对比缩写的范例，学生总结方法在转述的基础上，还可以用浓缩、摘录、删减等方式进行缩写处理。以《猎人海力布》全文为模板，使学生分组进行全文缩写，在展示中学生通过比对和点评整理了缩写的方法就是用小标题的方式梳理长文情节，然后回文筛选出重要情节，最后重要情节用转述和概括主要信息等方式进行整理，较为完整地表述，再将非重要情节用概括方式进行浓缩。课后布置作业时，用教师的推导方法自行练习缩写《牛郎织女》。

（四）第三课时至第四课时，调整优化——展示自行练习的《牛郎织女》，优化缩写的方法

课前展示学生自行缩写的《牛郎织女》，在班级内展开评议。课堂上，教师总结学生的展示成果，集中精力在争议较大的文段上。通过对比发现，争议比较大的文段集中在"遇见织女，拿走纱衣"这个情节上，有的学生将此情节全部删去，有的学生将此情节全部保留，有的学生将此情节拓展。通过讨论，引导学生发现这个情节的特殊性，虽然是推动故事发展的关键点，但是并没有对塑造牛郎的人物形象和凸显人物品质有帮助。学生讨论解决方案是可以保留，但是要删减，把重点放在牛郎归还纱衣后的描述上。学生进一步优化解决方案，即遇到特殊情节，先判断它能不能推动故事情节并且凸显人物品质。对于这样的情节，可以保留一部分，要选择能够凸显人物品质的语段保留，其余删减。教师鼓励学生用优化后的方案尝试缩写《孟姜女哭长城》《白蛇传》等课外民间故事。

（五）第五课时至第八课时，实践运用——民间故事缩写大赛并展示

若学生从课内的支架学习中总结了缩写长文的方法，再把这个方法放入后面课内文段中进行实践，根据运用中的体验，进行了优化和改进，形成了一个简洁而自洽的模型。但是课内文段始终有限，两篇民间故事不足以让学生将这个模型不断运行，从而巩固，完成从方法到技能到能力的形成。

在小学阶段最好的学习就是活动，因此，教师需要将课内学习拓展到课外自学中，使课内学习的经验成为课外自学的支架。在情境中不断推演。于是，学校举行了"民间故事的缩写比赛"。

在"民间故事的缩写比赛"中，学生主动阅读了大量民间故事，增加了经

验储备，而在运用缩写方法时遇到了新的问题，从而激发自己探索、研究的动力，锻炼学生解决问题的能力，使学习变得更有深度和广度。

既实现了从课内到课外的视野拓展，又使学生完成了从已有经验到未知挑战的能力提升，在不断完善和改进中努力构建符合自我成长规律的、动态的、自洽的思维体系。

三、建构支架 嵌入媒体——心得感受分享

（一）体现了教师的素质，具有很强的结构化意识和对教材的把控能力

能够从纵向梳理每个学段不同教材的编写意图和知识生长模式。准确地抓取四年级到六年级的语文素养的共同点和生长梯度，以本课为例，教者抓到了"概括主要内容"这个训练点，从"抓六要素用标题法概括主要内容"—"梳理情节串联主要内容"—"取小标题简要概括主要内容"—"梳理情节并分类进行缩写"，建立课堂设计的经线。

（二）充分尊重了学生的学习方式和需求，在教学设计中为其搭建支架

通过课前测唤起学生的已有知识，如在复习关于转述技巧的过程中，有的学生因对转述掌握的不牢而出现了一些错误，经分析发现问题主要集中在转述的最后一句。因为这句话中涉及了织女、牛郎和转述人等叙事角色，所以句子表达已经很复杂了。如果只是按照前序转述的处理，就可能存在指代不明的问题，但是这种改法已经是传统转述句子中"第一人称"转"第三人称"的复杂语境中的灵活运用了，这也说明了学生的语感和对复杂语境的灵活度辨析还不够，而这也奠定了学生能快速掌握缩写方法的基础，因此需要教师在课堂上进行个别指导。

再次分析学生的学情，由于绝大多数学生前两句是正确的，只有少部分学生转述还有问题，因此，这个个别化指导就必须精准定位。如何借助技术让个别指导变成一个生生互动、示范模仿迁移运用的课堂，使教师的教自然嵌入课堂，让课堂效果更明显，使得后来转述整段到缩写重要情节到缩写全文进展顺利，基于数据的个别化指导提升了问题的精准性和指向性，使课堂的有效性得到提高。

基于尊重现当代学生的学习方式"复习旧知—运用生疑—讨论策略—调整优化—实践运用—总结提升"这个理论轨迹，在本节课里面充分做到了：牵

引——调动四年级下册转述的已知经验，为他们创设一个新的学习情境，将单句的转述迁移到长句和句群的转述中。捕捉——鼓励学生对《猎人海力布》文段进行缩写，在此过程中若学生发现了新的问题，教师应敏锐捕捉并相机展开讨论，形成缩写文段的策略。组织——教师有效地组织全班学生在短时间内高效阅读并缩写《猎人海力布》全文。整理——最后师生分享了各自的学习感受，并将学生的感受加以提取、梳理比较完整的缩写方法。鼓励——在整个活动中，教师不断询问学生的感受，多鼓励学生发表各自的意见。

（三）能够横向认识每个单元不同篇章的编写意图和单元课文之间的紧密联系

认识本单元每篇课文的训练要素和生长梯度，以本课为例，教师以第一篇《猎人海力布》为范本，建立缩写的模型，应用到《牛郎织女（一）》调整优化中，再应用到《牛郎织女（二）》的实践中，最后调用更多的民间故事，师生共同进行拓展，形成了"课前质疑—建立模型—调整优化—拓展运用"这样的单元整合学习模式。

（四）适宜而无痕地运用媒体，在课堂实施中推动思维发展的进程

教师可以用投票、互动题板、拍照上传等方式鼓励学生全员参与，并且收集到更多的数据进行比对，通过投票选出学生心中的重要情节，在比对学生的投票结果的时候，发现前四个情节的共同点，从而感受到重要情节是指能够推动故事发展并凸显人物品质的情节，对这样的情节应予保留。

教师可以用屏幕广播的方式重点展示学生在处理文段及完成缩写任务时的思维轨迹，让每个学生都能清楚地看到每个组是如何分工的，是怎样缩写和拼合的。

教师可以用互动题板、截图发送、拍照上传的功能敏锐地捕捉学生学习时的疑问和需求，在用转述的方式处理长句后，教师应发送新的挑战任务——对文段进行处理，帮助学生将旧有知识迁移到新知里面。

教师可以用班级空间组织课前讨论、课后评议，在学生讨论处理第三单元的主要内容时，能够集思广益、调动经验、对比文章、提出假设，教师也能根据学情反馈，不断地调整活动实施方案，为后续活动开展打下基础。

教师可以用计时器的功能帮助学生有意识地规划时间，将十分钟的缩写细分为"2+5+3"的阶段，让学生能够在十分钟内就能高效地完成对本文全文的缩写。

教师可以用随机抽取和抢答活跃气氛，保持课堂鲜活的生命力。

四、纵深推进 横向联动——后续探究展望

一是如何用好智慧平板的班级空间为学生创设更为真实的学习情境，让学生沉浸其中。

二是如何用好平板的录音、拍照等记录功能，更清楚完整地记录学生的思维过程，记录课堂生长的拐点。

三是如何更好地梳理教材的知识结构和单元序列，并且能够充分尊重学生的学习意愿，将学生的学习需求和教材的训练目标更有效地结合。让项目式学习不仅只服务于单个项目，更应具有战略性发展的纵深能力。将课堂还于学生，让学生成为课堂真正的主体，并且力图让每个学生都能在学习过程中自由表达。

泡小西区　许　丹

《分一分（一）》教学设计

一、教学目标

（一）知识与能力

结合具体情境初步认识分数、理解分数的意义，体会学习分数的必要性；知道分数各部分的名称，能正确读、写简单的分数。

（二）过程与方法

在折一折、涂一涂、说一说等活动中，使学生观察探究、动手实践、分析概括等能力得到提高。

（三）情感、态度和价值观

通过认识分数、创造分数、理解分数，激发学生对数学学习的兴趣，使学生在学习中树立自信心。

二、教学内容及内容解读

北师大版小学数学三年级下册第六单元第一课时《分一分（一）》。

本节课的学习内容是认识分数，认识分数是在认识平均分基础上对数认识的深化。分数本身比较抽象，教材从学生熟悉的生活实际出发，通过"分苹果"的情境让学生思考平均"每人分得这个苹果的一半，用什么数来表示？"让分数变得更易让学生理解。在讨论的过程中，一方面让学生理解用学过的数无法完成"一半"的表述，另一方面让学生感受到表示一半的方法很多，但用1/2表示"一半"更为简捷有效，从而使学生体会分数产生的必要性；接着让学生在折一折、涂一涂的活动中理解简单的分数意义。并通过认一认，让学生会读、写分数，认识分数各部分的名称。

三、学情分析

三年级学生已经有认识整数、小数的经验，但是这节课对于学生来说还是很抽象的，因为它不同于整数是由直观来表示量的。学习小数时，有圆、角、分作为载体表示不够整数的部分，分数却离学生的生活比较遥远，他们很少在生活中遇到、用到分数，对他们来说分数是抽象的、难理解的。对分数的认识相对学生来说是一个全新的领域，虽然分数的意识在学生的大脑中存有印象，但要上升到概念的理解则需要一个较长的认识和熟悉的过程。因此，在教学时，教师要依据三年级学生的认知特点，创设生动的问题情境，充分激活学生的生活经验，利用实物操作、直观图形等手段，帮助学生逐步理解分数的意义。

四、教学诊断

教学重点：理解分数的意义，体会学习分数的必要性；知道分数各部分的名称，能正确读、写简单的分数。

教学难点：理解分数的意义，体会学习分数的必要性。

五、媒体、技术选择

优学派智慧课堂、希沃白板、希沃授课助手。

六、教学流程

（一）课前预习，了解学情

教师通过设计有趣的课前测，设置不同数量的分物问题，并利用优学派智慧课堂的电子书包发送给学生。学生自主思考表示一半的方式，以多种形式呈现自己的作品，并在互评的过程中提出问题。

任务设计意图：通过收集学生表示一半的学习资料，了解学生的认知起点，为设计教学提供学情资源。在交流讨论中，感受"平均分"的特点，引出"一半"，为分数的学习奠定基础。

（二）课中创设情境，导入新课

1. 情境引入

教师提问：四个苹果平均分给两个同学，每人得到几个？如何列式？（4÷2＝2）

教师提问：两个苹果平均分给两个同学，每人得到几个？如何列式？（2÷2＝1）

教师提问：那现在只有一个苹果，要平均分给两个同学，每人得到这个苹果的多少？

教师提问：能用算式表示吗？利用前面算式的经验：1÷2＝? 昨天王老师通过调查发现有学生已用自己的方式表示了一半，我们一起去看一看（如图6－7所示）。

图6－7　希沃白板——分苹果过程

任务设计意图：感受"平均分"的特点，引出"一半"，建立分数与生活的联系。

2. 展示课前测

教师提问：学生是如何表示"一半"的？请学生给大家介绍一下（展示学生作品，如图6－8所示）。

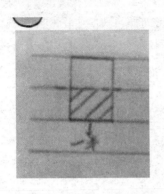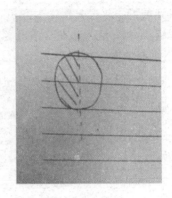

图6-8 互动题板——学生表示一半的方法

教师引入其他学生的表现方法，如有学生是用折纸的方式表示的，边看边想他是如何表示一半的（如图6-9所示）。

图6-9 屏幕广播——学生折纸视频

这些方法都能表示苹果的一半。它们有什么共同特点吗？$1 \div 2$ 这个算式的结果还能用整数表示吗？也就是说再也不能用以前学过的整数来表示了。看来一半可以用 $\frac{1}{2}$ 来表示。这就是我们今天要学习的新的一类数——分数。$\frac{1}{2}$ 是不是只能表示苹果的一半呢？接下来我们就来研究一下还有什么情况下可以用 $\frac{1}{2}$ 来表示？

任务设计意图：引导学生发现不同表达方式下的"同一性"，平均分、两份、取其中的一份。教师给学生理解分数的意义打下基础，让学生感受分数表达的必要性和优越性。

（二）探究新知

1. 活动一：涂出下面图形的 $\frac{1}{2}$（如图 6-10 所示）。

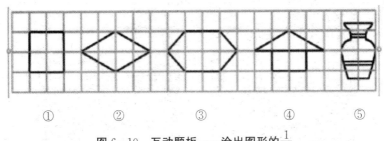

图 6-10　互动题板——涂出图形的 $\frac{1}{2}$

学生操作移动，交流发现形状不同，但两部分一样多（重合、面积、大小，如图 6-11 所示）。

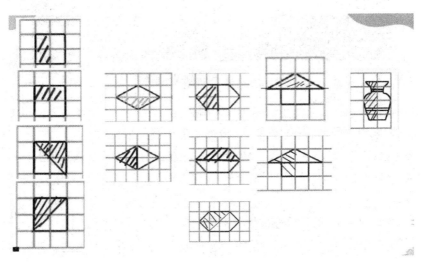

图 6-11　$\frac{1}{2}$ 不同表示方法

教师结合学生操作的结果，提醒学生 $\frac{1}{2}$ 的表示方法与图形的形状无关，而是与每份的大小有关，也就是要把这个图形平均分。

任务设计意图：引导学生从"面积模型"角度思考不同的涂法。教师引导学生进行深度思考，逐步加深对分数意义的理解。使学生进一步理解"$\frac{1}{2}$"的意义，加深其对"分数意义"的理解。

2. 活动二：创造并认识其他分数

教师提问：在分数的世界里，只有 $\frac{1}{2}$ 这一个分数吗？用一张纸折一折、涂一涂，你还能得到哪些不一样的分数（如图6-12所示）。

图6-12　学生折纸表示分数

教师提问：给大家说一说你是如何得到这个分数的？你怎么确定每份一样大呢？像这样的数就叫作"分数"（板书学生介绍的新分数）。

任务设计意图：通过折纸、涂色等活动，让学生找到并认识更多的分数。使学生对"分数"的认识更深入、更全面，不应仅仅局限于"分数单位"，应更深层次的认识它的意义。

3. 活动三：微课介绍分数的各部分名称，以及怎样读写分数

分数还有哪些小秘密呢，师生一起通过视频看一看，看完之后教师请学生说一说他们的收获？请学生说一说分数各部分都表示什么意思？

然后，教师提问学生分数线在分数中表示什么？如果想用一个数学符号来表示，可以用哪个符号来表示？

任务设计意图：学习分数的各部分名称，怎样读写分数及分数各部分所表示的意义。

4. 活动四：在数线图上找 $\frac{1}{2}$

今天学习的分数与之前学过的整数之间有什么区别和联系？之前学过在数

线图上去表达整数,教师也想让 $\frac{1}{2}$ 能在这个数线图上,它该在这个数线图的哪个范围呢(如图 6-13 所示)?确定范围后,请学生试着找一找它的位置。课后可以再找一找三分之一、四分之一……

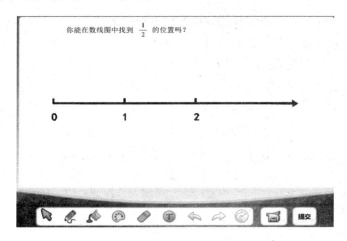

图 6-13　互动题板——在数线图上找 $\frac{1}{2}$

任务设计意图:感受分数与整数的区别与联系,拓展对数的认知,整合分数和整数的内在联系,建立知识结构,加深对分数意义的理解。

(三)课堂小结

教师可以请学生谈一谈本节课的收获。

任务设计意图:意在对本节课所学内容做一个回顾梳理,辅助学生回顾课堂内容。

(四)拓展阅读

播放微课介绍分数的演变,学生观看微课后交流感受。

今天通过分苹果认识了一种新的数——分数,其实分数的表示经历了漫长的过程。请学生自己轻声读读。希望学生课后多读一些有关分数的知识,相信在今后的学习生活中,分数能够帮助学生解决更多的实际问题。

任务设计意图:感受分数的演变,体会知识逐渐完备的不容易。

(五)课后作业

教师利用优学派智慧平台平板进行"一对一"发送分层作业,推送有关分数数学史的拓展阅读。

任务设计意图:引导学生根据自己的能力进行不同程度的分层学习,提炼自己的学习成果和反思总结，激发学生进行深度研究，扩展他们的学习思维广度和深度。

七、效果反思

在木节课中，我借助优学派智能平台互动题板的功能，让学生在动手操作的过程中逐步体会分数的概念，攻克了学生对于分数概念理解这一重难点。同时，整堂课贯彻了让学生"在做中学"这一原则，在不断递进的练习中，帮助学生学习、理解和巩固概念。

在分数意义的理解上，虽然我时刻引导学生自主探究、自己表达、互相分享，但是对于时间的掌控做得不够好，这点感觉很是遗憾。

在今后的课堂教学活动中，我还会继续努力提高自身的教学水平，激发学生进行深度研究的想法，真正实现主动学习和深度学习的目标，让每一个学生都能从中有所收获。

泡小西区　王昱力

《看日历》教学设计

一、目标及目标解析

结合生活经验，认识年、月、日，了解他们之间的关系；知道大月、小月、平年、闰年，能初步判断平年、闰年。

在回顾、整理、观察日历和每月的天数表格中，能发现一些简单规律，发展学生的观察、判断和推理能力。

经历与他人合作交流、解决问题的过程，学会倾听别人的意见，感受数学数学的快乐。

二、内容及内容解析

《看日历》是北师大版小学数学三年级上册第七单元第一课时。这一课时与之前学过的时、分、秒相比，年、月、日之间的关系更加复杂，虽然学生在日常生活中有一些感性的认识和经验，但是缺乏清晰的认识和数学思考的过程。因此，教材为学生设计了自主学习和自主建构的学习活动，从回顾入手展开学习活动，通过填表、整理、思考，发现规律，让有关年、月、日之间的知识更加系统地纳入学生自己的知识结构中。

三、学情分析

在本课学习之前，学生已经掌握了时间单位时、分、秒学习知识，大多数学生在实际生活中积累了年、月、日方面的感性认识，在解决实际问题的过程中，能独立进行简单的、有条理的思考，并且具有初步的合作意识与合作能力。有关年、月、日方面的知识，也越来越多地出现在他们的生活和学习内容中，只不过学生的这些经验是零散的、模糊的。

四、教学诊断

教学重点：使学生学会看日历，认识年、月、日；了解年、月、日之间的关系，知道大月、小月、平年、闰年等。

教学难点：在整理、观察表格中，培养学生的观察、判断和推理能力。

五、媒体、技术选择

2021 年年历、优学派智慧教育平台、多媒体 PPT。

六、教学流程

（一）谜语导入

一物生来真稀奇，
身穿三百多件衣，
每天给它脱一件，
年底剩下一张皮。

——打一日用品（日历）

猜出谜语后由教师导入新课而提出追问"今天是哪年哪月哪日"，得出日期后引入年月日。

任务设计意图：日历是一个常见的生活用品，通过关于日历的谜语引入新课，激发学生的学习兴趣，活跃课堂气氛。同时通过日历引出今天学习的主要内容年、月、日都是比较长的时间单位，为后续的学习做好铺垫。

（二）知识建构

1. 以课前测单探索日历

观察日历，你能找到课前测中的信息吗（找信息佐证已知信息）？

通过日历找到了这么多信息，真厉害！那你能用日历来解决咱们的问题吗（找信息解决问题）？

任务设计意图：从课前测入手，充分调动并运用学生的已有知识经验和数学上的观察方法帮助他们探索年、月、日的知识。首先，以课前测信息为导向，使会的学生带动不会的学生学会看日历；然后，再以部分学生的疑惑为导向，引导学生更深入的观察日历，感受月份里的天数变化；前两步都是在设定的信息和疑惑里观察日历，最后让他们进行自由观察，还能发现日历里面星期之间的变化、季度的变化等。

2. 观察表格，你发现了什么？

观察表格（如图 6-14 所示），你发现了什么（每年月份的天数会变化吗？）

月份	1	2	3	4	5	6	7	8	9	10	11	12
2018 年	31	28	31	30	31	30	31	31	30	31	30	31
2019 年	31	28	31	30	31	30	31	31	30	31	30	31
2020 年	31	29	31	30	31	30	31	31	30	31	30	31
2021 年	31	28	31	30	31	30	31	31	30	31	30	31

图 6-14 月份的天数变化

第一，小组活动。活动要求：观察表格中的天数，把你发现的规律在表格中圈一圈、画一画；完成后跟同桌交流一下你的想法；交流完后请提交上传作业；全班进行交流汇报，通过横着看、竖着看，启发学生通过自主探究发现每个月天数之间的变化情况。

第二，总结大月、小月、特殊月。教师一边板书一边总结归纳学生的发现，形成系统的知识，教师应着重提醒学生注意二月特殊在哪儿？

任务设计意图：课前测中学生已经整理和记录了各月份的天数，在前面的观察日历中已经看出来了每个月的天数变化，再带着这样的变化思考是不是每年都有这样的变化呢？因此，学生需要借表格更清晰地观察多个年份每个月天数的变化规律。

第三，记忆方法有左拳记忆法和儿童记忆法。左拳记忆法，全班跟着PPT 动画一起数一数，记一记；儿歌记忆法为：一三五七八十腊，三十一天永不差，四六九冬三十日，平年二月二十八，闰年二月把一加。

第四，课中练习，请学生随堂回答以下问题：淘气说今天 5 月 30 日，明天就是六一儿童节。笑笑说：我的生日是 4 月 31 号。7 月和 8 月一共有多少天。平年 3 月 1 日的前一天是 2 月 28 日吗？

（三）回顾总结

教师提问：通过这节课，你学会了什么？你有哪些新的认识？

这节课师生共同解决了一部分的疑惑，还有一部分学生的疑惑在这节课中未能得到解决，例如，从课前测中可以看出部分学生对怎么分清几月大，几月小还存在疑虑？没关系，学习就是这样，可能还没学习之前，我们对问题就会有这样那样的想法，但学习之后就会有更深刻的认识，也会产生新的疑惑，那在今后的学习中，我们再一起来探讨还未解决的问题吧（视频播放拓展"年月日的来历"）。

教师随堂设置课后练习，请学生在课后巩固已学知识，检测知识盲区，查漏补缺。

七、效果反思

整节课学生都在轻松愉快、民主的学习氛围中主动探索并发现新知，使学生体验到了自主探索的乐趣。教师利用多媒体教学，辅助学生感知年、月、日的来历及它们之间的关系。激发学生探索新知的欲望，既扩大了知识面，又增长了见识。

反思这一节课，在一些细节的处理上还存在很多不足。如课堂节奏比较紧凑，一环扣一环，对学生的一些闪光点没及时地深化；在引导学生记忆大月、小月时，没能让学生充分地交流，如果教师当时能继续深挖的话，那相信学生的印象将更深刻。

泡小西区　陈冰倩　苟良婷

《左右》教学设计

一、目标及目标解析

知识目标：认识左右的位置关系，理解其相对性。

能力目标：通过探索活动，培养学生的实际观察能力、空间想象能力、语言表达能力、动手操作能力和初步运用数学知识解决实际问题的能力。

情感目标：创设情境激发学生的学习兴趣，培养合作意识，树立自信心。

二、内容及内容解析

本课学习内容为北师大版小学数学一年级上册第五单元。"左右"是在学生学习了"前后""上下"的位置与顺序之后再进行教学的。这部分内容根据学生已有的经验和兴趣特点，从学生最熟悉的左手和右手引入教学，让学生在具体的操作和探索中观察、感知"左右"的含义及其相对性。在体验左右的位置关系的变换过程之后，引导学生把左右的知识应用于生活，激发学生探索数学的兴趣。这节课的难点是理解左右的相对性，因此，教材设计了较多的活动及游戏帮助学生理解。

三、学情分析

学生早已具有"眼前、背后、头上、脚下"的空间经验，对于前、后、上、下，学生一般不会搞错，但是识别"左右"比较困难，一年级的学生已经能区分自己的左手和右手，但由于没有经过有意识地培养和训练，因此对左、右的反应比较迟缓，大部分学生区分左右的方法是：先想想哪只手会写字，再判断哪边是右边，然后想另外一边是左边。同时，一年级的学生学习数学的兴趣很浓厚，竞争意识强，特别喜欢在活动、游戏中学习。

四、教学诊断

教学重点：能确定物体左、右的位置与顺序，会用左、右描述物体的相对位置。

教学难点：理解左右的相对性，初步培养学生的空间观念和按一定顺序进行观察的习惯。

五、媒体、技术选择

白板课件、电子书包。

六、教学流程（课前、课中、课后环节）

（一）课前

利用《前测单》掌握学情（如图6-15所示）。

前测单

一、比一比，哪只是你的左手，画√，哪只是你的右手，画○。

 _____  _____

二、圈一圈

图6-15

（二）课中教学环节

1. 活动一：在游戏中初步感知左右

教师带领学生做游戏，在游戏中使学生加深对左右的理解。"伸出你的左手，收起你的左手；伸出你的右手，收起你的右手；左手摸左耳朵，右手摸右耳朵；左手摸右腿，右手摸左腿……"

任务设计意图：通过游戏的方式激发学生的兴趣。从感受到身体上左右器官到身体活动，让学生充分感知自己身体的左右，体会左右的位置关系。

2. 活动二：辨析左右的方法

教师提问：在游戏的过程中学生听到最多的方位词是什么？请学生作答。

教师提问：课前我们做了一个小调查，很多学生都能分清左右，所以刚刚的游戏玩得特别好，但有的学生出错了，你们有什么好方法能帮助他们分清左右吗？谁来分享一下你的好方法。

学生汇报。

教师提问：你们真能干，有这么多记住左右的方法。当大家忘了的时候，就用今天的方法回忆一下。

闭眼感知。

教师提问：要给你们点赞，既然左右分得这么清，我要看看你们能不能找出游戏中朝右的动物。我要请最近进步最大的学生来玩。其他学生在下面一起玩。

任务设计意图：结合左手、右手在生活中的功能体现，有效地唤醒学生对左、右在学习生活中的记忆。同时强化学生知识与生活的联系。

3. 活动三：体会左右的相对性

教师提问：现在你们能熟练地分清左右了，那你们能不能利用左右来说一说文具的位置。先和同桌说一说你选了什么文具，再说他的位置（文具盒在橡皮的左边，文具盒在直尺的右边）。

教师提问：都是直尺，怎么一会在右边，一会又在左边呢？请学生先和同桌讨论，右边同桌先说，左边同桌后说。

学生汇报。

4. 活动四：摆一摆

教师提问：左右位置你们都会说了，那动起来后还能不能分清左右呢，准备好了吗（表扬会合作的小朋友）？

5. 活动五：感知相对性

教师提问：你们都把左右分得那么清了，那我们一起来活动活动。咦，我们怎么举得不一样呢？但我举的就是右手呀！

学生反馈：大家举得都没有错。因为我们是相反的、面对面的，所以不一样；你的左边就是我的右边，你的右边就是我的左边。

教师提问：面对面怎么就不一样了？能验证一下吗？

预设：教师转一下，面向黑板（教师进行向后转的动作，启发学生发现当人与人面对面的时候，方向是相反的）。

那当人们面对面站的时候。我的右边就是你的左边，你的右边就是我的左边。所以当我们面对面举右手的时候，我们看起来是相反的实际上是一样的但我们都是正确的。当我们方向一样的时候，我们的左右就一样了。

任务设计意图：从产生矛盾冲突到解决矛盾冲突，以教师演示为主轴线，以学生为主体，经历方向的变化，使学生体验："方向不同，左右不同。"从而激发学生的自主探索能力，有效的突破教学的重点和难点，即左右的相对性。

教师出示上下楼梯的图片（女生在下楼梯，男生在上楼梯）。

教师提问：我想问一问他们都是靠右走的吗？女生也靠右行吗？

学生与同桌进行讨论，合作探究反馈：因为她们和男生面对面，都是靠右行。面对面的时候男生的右边是女生的左边。所以女生也是靠右行的。

教师提问：我们来体验一下。请全体学生起立，举起右手准备上楼梯了，依然举起右手转个方向准备下楼梯。

虽然表面上看男生、女生的方向是不一样的，但实际上都是靠右边行走的。

任务设计意图：教师要让学生开展自主探究、合作交流，有效突破难点。

（三）课后

今天的作业是观察一下放学时男生站在路队的哪边，女生站在路队的哪边；当你在站路队时，你的左边是谁？你的右边是谁？请记录下来。

任务设计意图：将学习内容与生活实际相结合，体会数学与生活的密切联系，使学生感受学习带来的快乐。

七、效果反思

创设情境，使学生在活动中收获数学活动经验。课堂教学中，设计、安排和组织教学过程的每一个环节都应当有意识地体现探索的内容和方法，让学生能够亲自参加数学活动。根据教学要求，从学生的实际出发，按照学生的年龄特点、认知规律，把课本中的例题、结论等转化为学生能够亲自参加的数学活动。重视学生的学习过程，让学生在愉快的游戏活动中亲身体验知识的形成与发展。

新课程提出学习目标应由"关注知识"转向"关注学生"，课堂设计应由"给出知识"转向"引起活动"得到"经历、体验"。新课程改革也视学习为"做"的过程、"经验"的过程，凸现学生学习的实践性特点。在上下、前后、左右的教学中，教师组织学生听口令拍手的游戏活动，当看到自己拍的和别人拍的一致时，他们的笑容是那样的灿烂，使学生从中体验到学习的乐趣，并增加成功感。假如学生发现自己"上当"时，就会赶紧纠正。如此设计，不仅注重了学生认知上的需求，更重视了学生学习情感上的满足，使学生心中充满激情，获得内心的充实和满足。只有学生的情感体验是愉悦的学习，才是真正意义上的自主学习。学生无疑会对数学产生亲切感，从而积极投入学习。

本课的不足之处是教师的评价激励不够。在教学过程中教师的评价——激励性语言比较少、不够丰富，这样会导致课堂气氛不活跃，学生对自己的定位不明确，会影响这节课的教学效果。同时，小学课堂学生的基础不一样，在教学过程中少部分学生的课堂参与度不够。在今后的教学过程中，教师应多关注全体学生。

泡小西区　陈　燕

《长方体的体积》教学设计

一、目标及目标解析

探索体积计算公式是对体积概念的再认识，与长度、面积类似，体积的大小应该用体积单位度量，但因为很多学生已经知道可以测量长方体的长、宽、高，然后套用公式求体积，存在部分学生混淆长度单位、面积单位与体积单位。因此教学中要重视让学生摆"体积单位块"，用体积单位块来度量长方体的体积，唤起学生的学习经验，并使他们进一步感受：从长度的认识到面积的认识再到体积的认识，都是从度量开始研究的。这个过程中既培养学生的量感，又发展了学生的空间观念。

二、内容及内容解析

《长方体的体积》是北师大版小学数学五年级下册第四单元第三课的内容。在前两课中，学生通过观察、比较、实验等活动已体会并理解体积和容积的意义，同时又联系生活实际认识了体积、容积单位，在此基础上本课开展了对长方体体积计算公式的探索。在探索过程中，学生得出体积计算公式是显性的，但用体积单位度量却是隐性的。

三、学情分析

学生通过第一学段的学习，已经有了长度、面积、角度的度量活动经验，这些活动经验在本课的学习中可以被直接唤醒和运用。通过对学生本课知识的课前测，教师发现有部分学生知道"长方体的体积＝长×宽×高"这个公式，而对公式背后的数学道理"长方体的体积等于其包含的单位体积的个数"是不了解的，通过数学活动有助于学生悟出其中道理。

四、教学诊断

通过课前测数据反馈，制订以下学习目标：结合具体情境和实践活动，探索并掌握长方体体积的计算方法，能正确计算长方体的体积，解决一些简单的实际问题。在观察、操作、探索的过程中，培养学生动手操作、抽象概况、归纳推理的能力，进一步发展学生的量感。

教学重点：经历并理解长方体体积公式的推导过程，掌握长方体体积的计算方法。

教学难点：在同中求异下感受长方体体积计算方法的多样性，在异中求同下感受长方体体积多种计算方法本质的一致性，进一步发展学生的量感。

五、媒体、技术选择

优学派智慧课堂平台、PPT。

六、教学流程

（一）回顾课前测，发现学生的困惑

问题一：长方体的体积与什么有关？有什么样的关系？

问题二：长方体的体积公式是什么？你是怎么理解这个公式的？

课前教师利用上述两个问题调查大家的情况，现在一起看一看。

学生解读自己对长方体体积公式的理解，却发现怎么都说不清楚道理。

任务设计意图：回顾前测，梳理学生问题和困惑，通过解读课前测引发学生思考，感悟本节课学习的必要性。

（二）动画演示，验证猜想辨关系

教师提问：长方体的体积到底和什么有关？边看边思考和你之前的猜想一致吗？

PPT分别演示：长方体的长延长（宽、高不变），体积变大；长方体的宽延长（长、高不变），体积变大；长方体的高延长（长、宽不变），体积变大；长方体的长宽高都延长，体积变大。

教师提问：通过观察你能来说一说长方体的体积与什么有关？有怎样的关系？

任务设计意图：根据学生课前猜想，动画验证猜想。通过观察来验证猜想：长方体体积与长、宽、高有关，随着长、宽、高的变化而变化。同时又产生新的疑问，学生在不断产生的新问题中继续学习。

（三）探究明理，把握体积公式度量本质

1. 明确体积度量本质

教师提问：估一估这个长方体的体积是多少（出示实物）？要如何知道这个长方体盒子到底有多少？你准备用什么体积单位来测量？你准备怎么量？能算出体积是多少吗？你们是用什么方法求出长方体体积的？

2. 明确长方体体积公式度量本质

教师提问：用数个数的方法是不是就解决了你对长方体体积计算公式的理解？你们准备怎样进一步研究？小组合作摆长方体，用一些相同的小正方体（棱长为1cm）摆出至少三个不同的长方体，记录它们的长、宽、高，完成下表（见表6-4），验证你们的猜想。第一，小组合作摆长方体，并把有关数据填入下表。第二，填完后分析数据之间的关系，交流自己的发现。

表6-4

	长/cm	宽/cm	高/cm	小正方体数量/个	体积/cm³
第1个					
第2个					
第3个					
第4个					
第5个					

学生小组交流汇报后验证发现：长方体的体积＝体积单位正方体的个数。理解公式的含义，建立每排体积单位正方体的个数、每层体积单位正方体的行数、层数与长方体长、宽、高之间的联系。请你来计算这个长方体（如图6-16所示）的体积。

图6-16

学生需要知道什么数据就能算？如果只给体积单位块（如图6-17所示），长度单位你会估吗？

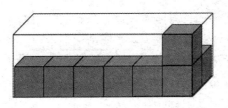

图 6—17

6 表示什么？2 呢？6×2 呢？你怎么知道高是 2 呢？是不是以后只要遇到要求长方体体积我都用体积单位来摆？那怎么办？看来长方体的体积计算公式能帮助我们直接就进行计算了，原来它的通用是有道理的。

教师提问：我们是怎么一步一步加深对长方体体积计算公式的认识的呢？

任务设计意图：通过学生课前测对长方体体积计算公式理解的不同引发认知冲突，使学生想要理解长方体的体积为什么和长、宽、高是相乘的关系。自发想要动手进行验证、猜想。通过全班分小组摆出各不相同的长方体进行验证，小组完成后通过平板拍照上传作品。通过操作体验进行演绎、推理，不但"理"清了核心问题，还积累了一定基本活动经验，为后续学习奠定基础。

（四）类比推理，发展度量意识

教师提问：正方体的体积计算公式是怎样的呢？和同桌说说你的想法。全班交流，类比推理，理解正方体体积计算公式。

任务设计意图：通过前面的探究，有了充分的体验和思考经验后，将长方体体积计算公式类推到特殊的长方体，理解正方体的体积计算公式。

（五）运用公式，练习提升

第一，用棱长为 1cm 的小正方体摆体积为 6cm³ 的长方体有几种摆法？

第二，用棱长为 1cm 的小正方体摆体积为 8cm³ 的正方体有几种摆法？

任务设计意图：学习公式是为了灵活的运用公式解决问题，让学生在理解体积计算公式的基础上，通过优学派互动题板动手操作，根据给定体积猜想长度及个数，辨形状。真实了解每个学生在本课学习后的具体收获与困惑。

（六）融会贯通，构建空间度量体系

回顾长度单位、面积单位、体积单位其蕴含的测量道理都是一样的。

七、效果反思

本节课基于学情，从学生回顾课前测出发，找到学生真正的困惑不是记忆长方体的体积公式，而是对这个公式的理解。课中以体积单位为纽带，围绕课前测问题：你是怎么理解长方体体积计算公式的？通过小组活动摆放体积单位块，全班进行对比交流，在交流中逐步明晰"数个数"与"量长度"之间的统一，从而感悟长方体体积度量的本质并理解体积计算公式的道理。课堂中教师并不止于对公式的理解更是从度量的本源引导学生将体积单位、长度单位、面积单位三者融通、联系，将知识结构化、系统化，因此学生思维会更加全面深刻。

泡小西区　陈　丹

《爱成都　迎大运——制作宣传海报》教学设计

一、目标及目标解析

（一）知识与技能

知道宣传海报的构成；掌握宣传海报的特点；掌握在画图软件中综合运用图片、文本的方法和技巧，灵活调整布局与排版。

（二）过程与方法

围绕用画图软件制作世界大学生运动会（以下简称大运会）宣传海报，采用任务驱动教学法，让学生在完成任务的过程中发挥其设计创意，提高其自主探索和综合实践操作的能力。

（三）情感态度与价值观

通过制作大运会宣传海报，培养学生的创新能力和审美能力，享受创作的乐趣，进一步激发学生对信息技术的学习兴趣，同时培养学生热爱家乡的情怀。

二、内容及内容解析

本课是川教版小学信息技术三年级下册第二单元第三课的内容。在之前的学习中，学生已经具备操作画图软件的基本技能，能在画图软件中输入文字、插入图片。《制作宣传海报》是综合运用已学的知识，并在此基础上深入加工、合理安排版面而成，是学生在熟练画图软件的操作基础上设立的综合性的学习任务，即教会学生设计海报的方法，并提高其运用文字和图片处理的能力。

三、学情分析

本节课的教学对象是小学三年级学生，在之前的学习中，学生对画图软件的基本操作已有所掌握，已具备插入图片和文本的能力。三年级学生对图文并茂的宣传海报非常喜欢，教师抓住学生这一特点，将信息技术与实际生活相结合，从大运会海报设计实例出发，适当引导学生，让他们亲自动手设计，体会制作宣传海报的过程，从而达到了学以致用的目的。

四、教学诊断

（一）教学重点

引导学生思维，宣传海报的构成及特点。

（二）教学难点

思维导图的绘制，宣传海报中图文的排版。

五、媒体、技术选择

利用图片、视频加强直观化、情景化；利用计算机网络实现转播，交流分享评价作品；利用计算机教室、微课视频实现"一对一"学习、补漏、探索。

六、教学流程

（一）课前

设计问卷分析学生学情——为本节课的设置提供相应科学支撑及修改依据；制作微课（添加图片、添加主题字）——为上堂课知识掌握不牢固的学生提供复习小微课，以便顺利完成本堂课的基础任务一和基础任务二。

（二）课中

1. 视频导入

播放大运会宣传片，学生观看，教师提问，学生回答，引入课题。

任务设计意图：创设情境让学生快速融入课堂，引入课题。

2. 任务分析、新知讲授

对比图片，探究海报的构成；欣赏图片，思考海报的特点；任务分析，思维导图绘制。

任务设计意图：学生带着问题欣赏图片，发现宣传海报的基本要素及各要素的特点，为设计制作宣传海报奠定基础。

3. 执行任务、提升能力

第一，教师安排图片排版设计，忘记如何操作的学生可通过微课视频复习，复习之后再完成图片的排版设计，提醒学生为了让海报设计的更有意义，思考为何选择这种主题图。

第二，分析准备工作要做好，主题词是能够表达海报主题的文字，教师提供了一些主题词给学生，让学生自己设计海报主题词。画图软件里添加主题字需要用到什么工具，教师演示如何使用文本工具。教师讲解如何对文字进行处理，如字号、颜色、字体……

任务设计意图：图片、文字的插入是学生的已具备的技能，配合微课视频，让学生进一步熟练操作。

4. 展示作品、评价交流、归纳总结

第一，进行作品展示交流，通过电脑转播学生作品，进行自评、他评、师评。

任务设计意图：引导学生学会评价作品，并能对照自己的作品，发现问题、解决问题，促进学生审美能力、表达能力与反省调节能力的提升。

第二，进行回顾与总结，请学生来说说在制作宣传海报的过程中收获了哪些新知识。教师通过板书上的指令完善学生本课的知识所学。

任务设计意图：对本课的知识及时进行梳理，理清学生思路，完善其所得所学。

（三）课后

作品分析——可以全面地分析班上所有学生对本课知识的掌握情况及思维动向，为后面的课程设计提供依据。

七、效果反思

（一）优点

本课的内容是在学生掌握了基本绘图工具的操作后，设计一个完整且有个性的作品。整个教学过程以"制作大运会宣传海报"为主题贯穿始终，旨在培养学生在完整的、真实的任务情境下解决问题的能力。在这节课中体现了结构化思维，同时也渗透了分而治之、逐步求精的思维方式和解决问题策略。

第一，分析任务，确定元素环节，可以说这个环节是完成任务的关键。在分析中借助思维导图完成了任务的分解，这既有利于学生全面了解任务特点、各个组成元素及其作用，又为后面的学习创作奠定了基础，子任务就是后续解决问题的环节。另外，前置评级方案也有利于激发学生的创作热情，为后续制作起到一定的示范引导作用。

第二，综合应用，完成任务环节。根据任务分解，确定活动步骤，使学生感受结构化分析在任务完成中的作用，培养学生学习的主动性，把更多的时间留给学生操作。每个活动的引入都是基于对前面任务进行分解的结果，整体的环节衔接正是由于对任务进行了分而治之的处理而逻辑清晰，因此学生对解决问题的过程和方法也就更加明晰。

（二）不足

由于学生对海报制作已经有了一定的基础，制作海报就会容易很多。在制作中，还应该为学生多创造一点思考情境，多给一点思考空间，多留一点活动余地，教师要引导学生充分发挥自己的想象力，独立制作一张海报。在制作的过程中，还会有些学生比较依赖教师和同学的帮助，这样的学生可能出于两个方面的原因不愿自己动手：一是觉得自己做不好或者做得慢被同学嘲笑，二是觉得反正会有人帮我。对于这些学生一定要多鼓励，教师应循循善诱，让学生通过自己的努力综合运用已掌握知识、解决问题，掌握信息学科的能力很大程度在于学生的自信和兴趣。在最后的作品交流评价部分，鼓励学生敢于大胆发言、敢于说出自己的见解，敢于反驳别人的意见、敢于互相争论，在相互交流中表现自我，使学生语言表达能力不断得到提高。

泡小西区　　陈雪婷

《月相变化》教学设计

一、目标及目标解析

（一）教学目标

第一，科学知识：月亮在圆缺变化中出现的各种形状叫作月相。月相变化是月球围绕地球公转的过程中形成的，变化是有一定规律的。上半月由缺变圆，亮面在右，下半月由圆变缺，亮面在左。

第二，科学探究：根据已有的现象进行简单的逻辑推理而做出假设，并且根据一定的事实对自己的假设进行调整。初步学习利用模型来解释自然现象，利用虚拟实验认识和了解月相的变化规律。

第三，科学态度：自主性和合作意识得到培养。

第四，科学、技术与社会：初步意识到宇宙是一个变化的系统。

（二）目标解析

这节课需要学生了解月亮在圆缺变化中出现的各种形状被称为月相，并且根据课前测，让学生知道月相变化存在一定规律，以及上半月的月相变化是"由圆变缺"的，所以这节课的主要知识目标是让学生弄清楚月相的亮面是从哪边先开始。学生在探究过程中的小组合作、观察记录没多大问题，但是从模拟实验总结中发现学生的归纳能力还有所欠缺。所以本课需要学生学会根据已有的现象进行简单的逻辑推理而做出假设，并且根据一定的事实对自己的假设进行调整。

二、内容及内容解析

本课是教科版小学科学六年级下册第三单元的内容，是学生认识宇宙空间的开始。教材共三页，根据学生的实际情况及课前测反馈，将此部分内容主要分为了三部分。

第一部分认识月相。以诗歌为引，通过古诗直接点名月亮拥有的不同形状，从而引出"月相"这一科学概念，并引导学生了解月相的形成原因与月球不发光及反射太阳光有关，月相变化则与月球围绕地球公转有关。通过课前测发现，学生对于月相（亮面）究竟从哪边先出现还是有疑惑，这为后续的教学侧重点提供了很好的建议。

第二部分模拟实验。通过建立一个模型，将学生的抽象思维方式转换成科学的观察和记录。通过模拟实验，对原先的月相变化规律进行一次检验，直至得出正确的月相变化规律。本部分是本课的教学主体，也是落实科学知识的一块"踏脚石"。

第三部分虚拟实验。在真实课堂的实践过程中，由于学生理解力、想象力水平的参差不齐，模拟实验的方法对部分学生来说，依旧难以与真实的月相变化、星体之间的相对运动关系进行联系，因此学生在理解上有困难。在这部分模拟实验结束后，教师添加了探究实验的延伸，借助虚拟实验让学生跳脱到地球之外，在宇宙中以第三方的角度去观察，以此对月相变化规律能有更加清晰的认识。

三、学情分析

在日常生活中，学生看到过月亮是有圆缺变化的，能够知道农历十五是满月。根据课前测也能发现学生知道月相变化是存在一定规律的及上半月的月相变化。因为在之前的学习中学生了解了月球不会发光，月光是月球反射的太阳光，月球在绕着地球做逆时针运行等，所以在讲解月相形成时不用花费过多时间。

在模拟实验中，由于学生空间想象能力不足，仍会遇到很多困难，因此教师需要通过激活学生思维，让学生能理解模拟实验的意义并与宇宙中的现象进行一定联系。

四、教学诊断

（一）教学重点

认识月相及了解月相变化的规律。

（二）教学难点

学生能通过模拟实验及虚拟实验总结月相变化的规律。

五、媒体、技术选择

（一）教学手段

多媒体教学。

（二）媒介创新

利用优学派智慧教育平台展开平板授课，利用平板发送作业、学生作答上传、现场反馈。利用微课录制模拟实验过程，作为学生课堂教学资源。利用虚拟实验融入科学实验教学课堂。

六、教学流程

（一）课前

教师安排课前测：请学生对初一到十五的月相进行排序。

任务设计意图：了解学生对月相变化的已有认知，便于教师把握本课教学重点和及时调整教学内容。

（二）课中

1. 环节一：聚焦，揭示课题

诗歌导入：古时候人们用诗歌文章表述这样的现象，如今在科学上，给这种现象定义了一个规范的名称，将月亮在圆缺变化中形成的各种形状称之为"月相"，引导学生认识月相变化产生的原因。

任务设计意图：认识月相及其产生原因，引出本课主题。

2. 环节二：模拟实验

教师提问：那亮面应该先从哪边出现呢？想要在课堂上弄明白这个问题，我们怎么办？（预设：模拟实验）

首先，微课演示模拟实验。其次，进行实验探究。学生进行小组实验，教师巡视做相关指导。实验完成，学生将观察结果填写在记录单上，并拍照上传（教师发送试题到学生平板上）。最后，分享交流。实验完成后，教师收到各小组的实验记录单照片并投放在大屏幕上，请学生上台分享，教师适当给予补充总结。

任务设计意图：使学生初步感知月相变化的规律。

3. 环节三：虚拟实验

第一，谈话过渡。简单讲解虚拟实验的操作。第二，实验探究。学生进行实验，教师巡视（利用教师机的抓屏功能，将学生机上的内容投放在大屏幕上）。第三，分享交流。第四，得出结论。上半月月相是"由缺变圆"的，亮面是朝右的；而下半月，月相则是"由圆变缺"，亮面是朝左的。

任务设计意图：对模拟实验进行补充，使学生能更清晰地观察到月相变化的整个过程，认识月相变化的规律。

（三）课后

1. 课后测

准备两张记录纸，画上 15 个大小相同的圆，并标上方向。在每天傍晚时和清晨时进行观察，将天空的月相、月相的旧历时间、月相所在位置、太阳所在位置记录下来。

2. 设计意图

对月相变化的规律的认识能让学生真正认识月相的形成过程，仅仅模拟实验和虚拟实验只能算是"纸上谈兵"，真实的记录才是最具有说服力的，这对发展学生的科学探究精神和方法是有利的。课后观察活动，不仅是课堂的延续，更是课堂上通过实验得出一个真实的有证据的结论。

七、效果反思

科学课堂尤为重视学生自主探究、合作交流的过程，但有时在实践中却发现部分学生不愿意动脑思考，不愿意提出问题，而是机械地接受知识，这样的课堂效果完全达不到预期的目标。怎样才能提高学生的学习主动性呢？

（一）以学生的学习需求为中心，以深度学习为目标

所谓学生的需求，首先是来自学生对自然界的好奇，是好奇心在引导学生主动学习，而不是教师布置的任务或规定的问题。其次是对问题进行思考的本能，他们渴望能通过自身的思考、猜想、探究解决困扰他的问题，并在此过程中得到成就感，乃至提升其能力。所以，无论是学习内容的选择、学习过程的建构，还是学习任务的设计，都应该充分考虑学生的思维能力、学习兴趣与困惑、学习特点等。由此，课堂的课前测是一个重要的教学环节。

而《月相变化》一课，内容有难有易，如果教师不合理安排对不同问题的探讨时间，整堂课的效率会非常低，甚至会导致学生的掌握情况也不理想。在反复修改尝试的过程中发现，学生对于月相一个周期"由缺变圆、再由圆变缺"的规律是有一定认识的，但对于"亮面开始出现的方向"却是模糊不清的，而这也是学生感兴趣的地方。

如果学生的认知出现了分歧会促使他们想要解决这个矛盾，那么本课的学习目标也就清晰了，探究过程中学生的主动性也增强了。并且在解决这个问题的途中，学生可能还会提出新的问题，在本课的基础上，会促使他们进行更加深入的思考，完成深度学习。

（二）教学手段多样化

信息化教学不是说机械的布置作业后学生利用平板回答就是信息化教学，而是如何让信息技术在课堂中做到更有价值的发挥，这是需要教师进行思考的，如在部分科学课堂教学中，加入虚拟实验。

在《月相变化》这一课的探究环节教师设计了两个探究实验，一个是模拟实验。虽然现实实验的地位是无可替代的，但是学生需要一个自主探究和思考的过程，只是在模拟实验中，学生会发现问题及模拟实验的不便之处。在教学时发现，仅仅通过模拟实验，学生的学习效果会参差不齐。因为对于学生来说，月相难用具体事物代替想象，三维空间的建构对于小学生来说也存在一定困难，所以，教师同时安排了虚拟实验。虚拟实验可以让学生跳脱到地球以外，以第三方的视角在宇宙中全方位地观察地球、月亮、太阳三者的相对位置

变化引起的月相变化。相对于现实实验来讲，虚拟实验可作为课堂学习内容的补充，学生无法直接理解的宇宙现象摆在了眼前，便于加深其理解。

加入了虚拟实验，调动了学生的兴趣，课堂参与度也提高了，基本做到了全员参与、全员探究。信息化手段对学生的吸引也将促使学生进行主动学习。

因此，作为一名教师，只有激发学生的学习兴趣，满足学生的学习需求，调动他们主动探索和学习，充分发挥学生的主观能动性，学生才能享受学习的过程，真正做到有意义的学习。

泡小西区　代可心

Gingko 教学设计与反思

一、内容及内容解析

本课主题为 Gingko，这是一堂活动课，该课融合美术学科，课前、课中使用了问卷星、电子书包相关技术，收集了每位学生的学习情况等相关数据，教师在此基础上对学生进行了精准的个性化指导。通过课前实践活动，课中观察图片、联系实际、发挥想象等方式，让学生感受银杏之美，描述银杏树及银杏叶的外观特征，利用平板的画板功能，请学生制作自己的银杏创意图，并介绍自己的作品，在教师的指导下，想一想、说一说银杏的贺卡词，并尝试在课下制作银杏贺卡，将之赠予家人或朋友。

银杏树是成都市市树，在金秋时节，城市与山林间的银杏在阳光下灿烂夺目，教师应该鼓励学生用心感受银杏之美，用自己的双手制作创意十足的手工图，通过一系列与银杏有关的活动，激发学生学习英语的兴趣，提高学生的观察发现能力、实践能力、创新能力及表达能力，同时也能加深学生对秋天与成都市的热爱之情。

二、学情分析

本课的教学对象是二年级学生，课前教师在班级群里发布问卷星调查表，收集统计了学生对银杏树、银杏叶的了解情况，如对银杏树、银杏叶的辨别描述及想用银杏叶做什么样的创意图等问题。结果显示，学生对银杏有一定的认知，能够辨认银杏树、银杏叶；大部分学生不知道银杏树的英文表达，但能够选择正确的形容词描述银杏树，如"big，yellow，tall，beautiful，pretty，nice"等；在教师给出的范例图中，大多数学生选择制作"a fish" "a butterfly""a girl"三种类型的银杏创意图，少数学生选择自我创新，尝试制作特殊的作品。通过人教版二年级上册第三单元 *My Friends* 的学习后，学生能够听懂"What does gingko/ a gingko leaf look like?"并能在教师带领下进行解答。这个阶段的学生动手能力和观察能力较强，想象力丰富，因此在课堂上教师会利用平板的画板功能，让学生尝试制作简单的银杏创意图。

由于二年级学生尚处于英语学习的准备阶段，还缺乏相关知识储备与词汇量，因此不能深入探讨本节课主题，只能通过观察实物与图片的方式，对其进行简单的特征描述。该班级大部分学生都逐渐形成了良好的学习习惯，善于倾听、积极发言、主动思考，能够用完整的句型回答问题，并能联系实际，举一反三。有少部分英语基础薄弱、不太自信的学生，需要教师多鼓励，给他们创造开口说英语的机会，让他们体验成功的喜悦。本课在鼓励学生感受银杏之美的同时，注重培养学生对英语的兴趣与学好英语的自信心。

三、目标及目标解析

（一）知识目标

第一，会认读"gingko""make"等所学词语。

第二，能够使用"Gingko is _____."描述银杏树外观特征。

第三，能够使用"I can make _____. It's _____."介绍自己的银杏创意图。

第四，通过教师的指导，尝试用英文说一说银杏贺卡词。

（二）能力目标

第一，使学生敢于用英文自信表达，积极参与课堂。

第二，在教师引导下，请学生尝试用平板制作简单的银杏创意图。

第三，在教师的鼓励下，请学生尝试用英文说一说银杏贺卡词。

第四，通过不断的练习，学生的口语表达能力能够有所提高。

（三）情感态度与价值观目标：

第一，通过对银杏树的学习使学生能够产生对大自然的热爱。

第二，通过用英文说银杏贺卡词，使学生具备表达感恩自己的家人和朋友的能力。

第三，使学生能够提高学习英语的兴趣，建立学好英语的自信心。

四、教学诊断

教学重点：通过拼读规律，学生能够认读新单词 "gingko" "make"，并掌握句型 "Gingko is _____. I can make _____. It's _____."

教学难点：能够认读 "gingko" "make" 等新词，使学生能自信地介绍自己的银杏创意图，并尝试用英文说一说银杏贺卡词。

五、媒体、技术选择

问卷星调查表、优学派智慧教育平台、多媒体课件、单词卡片、音频、视频。

六、教学流程

（一）热身环节

Greeting! Listen to the song *Autumn Leaves Are Falling Down* and act. 学生在教师的带领下表演歌谣。

任务设计意图：通过表演与秋天落叶有关的热身歌曲，激发学生的兴趣，让学生感受这个季节的美，进而引入本课主题。

（二）导入

第一，Think and say. What can you see in the video? What colors are they? Can you see trees? 询问歌曲有关内容，请学生回答，复习旧知。

第二，Look and say. 呈现银杏树图片，学生初步感知，请学生想一想、说一说银杏的英文表达方式。

第三，Enjoy the pictures of gingko. 使学生欣赏美丽的银杏图，激发他们对银杏的喜爱，引入本节课主题。

任务设计意图：通过回答与热身歌曲有关的问题，让学生储备词汇并复习旧知，导入本节课新知。

（三）呈现新知

第一，Listen and imitate. 听音并模仿，分音节朗读单词 "gingko"，并尝试在空中书写，感知音与形。

第二，Practice. 教师给出简单指令，带领学生操练单词。

任务设计意图："gingko" 是本课重点词汇，通过感知与操练，使学生易于掌握。

第三，Think and say.

教师出示银杏树图片，并提问 What does gingko look like? 学生观察图片，发挥想象，尝试表达银杏树外观特征，并用句型 Gingko is... 进行操练。教师将学生提及的形容词书写在黑板上。学生大声朗读黑板上的句子，并进行知识回复。

任务设计意图：通过询问回答的方式，使学生能主动进行观察与联想，对银杏树进行简单描述就避免了被动机械的单词操练。

随后，教师展示形态各异的银杏叶图片，鼓励学生发挥想象力，尝试用句型 A gingko leaf looks like... 表达与银杏叶相像的实物，比如 A gingko leaf looks like a butterfly，教师将学生提及的事物书写在黑板上。学生无法用英文表达的实物，课件上会提前预测，并附上相应的图片，教师带领学生认读，有利于他们理解。最后，学生大声朗读黑板上的句子。

任务设计意图：将视角转向银杏叶的外观形状，激发学生的想象力，鼓励自由表达，再次操练新知，为接下来的环节做好充分准备。

第四，Read and say.

首先，教师用银杏叶在黑板上贴出一只蝴蝶，引出句型"I can make... It's..."并教读新词"make"。

任务设计意图：通过"做蝴蝶"这个直观的动作，吸引学生的目光，引入句型"I can make... It's..."，学生更易理解"make"的含义。

然后，教师展示三幅银杏创意图与对应的句型，如"I can make a fish. It's nice."学生以男女生组合、大组、个人等方式大声朗读。

最后，呈现一幅银杏图与不完整的句子，请学生看图说话。

任务设计意图：通过看图说话，操练重点句型，为下面学生制作和展示银杏创意图做好铺垫。

第五，Let's make.

教师通过电子书包发送任务，学生利用平板的画板功能，拖动页面上的银杏叶（学生可放大、缩小、旋转银杏叶），进行拼贴，并使用画笔，制作银杏创意图，完成后上传作品。

任务设计意图：学生可以根据喜好，发挥想象力，制作形态各异的银杏图，充分发挥学生的创造力。

教师随机对比几组银杏创意图，相关学生使用句型"I can make... It's..."大声介绍自己的作品；然后，学生利用投票功能，选择一组自己最喜欢作品，得票最高的学生将获得小奖励。

任务设计意图：展示学生的作品，培养学生认真倾听，互相学习、欣赏的习惯，提高学生自信表达的能力，并给出个性化指导。

（四）巩固

第一，Let's practice. 教师通过电子书包发送练习题，检测学生对本课知识的掌握程度，学生完成后提交答案。

第二，Let's check. 教师根据平台得出的数据，针对性地讲解练习题，学生及时查漏补缺。

任务设计意图：检测学生对本课所学重点知识的掌握程度，比如，用英文对银杏树的外观进行描述，如何介绍银杏创意图，并根据数据进行针对化地讲解。

（五）练习

第一，Look and think. 教师展示一张缺少文字部分的银杏贺卡，请学生帮忙想一想可以写什么内容？并与同桌讨论。

第二，Let's say. 同桌之间相互说一说贺卡内容，教师邀请几位学生分享，并给出积极的评价。

任务设计意图：通过请学生想一想、说一说贺卡内容的活动，使他们能进一步掌握本节课的重点句型，并且能将已学知识与本课新知识联系起来，同时也能鼓励学生开口表达、积极参与，增强其学好英语的自信心。

（六）课后作业

Make a gingko card for your family and friends. Send and read it loudly. 请学生课后制作一张银杏贺卡，大声读一读，并送给家人或朋友。

任务设计意图：学生在课上使用平板制作了银杏创意图，课下再去捡拾真正的银杏叶，制作一张贺卡送给家人或朋友，既能及时巩固课堂所学知识，又能体验学习的乐趣。同时，通过充满仪式感的赠予活动，能加深与亲人、与朋友之间的情感，更能检验学生对本课的学习效果。

七、效果反思

本课以"Gingko"为主题，进行了一系列与银杏有关的教学活动。课前，教师通过问卷星调查学生对银杏的了解情况，学生通过亲身观察银杏树、银杏叶，对其有了一个更直观的感受，因此对课程内容产生了浓厚的兴趣，课堂参与度更高。课中，教师可通过图片、视频等生动的方式，引入新知，在提问银杏树、银杏叶的外观特征后，请学生联系实际、发挥想象、积极回答，既巩固了旧知，也熟悉了新知。为了让学生能够更好地明白"I can make..."之意，教师用两片银杏叶在黑板上做了一个蝴蝶，学生根据此句型开始尝试介绍银杏的创意图，获得了小小的成就感。为了让每个学生都能表达，教师利用平板的画板功能，让学生在课堂上制作简单的银杏创意图，收集每位学生的作品进行展示，根据每位学生的情况做出个性化指导，提高课堂效率。在此期间，教师开启投票功能，学生可以选择自己最喜欢的银杏图，并给予获得高票的学生赞扬，投票环节让每个学生都能学会欣赏他人的作品。最后，在帮助教师填贺卡词的环节中，学生非常感兴趣，大部分学生能联系旧知说一说自己想的贺卡词。

由于学生对平板操作不太熟悉，没有在规定时间内完成银杏创意图，导致部分学生作品无法展示，并且占用了后面环节的时间，因此，教师须要带学生提前熟悉平板功能，争取让此环节更加流畅、完整。做练习题环节的时间不太充足，有部分的学生未完成练习题，所以需要增加这部分的时间。而且，第二道多选题错误率比较高，因为学生对该题型不太熟悉，后期会将这一题改成单选题。

在课堂上运用信息技术，能使课堂教学变得直观，还能更好地激发学生的学习兴趣，还能通过数据及时了解学生的学习情况、准确诊断，使教师调整教学设计与教学方法，以学生为主体，不断提高课堂学习效率。随着社会高速发展，教师应该将先进的教学方式和理念与现代信息技术紧密结合，并贯穿于学科教学的全过程，给学生提供更多的学习资源与机会，有利于线上线下混合学习，学生能更加积极主动地参与学习，这是每一位新时代教师需要不断提高的一项专业素养。

泡小西区　陈晓洁

（本课是 2021 年 12 月教师信息技术应用能力提升工程 2.0 经典课例）

Water 教学设计与反思

一、目标及目标解析

学生在本课结束时，能够了解水资源分布与现状，以及人类在面临水资源紧缺与分布不均的困境时所做出的努力；借助学习优秀水利工程，树立节约用水的意识，并在生活中践行；自觉关注人类面临的全球性水资源紧缺的挑战，树立全球意识与责任担当，理解人类命运共同体的内涵与价值；应用简单的国际交流语言，进行跨文化交际。

二、教学内容及内容解析

本课是国际理解教育学本小学五年级下册第三部分第三课的内容。首先，通过学习全球水资源的占比，引导学生思考：人类缺水吗？其次，当学生深刻认识到人类可能严重缺水时，教师引导学生思考：如何解决人类缺水问题？学生之间相互讨论、集思广益、各抒己见。最后，由教师带领学生一起学习优秀水利工程案例，帮助他们在生活中树立保护水资源、爱护水资源、节约水资源的意识，并积极践行。本课以问题链为驱动，联系学生生活实际，结合图文情境、以图促思，引导学生在特定的语境中大胆思考、分析、判断、归纳，以此提升学生的思维能力和语言表达素养。

三、学情分析

五年级上学期的学生整体对本课话题 Water 应有比较多的常识性认识，如节约用水，保护水资源等。但学生对水的特征、水的形态、水在我国的分布、水在地球的占比、水的作用、水资源利用的优秀措施等方面的了解比较局限。因为他们对这个话题已经有了一定的知识储备，并具有较强的独立思考能力，所以，这是培养他们全球意识与责任担当的较好时期。

为有效开展本次英语教学活动，提高学生课堂有效学习能力，在课前，教师应尽快准确了解学生对本课话题 Water 已经具备了哪些知识与技能，了解学生还没有掌握的知识与技能有哪些，哪些知识与技能是学生通过本课自己能学会的，哪些知识是需要在教师点拨和引导下才能学会，真正做到"以学定教"，将课堂还给学生。

四、教学诊断

教学重点：水资源分布与现状及人类在面临水资源紧缺与分布不均的困境时所做出的努力与经典案例。

教学难点：在学生不具备缺水经历的环境下中培养学生的节水意识，并自觉在生活中付诸行动。

五、媒体、技术选择

优学派智慧教育平台、多媒体课件、单词卡片、音频、视频等。

六、教学流程

（一）课前准备

通过电子书包发布课前测题单中的问题：水的特征是什么？水的作用是什么？水在中国的分布情况是什么？地球上的水量是多少？关于水，你还想知道什么？

任务设计意图：教师通过学生的课前测反馈情况调整教学设计，了解学生对话题的已知情况，根据反馈情况调整教学重难点；收集学生对教学话题的想法，根据学生提问选择教学内容，真正做到教师所教即为学生所想学，让学习过程真正发生，为建构深度学习课堂做准备。

（二）课中环节

1. 引入主题、回顾已知

教师提问：你对水这个话题知道些什么？

通过学生分享，梳理对话题已知的基础信息；组织学生进行分享、相互学习、丰富学生已知的话题。

任务设计意图：通过学生分享，梳理对已知话题的基础信息；组织学生进行分享、相互学习、丰富学生已知的话题。

2. 提出问题、解答问题

通过图片、视频、小组讨论等引出观点，解答学生上节课提出的一些问题：水可能来自哪里？人类有足够多的水可使用吗？如何解决水资源短缺且分布不均的问题（水利工程案例）？水是如何形成的？水可以再生吗？水可以人造吗？如何节约用水？水会消失吗？生活在不缺水的成都，我们为什么还需要节水？面对水资源短缺问题，作为学生的我们应该做些什么？如果地球上没有水会怎么样？海水经过怎样的处理可以饮用？

3. 总结与课后延展学习建议

通过梳理板书回顾本课所学经，课后延展学习建议。

任务设计意图：让学生了解水资源现状与水利工程案例；通过小组讨论引出观点，解答学生上节课提出的一些问题；培养学生的全球意识与节水意识；培养学生将来为人类发展做努力的意识；通过课中测了解学生掌握的学习情况。

（三）课后延展

通过查找更多的水利工程案例，将查找资料发到班级空间，并进行分享与讨论。将本课小组讨论记录单分享到班级空间。

任务设计意图：总结回顾本课所学，引导课后延展学习。

七、效果反思

在课前，教师结合两次课前测反馈信息进行分析，掌握学生对课前测内容已有认知和知识结构，捕捉他们对话题感兴趣的地方，想他们能在本课学到哪些新知识。根据学生真实的想法和学习的兴趣点，重新调整教学设计和教学方法，突出以学生为中心。在课中，有效借助优学派智慧教育平台发送巩固练习，通过现场数据反馈分析及时了解学生的学习情况，对学生开展有针对性的辅导。教师针对学生做错的题，对他们未掌握的薄弱知识点再次进行讲解，帮助学生掌握易错点。在课后，通过优学派智慧教育平台布置云端作业，学生可以在班级空间发布自己的作业，由教师与同学互评、交流学习经验，同时，教师可以进行个别辅导，有利于实现学习的时空延展、突破课堂现场空间。

对在课堂上学生现场生成的新问题，如果学生能及时利用优学派智慧教育平台查询功能，进行小组合作、分析探讨，及时找出解决方案，那么这会大大增加学生的成就感，提高学生积极解决问题的能力。

信息技术与课堂的融合是方方面面的，在具体课堂实践中应结合学情的分析、教学的主题、学习的重难点，以生为本，切实使用信息技术，才能切实提高课堂效率与质量，助力优质课堂。未来已来、趋势难逆，教育从同质化走向个性化不可逆，线上线下混合学习的趋势更不可逆。

泡小西区　陈玉珍

（本课是 2021 年 12 月教师信息技术应用能力提升工程 2.0 经典课例，也参与了成都市国际理解课堂教学赛课）

《立定跳远》教学设计

一、目标及目标解析

根据《体育与健康》课程标准，突出"健康第一"的指导思想，以学生的主动为目标，让学生主动参与，使每个学生在认识上、情感上和运动参与中积极发展。

第一，知识目标：通过游戏学习立定跳远动作，使 80% 的学生掌握此动作。

第二，身体健康目标：学生通过针对立定跳远的学练，发展学生的弹跳力和身体的协调性。

第三，心理健康目标：通过本课教师的教学，培养学生勇于克服困难、善于思考及培养其集体荣誉感，同时让学生在此过程中体会成功的喜悦。

二、内容及内容解析

根据中年段小学生喜动、易激发兴趣的特点，本课以学生的生活见闻和积累为基础贯穿整个教学过程。在游戏中进行多种形式的跳跃，使学生掌握立定跳远的动作，以实现学生心理、生理获得满足的教学效果。

教育为引导、诱导学生进入"乐学、乐练"的良好氛围，让学生充分发挥自己的想象力，在不知不觉中既锻炼了身体，又体验了乐趣。

三、学情分析

四年级学生生性活泼好动，模仿力、好奇心强，具有学习的积极性高、勇于竞争、自我表现欲强等心理特点，但自我约束能力较差。同时，个体间存在身体条件、运动能力等方面存在差异。因此，想要让学生整节课都能精神饱满地投入到学习活动中去，就必须在教学中合理安排教学内容，要选择学生感兴趣的教学方法和教学手段，从而使学生在轻松、愉悦的环境里实现"在玩中学，在情境中练"，以达到教学目标。

四、教学诊断

立定跳远是中年段体育教学的重点内容。跳跃不仅是人体的基本活动能力之一，而且是具有实用意义的体育项目，深受学生的喜爱。跳跃教材内容丰富多彩、形式多样、生动活泼而富有童趣，能有效地提高学生的跳跃能力，增强下肢的力量，提高协调灵敏的素质。

因为教学重点是两脚起踵提高重心，难点是收腹举腿、延迟着地，所以教学应着重解决两个问题：培养学生正确的跳跃姿势，为学生以后的发展与提高打下基础；学会轻巧落地稳的方法，增强安全地参加体育活动的意识，提高自我保护的能力。

五、媒体、技术选择

（一）教法指导

情景教学法：让学生入境动情，用情景激发儿童对运动的求知欲，从而提高教学质量。

游戏竞赛法：充分利用游戏、竞赛，激发学生的好奇心、好胜心，充分发挥学生的主动性和创造性。

实践操作法：在练习中，敢于放学生，让学生在实践中勤于思考，培养学生解决问题的能力。

（二）学法指导

在教师的启发下，学生自觉投入学习锻炼，培养学生勇于克服困难的精神，通过诱导表达、模仿练习、思考、探索、讨论、设疑、师生共同参与、学生自练、相互合作、相互鼓励的过程，使本课重难点得到解决，并使学生体验到体育课的乐趣。

六、教学流程

（一）开心一百——引趣

1. 动静游戏——脑筋急转弯

组织队形：四路纵队到原地自由位的互换。将有特色的"小教师队列"系列（稍息、立正、向左、向右、向后转、报数）与活泼的"找朋友"游戏结合。

时间：3分钟，强度：中小。

教法：游戏竞赛法、鼓励法。

任务设计意图：兴趣是学习的最好帮手，学生以精神饱满的状态参与体育课，在严谨与活泼的氛围中完成热身活动，使学生获得愉悦的情感体验。发展学生的反应力、注意力、想象力及表现力，在活动中表现出"动中有思、思中有练"。教师努力调动学生的参与情绪，正确变换列队方向。

2. 儿歌游戏——小青蛙

教师扮演卡通人物，学生模仿小青蛙，师生按照儿歌的内容、节奏边说边练。

组织队列：四路纵队与自由式互通。

师：我有一群小青蛙，拍一拍。

生：跳一跳，跳一跳。（边喊边做）

师：可爱的青蛙都会跑。（跳、走等，教师追逐学生，学生勇敢挑战教师）

时间：3分钟，强度：中。

教法：情景教学法。

任务设计意图：在师生共同参与的角色游戏中，让学生体会双脚同时蹬地起跳的动作要领，同时练习了奔跑、追逐、跳跃、躲闪等身体活动，增加了师生间的情感交流。

3. 模仿练习："跷跷板""跳台跳水"

组织队形：自由站位。

时间：3分钟，强度：中。

教法：模仿训练法。

任务设计意图：通过模仿练习，引导学生从练习立定跳远的弹性伸屈动作到双脚同时跳起后的屈膝缓冲，让学生从模仿练习中对立定跳远动作难点进行分解。

（二）我的学习我做主——激趣

第一，"学跳远"——情景导入，教师新授立定跳远动作要领：一蹲二摆三起跳，屈膝缓冲保平衡。教师通过提问示范，让学生说出本课——立定跳远的重点是要双脚同时起跳、落地，难点是要稳而轻，让学生进一步知道要做到稳而轻就需要屈膝缓冲。

组织队形：密集型和分散型自由站位结合。

教法：提问法、示范法、练习法、纠错法。

任务设计意图：通过教师提出问题的示范，让学生用自己的语言诠释本课立定跳远的重难点，在学生自由进行指令性集体练习时，教师可以巡回纠错，选出技术骨干担任小组的动作指导，为下一段小组挑战赛做好铺垫。

第二，"荷叶大闯关"——情景导入，示范正确的闯关路径。

第一关："讨论尝试：跳过一片有一定高度的荷叶！"要求全组每个人至少跳过两次，动作落地轻（引起学生思考，跳跃时落地轻，要求小组发挥互帮互学精神，努力达到每个学生动作基本正确）。

教法：情景教学法、讲解示范法。

任务设计意图：学生掌握双脚同时起跳，双脚脚跟同时落地轻。

第二关："感受体会：跳过三片荷叶！"要求全组每个人至少跳过三次，动作落地轻而稳。

教法：实践操作法、鼓励法。

任务设计意图：学生掌握动作要领落地轻而稳。

第三关："勇敢挑战：跳过四片荷叶！"要求全组每个人至少跳过三次，动作落地轻而稳且有一定距离。

教法：实践操作法、鼓励法。

任务设计意图：学生掌握落地要领轻稳同时有距离。

分享喜悦：各组选出一个代表进行"青蛙王子（公主）"PK赛，通过课堂展示，评选出组内"兵教兵"最好的队伍——"最佳合作学习队"。

时间：18~20分钟，强度：中大。

任务设计意图：教学过程中应重视学生的心理需要和情感体验。在有趣的情境中，通过小组间齐心协力的学习激发学生学习的主动性，培养学生的创新思维，提高合作、探究的学习能力，并照顾学生的个体差异，适当地给他们创造自我设计、自我展示和交流探讨的机会。90%~95%的学生完成第一关（双脚同时起跳，跃过一定高度的彩板，落地轻）；60%~80%的学生完成第二关（掌握动作要领落地轻而稳）；30%~40%的学生完成第三关（掌握要领落地轻稳同时有一定距离）；5%~8%的学生表现优异["青蛙王子（公主）"]。

3. 游戏超市——巩固拓展

通过学生自选游戏超市的游戏或自创游戏进行自由练习。

游戏一：冠军的脚步。方法：2~3人一组，猜拳胜者用立定跳远动作前进一步，以最先到达目的的人为胜。

游戏二：蜘蛛侠。方法：成四肢着地形状，臀部不得着地，自由行走。

游戏三：学生自创。方法：实际操作法、游戏法、合作法。时间：8~9分钟，强度：大。

任务设计意图：让学生自主选择游戏与伙伴，利用新知与旧知，发展学生运动技能，从而实现知识的拓展延伸，让学生成为有主见的、有挑战意识的人。

4. 深呼吸——情绪舒缓

学生在朗诵"春天的手"同时进行坐位体前屈的练习，身心慢慢平和。

时间：2~3分钟，强度：小。图形：花瓣形。方法：引导法、启示法。

任务设计意图：让运动多了一种文化味道和色彩，使学科整合更自然和谐。

七、效果反思

本节体育课的优点是在体育课中采用情景导入法，把准备要学习的知识贯穿到游戏中，通过一环一环的游戏激发学生的学习兴趣，促进教学任务、教学目标的顺利完成。不足之处是仍有部分同学在练习过程中没有把教师讲的要求完全贯彻下去，出现了动作完成不够标准、甚至动作变形的情况。

泡小西区　方　涛

《我是小小舞蹈家》教学设计

一、目标及目标解析

（一）知识与技能

在操作中巩固 Scratch 软件界面各区域的基本功能及角色和舞台的创建；了解角色的造型，认识、理解并运用下一个造型、等待及重复执行指令；知道重复执行指令和重复执行十次指令的区别。

（二）过程与方法

通过联系实际生活的情境参与任务分析，以任务为主线，学生在自主探索中发现问题，在教师不断引导、师生的共同协助下解决问题，在整个过程中掌握 Scratch 的基本操作及认识、理解、运用新指令完成人物表演舞蹈的效果，并逐步培养其逻辑思维能力。

（三）情感态度与价值观

通过课堂情境体验、任务分析及自主探索的过程，继续保持并提高学生学习 Scratch 的兴趣，提高其学习的积极主动性，并在长期的影响下，逐渐培养其独立探索和逻辑思维能力。

二、内容及内容解析

本节内容是川教版小学信息技术三年级上册第三单元第三课的内容，本课是三年级上册 Scratch 学习中的重点内容，旨在让学生理清 Scratch 中角色造型的含义及其具体运用，其中包括对重复执行这个非常重要指令的理解运用。同时，本节也是为后续 Scratch 的深入学习打下坚实基础的学习内容。

三、学情分析

本课之前，学生已经简单接触了 Scratch 这个图形化编程软件，学会了添加图形库中的角色、背景库中的舞台背景及拖拽指令、运行脚本等基础操作，因此接下来将会增加学习难度，在巩固原有知识的基础上继续深入学习 Scratch 的相关指令，同时根据先前的学习，可以发现大部分学生兴趣很高，但也不排除存在小部分学生兴趣不高的现象。因此，本节课也会与生活紧密联系，以舞蹈表演为主题，提高学生的课堂参与感。

四、教学诊断

（一）教学预设

大部分学生能顺利完成任务一，个别学生在观看微课教学视频之后也能完成任务一的操作；随后，全班学生能在理解造型变化之后独立尝试任务二搭建让人物造型发生变化的脚本，其间学生会出现很多问题，教师应及时对出现的问题进行记录，并邀请全班一起观察、分析重难点问题，在教师的逐步引导和学生的协助下，能够成功解决脚本问题，并优化程序，顺利完成人物舞动的效果。同时，有一部分学生能在此基础上发散思维，利用课堂时间完成更加丰富的人物表演效果。

（二）教学重点

理解人物造型的变化，并运用下一个造型指令实现人物造型的变化。

（三）教学难点

理解并运用重复执行指令优化程序。

五、媒体、技术选择

（一）多媒体网络技术

利用图片、视频加强直观化、情景化；利用计算机网络实现转播，交流分享评价作品；利用计算机教室、微课视频实现"一对一"学习、查漏补缺、探索。

六、教学流程

（一）课前

设计问卷分析学生学情，为本节课的设置提供相应的科学支撑及修改依据；制作微课（创建角色、搭建舞台）为上节课知识掌握不牢固的学生提供复习小微课，以顺利完成本课的基础任务一。

（二）课中

1. 视频导入

教学活动：展示舞蹈视频，请学生观看，教师提问后，学生回答，并引入课题。

任务设计意图：快速吸引学生注意，为本课的学习做导入。

2. 任务分析——我是小小舞蹈家

教学活动：根据本课的主题，进行任务分析，包含创建角色分析（舞蹈家角色）、搭建舞台分析、开始跳动。

任务设计意图：在教师的引导下深入情境，进行任务分析，使学生完成本课思维导图，使学生大致了解自己的任务、知道接下来要做什么。

3. 任务驱动——新知讲解、重难点解决

任务一：搭建舞台，创建角色（遗忘如何操作的学生可通过微课视频复习，复习之后再完成任务一）。

任务设计意图：巩固上节课所学知识，完成本课的任务一，为随后的舞蹈表演做好准备。

任务二：分析准备工作（分析人物是如何跳动起来）。

第一，根据舞蹈的三张顺序截图分析人物的跳动——是造型在不断发生变化。第二，学生在 Scratch 中自行动眼动手找到人物的造型在哪个地方（确认自己的舞蹈者有其他的造型，并再次对人物的造型进行直观理解）。第三，分析哪个指令可以让人物的造型发生变化（从模块出发，再到指令的确认）。

任务设计意图：直观理解人物的舞蹈跳动是在不断发生变化的造型，从而引出人物的造型及其指令，为任务二的完成做知识铺垫。

任务二：搭建脚本，实现人物造型的变化，达到舞蹈表演效果。

学生开始尝试脚本搭建，实现人物造型的变化，在学生尝试之后，根据学生出现的问题进行分析和解决。

第一，引入讲解等待指令。显示没有使用等待指令的预制程序：请学生观察脚本的运行效果，学生自己指出问题，并在教师引导、班上同学的协助下解决——习得等待指令（可以控制人物造型变化的时间，即控制舞蹈表演速度）。

第二，引入讲解重复执行指令。转播使用重复执行指令的学生脚本：请学生观察与先前的脚本有何不同，运行效果如何？请搭建该脚本的学生自己说说为何想到使用重复执行指令、重复执行指令的作用到底是什么——习得重复执行指令（可以优化程序，并实现人物造型的不断变化）。

第三，重复执行与重复执行 10 次的区别。联系实际，以生活中舞蹈表演会结束为例，提出使用的重复执行指令会不会存在问题——学生想办法解决，引出重复执行 10 次指令，并与重复执行指令相对比——习得重复执行 10 次指令（可以通过设置重复执行的次数来结束人物造型的变化，便可结束表演）。

第四，学生根据发现的问题及习得的解决问题的办法、新知进行脚本的完善。让舞台上的人物顺利舞动，如果人物已经可以顺利表演舞蹈，那么还可以尝试为舞蹈表演增加其他的效果，让表演更加丰富精彩。

任务设计意图：在完成任务二的过程中，学生自行发现问题，教师引导着分析问题，并在班上同学积极参与解决问题的过程中，发展逻辑思维能力，习得新知，再次理解人物的造型变化，学会运用下一个造型指令实现人物造型的变化，理解、学会使用重复执行指令优化程序，知道重复执行与重复执行 10 次的区别。

4. 分享交流、归纳总结、拓展延伸

第一，作品展示交流，通过电脑转播学生作品，进行自评、他评、师评。

任务设计意图：教师通过活跃课堂氛围，激发学生学习兴趣，评价和被评价的学生能够找不足，升华作品并发散思维，有所收获，逐渐形成评价机制。

第二，回顾总结，请学生来说说在成为小小舞蹈家的过程中收获了哪些新知识，教师通过板书上的指令拼接再次完善学生本课所学的知识。

任务设计意图：对本课的知识做一个梳理，理清学生思路，完善所得所学。

第三，拓展延伸，请学生观看屏幕上更加精彩的表演视频，教师提问：还可以为自己的舞蹈表演增加哪些效果（声音、灯光、舞台装饰、人物……）

任务设计意图：再次激发学生的学习兴趣，并为下节课的学习做铺垫。

（三）课后

通过作品分析可以全面分析班上所有学生对本课知识的掌握情况及思维动向，为后面的课程设计提供依据。

七、效果反思

（一）优点

教师自然导入并激发了学生的学习主动性，对教学重点的讲解处理妥当，整节课对任务的设计层层递进，学生可以因人而异地完成基础任务和高难度任务，拓展设计十分合理，并为下节课的学习做好了铺垫。

（二）不足

在课中教学活动任务二的具体讲解中，还存在些许混乱，提出的部分问题指向不明确，应更加细化任务二的设计，先问什么、做什么，再问什么、做什么。同时，在整个教学过程中，教师的讲解稍微过多，应精简些，如精练语言、明确提问等，给学生更多自我探索操作的时间。

泡小西区　刁天影

Cities Fun Time 教学设计与反思

一、目标及目标解析

《义务教育英语课程标准（2011 年版）》对教师在教材的钻研上提出了明确、具体的要求：深入开展教材分析，把握教材的设计理念，熟悉教材的编排特点，了解教材所提供的资源。因此，教师应认真阅读、深层解读，挖掘教材信息，整合教学内容以帮助学生建构逻辑性的语言表达框架，引导学生通过可视化的图示让隐性的思维显性化、零散的知识系统化、分散的内容结构化。

本课是人教版第二单元第四课的内容，教师不应只把孤立的单词、句型灌输给学生，让他们死记硬背，而应通过范例帮助学生学习建立语言表达框架，引导学生在阅读的过程中将零散的语言内容进行结构化梳理，培养学生的梳理、归纳能力，提升学生的思维品质。

通过本课的学习，学生在本课结束时能够做到以下几点：

第一，借助图片、音频、文字及教师的讲解，听懂会说重点词汇：Amsterdam，London，Copenhagen，subway，walking，bicycle.

第二，理解文本三座城市的内容，并能在教师的引导下，发现不同城市的特别之处，用结构化的合理的语言介绍这三座城市，如_____ is famous for _____. _____ is a _____ city.

第三，在图片和问题链的帮助下，发展自身的观察、预测、分析、推理、归纳总结等思维品质。

第四，从课文到生活发现总结自己身边城市的特点，学以致用。

二、内容解析（地位、作用）

本单元教学内容主要围绕话题"Cities"展开，单元主题意在介绍城市中的基础设施，话题较贴近学生的日常生活，很容易引起学生的兴趣和思考。本课为该单元第四课时的内容，主要通过介绍三座城市的特点，开拓视野，帮助学生了解不同城市的不同特点，促进他们在生活中了解更多有特色的城市。

三、学情分析

四年级下学期的学生，在英语学习方面已有一定的积累，对同一事物有自己不同的想法，也愿意分享自己的想法。本课是关于生活的城市话题，学生熟悉国内一些著名城市，但对国外一些有特点的城市的了解不是很多。不同城市有不同的魅力，这会大大提高学生的兴趣，增大学生的课堂参与度，激励他们课后进行更加深入调查和了解。

四、教学诊断

（一）教学重点

帮助学生建构逻辑性的语言表达框架，引导学生通过可视化的图示让隐性的思维显性化、零散的知识系统化、分散的内容结构化。

（二）教学难点

通过学生所在城市——成都建构语言表达框架，引导学生通过教师的问题链归纳总结本课的核心语言表达，并引导学生通过同样的方式归纳本课中的三座城市，并用自己合理的语言介绍这三座城市。

五、媒体、技术选择

优学派智慧教育平台、多媒体课件、单词卡片、音频、视频。

六、教学流程

（一）Greetings and Free Talk

其一，Greetings：

T：Hello，boys and girls！

Ss：Say "Hello" to the teacher.

任务设计意图：教师和学生打招呼，拉近与学生的距离，做好上课准备。

其二，Free talk：

T：What do you know about Chengdu?

Ss：Think，discuss and answer.

Talk about Chengdu. （Focus on the famous places/persons/food!）

任务设计意图：第一，课前通过优学派课前导学，统计学生最想从哪些方面了解城市。第二，基于统计结果，教师通过分组发送课前导学任务单：What are the famous places/persons/food in...? 激发学生对即将学习的城市感兴趣。在学生眼中同一城市有不同的地标、不同的名人、不同的美食，教师要提前梳理学生查询内容的信息差，形成课堂重点讨论的核心问题。鼓励学生大胆表达、自由谈论，调动学生用所学知识参与话题的讨论。

T：What is the main transportation in Chengdu?

What was the main transportation in Chengdu in 1980s? （play the video in 1980s）

Help Students to build the language structure.

Chengdu is famous for _____. Chengdu is a _____ city.

任务设计意图：从学生最熟悉的城市成都入手，帮助学生建构关于本课的语言表达框架，并梳理出合理的表达句式，为实现高效自主学习课堂打下良好的基础。）

（二） Presentation

其一，教师呈现本课三座城市：Amsterdam，London，Copenhagen.

T：Read and fill in the blanks. What is the city famous for? Why?

Ss：Read and fill in the blanks. Talk with their friends.

任务设计意图：在课中，通过优学派智慧教育平台的分组功能，把三座城市的"任务学习单"发给不同的学生，引导学生结合成都城市的语言结构，认真阅读城市信息，模仿成都建构的语言框架阅读并获取文本信息，填写表格任务，及时回传给教师。学生基于"任务学习单"，在教师集中与个性化指导的基础上独立思考、自主探究，拍照上传完成的情况，将静态的思维结果外显为动态的思维过程；并开展小组合作讨论，用合理的语言表达自己的学习单内容。学生可在线上展示自己的练习，学生之间相互进行星级评价、共同学习。

其二，全班分组 Share the information.

T：Now，let's talk about the cities：①Amsterdam ②London ③Copenhagen

What is the city famous for? And why?

Ss：Listen and think. Share the information in groups.

Amsterdam is famous for _____. Amsterdam is a _____ city.

London is famous for _____. London is a _____ city.

Copenhagen is famous for _____. Copenhagen is a _____ city.

任务设计意图：帮助学生依照梳理出的语言表达结构来介绍自己的城市，展示分享。教师则根据优学派及时反馈功能，分析课中测数据及时对学生进行针对性地集体与个性化指导，并根据课堂的即时生成，引导学生进一步深度探索；关注学生的学习状态，及时肯定、鼓励学生，使其保持持续学习。学生也可以查阅同学的作业情况，线上与同伴交流，相互学习，进行学习资源共建。

其三，T：Play the tape.

Ss：Listen and read after it.

任务设计意图：学生听音、跟读，加深对文本的理解。

（三）Extension

其一，T：What do you want to know about the cities?

Ss：I want to know...

T：板书学生真正想从哪些方面进一步了解这些城市。

其二，T：What's more do you know about the cities?

Ss：Share the information they searched before in groups.

(Focus on the famous places/persons/food!)

学生分组分享，其余组员认真倾听补充信息。

其三，教师在小组分享完后，会及时提问：What do you learn from this group?

Ss：From this group, I know...

T：通过优学派智慧教育平台建设课堂，在课中展示学生提前查询的关于三座城市的信息，全班一起分享。

任务设计意图：帮助学生多元了解文本呈现的三座城市，丰富课堂内容，开拓视野。在课前通过发布前测任务：What's more information do you know about the cities? （聚焦每个城市的 famous places/persons/food） 学生在课前查找资料，线下与同伴合作学习、自主探讨、思维碰撞，并在课堂中通过结构化的语言进行合理地表达，并生成新的疑问，推动深度学习。小组之间相互分享、共同学习、及时反馈从其他组学习的内容。基于原有认知基础，通过学习支架，建立一个立体的、更加丰富的认知结构，完成学习的体系建构。

（四）Review

T：What did we learn from this lesson?

Ss：Review the knowledge on the blackboard.

T：What questions we can't get the answers from this lesson?

Ss：...

任务设计意图：总结巩固本课所学，找出本课学生的未知部分，为学生课后继续探索学习做铺垫。

（五）Homework

T：Send Homework to Ss.

Ss：Search more about the questions left in class.

任务设计意图：进一步巩固知识点，鼓励学生课后查询课上未解决的问题。培养学生自主解决问题的能力。根据学生的兴趣点和课堂上新产生的问题，布置分层作业，发布课后作业——Find More Information About The Cities? 引导学生根据自己能力和进度选择不同程度的分层学习。学生自主完成作业后，将学习成果提交至班级空间相册，选择自己感兴趣的城市信息，开展自适应学习，拓展自己的知识面，扩展学习思维的广度和深度。学生之间相互学习、讨论、评价，促进更大范围的深度交流与讨论。

七、效果反思

混合式教学融合了传统课堂和网络辅助学习两种教学方式，最大限度地发挥教师引导、启发、监控教学过程的主导作用，又能充分体现学生学习的主动性、积极性与创造性。

在课前，教师通过优学派智慧教育平台建设投票选举功能，统计学生最想从哪些方面了解这座城市，并根据学生的投票分组发送课前任务。真正做到以生出发、以学定教，为新课学习搭建支架，激发学生为新课学习做好充分准备。在课中，教师根据优学派智慧教育平台课堂的及时反馈功能，更快更准确掌握学生的学习情况，聚焦教学核心，引导学生进行深度学习。在课后，引导学生对课上未解决的问题进行课后自主学习，扩展学生学习的思维广度和深度，打破时间的局限性，进行无边界学习。

学生若在课中能根据学生课上新生成的问题，教师则应及时点击查阅信息，答疑解惑并全班分享，会促进学生自主学习，培养他们自主解决问题的能力。混合式教学应充分体现从"教会"到"教学"，凝结教书育人的价值，促进学生个性发展。

成都市泡桐树西区分校 杨三斯
（本课为 2021 年 5 月教学节经典展示课）

主题式跨单元整合复习教学设计

一、教学目标及目标解析

（一）知识目标

第一，引导学生运用思维导图回顾和梳理相关城市的方位和活动表达。

第二，引导学生运用思维导图激发思维，进一步对所学知识进行分析、归纳和总结，帮助学生在恰当的情景中运用正确的语言进行交流。

第三，引导学生运用思维导图发展发散性思维，由"听、说、读"步入"写"的活动。

（二）能力目标

"一对一"数字化学习环境下，运用思维导图发展学生对语言知识进行梳理和整理的能力，最大可能地发展学生的英语思维能力、读写能力和语言综合运用能力，培养学生灵活采用高质有效的学习方法主动参与学习的能力。

（三）情感目标

第一，培养学生学习英语的兴趣和自信心。

第二，通过单元整合复习培养学生祖国意识的同时打开国际视野。

二、内容及内容解析

本课教学内容为人教版小学英语六年级上册第一二单元。这两个单元的主题都属于"人与社会"范畴。第一单元在 China 的主题下引导学生了解自己国家的主要城市，主要涉及城市的英文表达、城市所处方位以及能进行的活动。第二单元在 Around the world 的主题下引导学生了解英美等国家的主要城市，涉及美国、英国、澳大利亚和加拿大的主要城市的方位。

本课的教师寻找两个单元主题的关联点，基于主题意义 Beautiful cities around the world 设计层次递进的教学活动，从实践性活动到迁移创新性活动，引导学生整理第一二单元的语言知识，帮助学生夯实方位表达、动词短语表达，同时在促成学生在复习中感受中西方国家不同的城市文化，形成对城市地理位置、活动开展方向的大观念。

三、学情分析

本课授课对象是六年级学生，高年段学生的思维模式由直观思维步入抽象思维，英语学习方面，经过五年多的英语学习，学生能运用所学句型或单词开展简单的交流沟通，虽然在交流中存在一些小的语言错误，但愿意尝试运用所学英语语言表达自己的所思所想。在数字化教学环境方面，学生在常态课中接触过优学派智慧课堂，能够运用移动终端设备参与英语学习。

为了更准确了解学情，教师运用优学派智慧课堂开展课前测，选择了选词填空和连线两种题型，这种方法能迅速反馈学生数据，教师通过分析反馈数据可以真实了解学情，以此指导课堂教学。

四、教学诊断

（一）教学重点

在"一对一"数字化学习环境下，引导学生运用思维导图回顾和梳理相关城市方位和活动的语言知识，发展学生快速整理和记忆相关语言知识的能力，最大可能地发展学生的英语思维能力和语言综合运用能力。

（二）教学难点

在"一对一"数字化学习环境下，引导学生运用思维导图发展发散性思维，开展写作练笔活动。

五、媒体、技术选择

结合教学内容和学情，在"一对一"数字化学习环境下，课前运用优学派智慧课堂给学生发布课前测，通过对优学派智慧课堂的数据反馈进行分析，指导教师教学活动。

课中环节立足课前测数据分析和学科特色，依托优学派智慧课堂从"听、说、读、写"四方面创设层次递进的复习活动，首先由"听、说"活动入手，其次通过"听、说、读"活动引导学生开展语言实践，同时引导学生以思维导图回顾，梳理、整理和归纳总结语言知识，最后积极创设情景开展"写"的活动，鼓励学生开展单元主题下的写作练习，满足不同层次学生的学习发展要求。

课后环节从两方面发展学生的学习能力，一方面依托优学派智慧课堂发布课后检测，以数据反馈反映学生复习后的学情。从而指导教师设计后续教学活动。另一方面通过优学派智慧课堂继续收集学生习作，促成所有学生完善写作练习。同时，收集学生学习资源，在后续复习课上借用学生资源激发学生的阅读兴趣，充分调动学生的思维，帮助学生进行有意义的语言输入和输出，培养学生的英语思维能力和语言运用能力。

六、教学流程

（一）课前

1. 教师活动

教师运用优学派智慧课堂发送课前测，有 Read and Choose（选词填空）和 Read and Match（连线题）两大类型；运用优学派智慧课堂创设调查任务：What is your favorite city in China? What do you know about this city?

2. 学生活动

学生课前完成题单并提交，并根据自己的喜好选择语音或文本提交。

3. 媒体运用及环节目标

优学派智慧课堂可即时提供课前测情况，教师分析反馈数据可了解学情，有利于教师开展课堂教学。通过智慧课堂调查任务鼓励学生开展自主复习，同时，收集学生资源作为课堂教学资源，为智慧课堂上的引入环节做准备。从"听、说"入手，将学生生成的资源转为教学资源，激发学生情感共鸣，鼓励学生动脑、动口。

（二）课中

1. 导入课程

立足课前测的学情分析，复习六单元后，引入新课，教师选择性地播放课前调查任务的学生音频。同时，教师用思维导图形式进行板书。

学生积极参与并运用所学开展回答，认真倾听音频，积极回答问题，并表达自己的想法。

教师运用 SMART 交互式白板设计"漩涡方位归类"小游戏。师生或生生互动问答中将城市对应"东、西"两个方位的分类漩涡，回答错误时城市会被标记了方位的漩涡弹出。运用 SMART 交互式白板设计骰子"猜城市"小游戏。运用白板自带骰子游戏进行设计，骰子六面插入六个城市的标志性图片，点击骰子转动，学生根据呈现的图片猜测并回答。

任务设计意图：立足学前测的学情分析，两个 SMART 交互式白板设计的游戏最大化激发了学生参与活动的热情，促使学生快乐地动脑动口参与语言实践，最大可能地推动了学生夯实第一单元的语言知识。

2. 师生活动

第一，教师通过板书的思维导图激发学生对知识点的分类进行思考，同时，运用优学派智慧课堂发布思维导图课中测。学生完成优学派智慧课堂上的课中测。

任务设计意图：本环节通过思维导图的填空题激发学生深入思考，促使学生对所学知识进行归纳整理和总结。优学派智慧课堂能助力教师在学生完成过程中通过学生投屏了解学生的思维轨迹。同时，也能迅速展示学生作业，帮助教师及时讲评。

第二，教师引导学生通过思维导图由中国步入世界，然后运用优学派智慧课堂发布思维导图课中测。接着根据课中测反馈的学情，结合板书进行复习。最后再次运用优学派智慧课堂发布思维导图课后测，检测学后学情。学生完成优学派智慧课堂课中测。请学生回顾、思考、朗读、复述。

任务设计意图：在 Beautiful countries and cities around the world 这一主题下通过思维导图整合第一二单元知识点，优学派智慧课堂下通过思维导图形式的课中测、复述、朗读和再测促使学生迅速记忆相关知识，并积极参与语言实践。优学派智慧课堂帮助教师实时了解学生真实学情，指导教师实时调整教学节奏和教学环节，最大可能地尊重学生的学习和发展需求。

第三，教师结合当下的节日气氛和疫情实际创设情景，引导学生了解所居住城市的友好城市，同时引导学生发散思维，结合所学在各自的能力范围内完成回信的习作要求。

任务设计意图：该环节教师创设情景，引导学生立足生活实际，活用所复习内容开展习作练笔，从开课的"听、说"到"说、读"，再到"写"，积极为所有学生创设学习发展的空间，最大可能地满足不同层次学生的发展需求。运用优学派智慧课堂拍照提交学生回信，教师可以迅速分享有能力完成习作的学生作品。在有限的课堂时间既提供给这部分学生展示的平台，充分激发学生的兴趣，鼓励学生发展，又通过及时的评讲和分享帮扶存在困难的学生，有助于他们课后完善习作并提交。

（三）课后

教师根据复习情况朗读课文并整合第一二单元的知识点完成思维导图绘制。教师发布作业，学生继续提交回信。教师发布课后小测，学生在平台上完成并提交。

任务设计意图：优学派智慧课堂帮助收集学生回信，将优秀的学生作品分享班级空间，促使各层次的学生通过互助阅读最大可能地完成自己的回信写作。

七、效果反思

本课是一节"一对一"数字化学习环境下的小学高年段英语单元整合复习课，教师结合"一对一"数字化学习环境的优势营造高质实效的英语复习课。接下来，结合技术说一说本课亮点。

（一）依托优学派智慧课堂开展课前测活动，将以生为本落到实处

学生是一切教学活动的指挥棒和风向标，教师课前运用优学派智慧课堂发送课前测收集学生情况，指导课堂教学，使"以生为本"成为可能。根据学生情况发现，第一单元中国的各个城市对应的相关方位和活动知识点遗忘较多，甚至超过一半的学生对高达十个城市的方位混淆不清。教师应该在复习课上合理创设层次递进、主次突出的活动引导学生夯实本单元的所有城市方位和活动。而第二单元四个国家对应的四座城市的相关知识掌握较好。教师可以在复习时创设活动增加教材拓展阅读中出现的国家和城市，帮助学生扩大知识量。

（二）依托优学派智慧课堂打破课堂时空局限，推动生生互动学习

一方面教师课前依托优学派智慧课堂在课前收集学生听力音频，在课中的引入环节将学生生成的资源转化为教师教学资源，有效激发学生的情感共鸣，助力学生从听说入手迅速回顾旧知、积极思考并开口表达。另一方面从"听、说、读"到"写"，教师引导学生开展回信写作活动，教师依托优学派智慧课堂接收已完成学生作品并进行讲评分享，课后再运用优学派智慧课堂拍照收集学生作品，将优秀的学生作品分享至班级空间，促使各层次的学生通过互助阅读最大可能地完成自己的回信写作。

（三）依托 SMART 交互式电子白板激发兴趣，帮助学生夯实语言基础

依托 SMART 交互式电子白板自带的两个游戏创设英语游戏活动，该活动的亮点在于两个 SMART 交互式白板游戏立足课前学情分析，将学生出错的城市方位和活动进行细化分层处理，依托游戏推动学生从"听"到"说"，充分激发学生的学习兴趣，促使学生快乐地动脑、动口参与语言实践，最大可能地推动学生夯实第一单元的语言知识。

（四）依托优学派智慧课堂发展学生思维，重视学生学科发展的差异性

在学情的指导下，教师运用思维导图辅助学生迅速回顾、记忆、归纳、整理和复述所学语言知识，充分调动学生思维，发展学生的读写能力和综合语言运用能力。教师依托优学派智慧课堂的互动页面创设思维导图形式的选词填空题。优学派智慧课堂帮助教师在学生完成过程中通过学生平板的投屏功能和及时反馈迅速了解学生的思维轨迹，从而适时调整教学节奏和流程，助力教师真正尊重学生的差异，满足学生的发展需求。

泡小西区 周虹汝

第七章 各学科大课堂"矩阵"教学模式
教育论文典型案例

混合式教学环境下对古诗群文阅读的纵横研究
——以《饮湖上初晴后雨》为例用想象助推学生学习力

摘　要： 本文以一节古诗教学课《饮湖上初晴后雨》作为切入点，从课程的研究背景、引领助推学生自主学习、搭建支架促思建模三个方面深刻阐述了如何在古诗文教学中教会学生在预习中学会初步感知古诗，在课堂中学会体会诗人的情感，在潜移默化中提升鉴赏古诗的能力，并将这些能力灵活地运用在今后的学习中。

关键词： 混合式教学环境　古诗群文阅读　纵横研究

今天非常有幸聆听了一节古诗教学课《饮湖上初晴后雨》，整堂课以学生为主体，教师作为推动者引领学生开展自主学习，课堂的学习方式也是生动多样的，学生的精彩发言充分向我们展示出他们的文学素养和能力。

这堂课为我们展示了古诗词所蕴含的文化是我们的宝贵财富。古诗词的寓意深刻、耐人寻味，字里行间流淌出来的是先辈的生活，抒情真挚、感人肺腑。下文将从三个方面谈一谈自己对这节课的想法。

一、课程的研究背景

（一）大语文观的研究背景

小学语文教学对教师提出了新的要求，即要重视培养学生的语文核心素养。语文核心素养由语言建构与运用、思维发展与提升、文化传承与理解、审美的鉴赏与创造四个方面组成，其中，语言建构与运用是语文学科核心素养的基础，在语文课程中，学生思维的发展与提升、审美鉴赏与创造、文化传承与理解，都是以语言的建构与运用为基础，并在学生个体语言经验发展过程中得以实现的，这都是对学生语文能力的培养。在此基础上，《语文新课程标准》指出语文课程对继承和弘扬中华优秀传统文化和革命传统，增强民族文化认同感，增强民族凝聚力和创造力，具有不可替代的优势。课程的总目标与内容要求学生认识中华文化的丰厚博大，汲取民族文化智慧。关心当代文化生活，尊重多样文化，吸收人类优秀文化的营养，提高文化品位。[①]

在此基础上，2020 年的高考必背古诗、文言文篇目由 64 篇增加到了 75 篇，这也足以说明古诗文在语文学习中的重要地位。

（二）教材研究背景

新课程标准中明确规定了小学生应该背诵的古诗数目，并在附录中列出了推荐篇目，足见课程改革对古诗教学的重视程度。目前，部编版教材也较以前的教材有了明显的变化，尤其是六年级下册六个单元的内容中就有三个单元包含有古诗和文言文，而且在六个单元结束后还安排了专门的古诗词诵读单元且包含有十首诗歌，这学期总共就学习了十八首古诗文，这既是一次创新，又说明了古诗文是中华优秀传统文化的重要组成部分，在语文的学习中具有不言而喻的重要性，也让学生进一步感受到中华传统优秀文化熏陶。

（三）古诗文的纵横研究

这么多首古诗，若教师每一首都依循诗题、诗人、诗意、诗情的思路反复讲解，则不但学生会觉得啰唆，教师都会觉得寡淡无味。如果在古诗文教学中，进行纵横对比教学，是不是就会使师生事半功倍呢？基于这一点，教师将古诗以作者、题材等为线索进行资源整合。

以古诗文学习为例，所谓横向学习指的就是同一诗人同一题材的内容，他在不同的阶段就会有不同的情感表达。我们就可以将这一部分诗歌整合在一起，进行诗歌横向的群文学习；除去这部分诗歌，还有不少虽然作者不同、背景不同，但表达的情感主题却是相同或相近的，这就是我们所说的纵向学习，也就是指在人类历史长河中，针对同一题材不同朝代的诗人就会有不同的情感表达。对于同题材的古诗，让学生进行对比学习，在比较中发现诗歌的相同与不同之处。这样不仅能拓宽学生视野，还能让学生深入感悟到作品的人文内涵，起到了一举多得的作用。

---

① 中华人民共和国教育部制定. 义务教育语文课程标准：2022 年版［M］. 北京：北京师范大学出版社，2022：52.

这样的纵横式学习，让我们一节课的内容，从单首古诗的作者、诗句含义、情感表达等方面的学习，发展成同题材或同作者或同景物的多首古诗的发散性学习，这样更有利于提高学生的学习兴趣，培养学生的学习力。

经过以上分析，这节《饮湖上初晴后雨》可以说，教师从四个方面具体讲了如何在古诗文课堂中引领助推，实现学生的自主学习。

二、引领助推，实现学生的自主学习——以《饮湖上初晴后雨》为例

（一）混合式学习环境与课堂整合

好的课堂需要好的学习环境助推，结合泡小西区混合式学习环境的内容，这节课将传统学习与数字化学习进行了结合，用数字资源架构起课前的预习布置、课中的授课及学生对课堂学习的及时反馈、课后拓展的学习反馈……有了这样混合式的学习环境，学生的学习兴趣浓厚，课内、课外的自主学习也能得到教师及时的反馈。

（二）古诗文的自主学习课前导学

在这堂课前，教师就给学生布置了预习作业，对这首古诗提出了详细的预习要求：一是借助注释理解古诗意思，二是借助工具了解和这首古诗的写作背景。学生在理解古诗意思和了解诗人的生平事迹的基础上，就更易进行文字解读或想象，并和诗人的情感产生共鸣。

（三）培养审美鉴赏能力教中促学

在语文课程中，学生的审美鉴赏与创造、文化传承与理解都是在学生个体语言经验发展过程中得以实现的，因此，培养学生的审美鉴赏能力很重要，如何培养审美鉴赏能力是要通过课堂学习的。

开课后，教师先播放一段音乐，让学生听，请学生说说听到音乐的第一反应是什么。接下来又会告知歌曲名字，请学生闭上眼睛大胆想象、引发联想，由此及彼，调动自己的生活经验再现作品中的形象，让学生入境悟情。从而使学生初步了解学习古诗还可以用想象的方式理解，借助对诗歌文字的理解，与诗人产生情感上的共鸣，初步体会到诗歌所表达的情感。

古诗词语言精练，当学生初步感知后，教师就请学生反复诵读，交流学生课外查找关于诗人及写作背景的资料，运用自己的语言来理解诗意词意。在这个过程中，逐步引导学生抓住古诗中的"好、奇"等诗眼（诗的主题），展开想象理解诗歌意境。

其实要抓住诗眼，还可以通过诗人运用的修辞手法，理解诗人在字里行间表达的感情。如"欲把西湖比西子"这一句，有学生就会提出问题"为什么要把西湖比作西施？"教师可以通过对当时作者的具体情况的介绍，让学生更直观、更生动地理解这句话，体会诗人的情感。

教师再结合现代教学手段，请学生回顾课堂内容从任意角度鉴赏诗句，最后利用拍照功能，拍照上传学生的作品。在随机对比与表扬激励作用下，学生深刻认识到可以从诗词的描写角度、修辞角度等多方面鉴赏诗句。

学会基本的鉴赏方法之后，教师可以带着学生欣赏感悟《念奴娇·赤壁怀古》和《定风波》两首古诗词，同样的诗人面对同样的景色，因心境不同，写出来的诗歌意境就不同，给读者的感受也就不同。

在此基础上，在音乐的伴奏下，教师带着学生从"乐""愁""豪"三个不同情感角度欣赏美丽的自然风光，感受同景同人不同情，以及同景异人不同情的诗歌，升华主题。学生入情入境，随着音乐感受诗歌的魅力，体验诗歌的意境之美……

从开课到这儿，教师真正意义上做到了以课堂学习为载体，进行群文阅读纵横拓展学习。

（四）拓展教学后测

对古诗词的学习，并不仅仅局限在课堂学习上，还可以延伸至课外，因为这样的课堂需要的是学生在课前、课后查找大量的资料，理解诗意、查找背景、感悟情感。

这样的课堂让学生体会到了诗歌学习的宽广，可以是对同景同人不同情的延伸学习，也可以是对同景异人不同情的延伸学习。

教师在课后布置了拓展作业。同样写山水的诗歌，苏轼在情感上的表达就有所不同，请学生在资料库里查找，并摘抄体会。这就是在教授方法之后的一个延展性学习，助推了学生学习力的培养。

三、搭建支架，促思建模

根据华东师范大学开放教育学院李宝敏、祝智庭等研发并经过多次修订的学习力模型来看，学生学习力发展的驱动力、策应力、反省/调节力、顺应力、互惠力五个方面在这堂课中都得到了充分的调动和展示。

尤其是在古诗词的学习上，更是让学生的学习力得到了升华。学生在预习中学会了如何初步感知古诗，在课堂中学会了如何体会诗人的情感，在潜移默化中学会鉴赏古诗的能力，并将这些能力灵活地运用在今后的学习中。

这是一个教师与学生进行交流沟通的学习思维建模过程：初步感知—交流总结学法—练习巩固、形成能力—拓展运用、内化素养。这也为学生将来初高中的古诗文学习做了一个好的铺垫与衔接。

诗以最凝练的语言和优美的韵律，把中华文化的精神内涵内化为人们的心灵认知，使一代代中国人从中得到滋养。一部中国诗歌史既是浓缩的中华文化精华，也是几千年来中国人精神风貌的展示。文化自信是最基本、最深层、最持久的精神力量。因此，我们一定要将中华文化作为中华民族的"根"和"魂"来传承，从中汲取力量，奋力前行。

泡小西区　罗　贝

浅谈运用混合式教学提高小学生古诗赏析能力

摘　要：在"互联网+"的背景下，混合式教学因其"互联网+教育"的基因，从诞生就吸引了社会各界的关注。信息技术的科学运用使传统的学习时空被打破，使课堂教学由被动"教"变主动"学"成为可能。当前，未来学校的畅想曲已经响起，融合传统课堂现场学习与网络在线学习优势的混合式学习（Blended Learning）将成为未来学校教学组织的主要方式。

关键词：混合式教学　古诗赏析　电子书包　个性化评价

古诗意境高远、感情丰富、形象生动、语言精练含蓄，具有较强的韵律美，千百年来深受人们喜爱。朗读和品读古诗可以培养小学生丰富的语感、形象的思维、浓郁的人文情怀和创造力，是语文教学的一个重要组成部分。如何通过古诗赏析提升学生的文学艺术修养、传承中华文化、激发学生的爱国之情，这一直是我的教学关注点。而传统的大水漫灌式教学，教师处于主导地位，学生更多是被动接受状态，导致学生的创新能力不足，无法在学习中获得更多的乐趣及成就感。怎样把课堂还给学生，使感知信息、认知加工、整合输出三个环节贯穿于具高参与度的学习全过程，从而做到"以学生为中心"的教学与辅导混合，是教师要不断探索的内容。

一、当前混合式教学中几类倾向性问题

（一）线上课程难度偏大

混合式教学的优势在于打破时空维度，更加合理分配教学资源。如果线上课程难度过大，学生对课程基础知识点的记忆和理解就不牢固，前测效果必然不佳，导致整个教学设计"头重脚轻"失去平衡，亦可能造成学生的畏难情绪，不利于培养学生自主学习的意愿。

（二）师生互动逐渐弱化

混合式教学借助多样化的技术手段辅助教学，增加师生交流渠道，但客观上也会造成学生使用电子设备时间过长、大量依靠线上反馈、师生间缺乏课后交流等问题，不利于建立师生情感关联。

（三）教师角色转变不够

教师未树牢"以学生为中心"的混合式教学理念，在课程实施中虽然采用大量信息技术和方法，但在与学生面对面的课堂上，仍以填鸭式授课为主，只是讲解得更深、更难，学生未能进行高度参与的认知活动。

二、混合式教学设计操作流程

混合式教学设计操作流程包括分析、准备、开发、实施等（详情如图 7－1 所示）。分析是指教学内容、学习目标及解析、教学前测及学情分析等；准备是指教学诊断、资源材料、工具软件、调整教学计划等；开发是指教学课件、微课、分组活动构想、评价量表等；实施是指线上线下教与学的活动；评价是指过程评价、真实性评价及效果反思等。

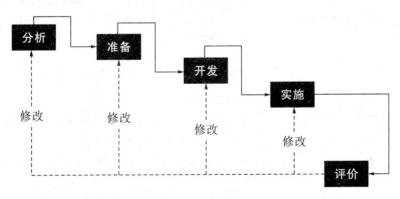

图 7－1 教学设计的流程模型示意图

三、以提高学生古诗赏析能力为目标的混合式教学的课堂实践

《山行》选自统编小学语文三年级上册第五单元的内容，它是《古诗三首》中的一首，唐代诗人杜牧的一首描写和赞美深秋枫林景色的七言绝句。全诗构思新颖、布局精巧，于秋风中摄取绚丽秋色，令人赏心悦目。整堂古诗教学，从课本延伸到生活，学生通过自主学习、小组交流合作，在一个力求还原真实的情境中自主探索，接着教师创设问题导学，学生共学共思，让师生之间、生生之间充分交互，从而产生良好的学习循环效应。下面将以这首诗为例，浅谈如何运用混合式教学提高学生古诗赏析能力。

（一）课前：着眼学情分析，调整教学计划

1. 资料学习

课前，我先布置了预习作业，让学生通过多种方式搜索描写秋天的诗句。条件允许的家庭可利用周末时间去成都周边观赏红叶、吟诵体会，通过视觉、听觉的冲击为学生赏析古诗做好铺垫。随后，教师通过电子书包上传自学资料。学生通过共享资料提前了解《山行》的作者生平、时代背景等。

2. 前测作业

教师通过电子书包发送前测作业，了解学生预习和自学情况。通过注音、选择正确读音等题型，检验学生是否掌握了这首古诗中的重难点字的字音，如"径""斜""霜"。学生大声朗读古诗，要求读通、读顺、读准，并注意七言诗节奏，把朗读这首诗的音频上传到前测作业"诵读题"，也可以把想了解这首古诗的兴趣点记录下来拍照上传，使学生初步感知古诗、学会提问。

3. 调整计划

从前测作业反馈情况看，学生对课前知识的掌握基本达到预期目的，教师据此及时调整教学计划，以学定教，进一步优化课堂设计，为下一步问题导学提供了参考。

（二）课中：着重师生互动，个性化促学

1. 问题导学，共学共思

用前测作业引入，出示作业完成情况的数据分析，把易错字、易错题进行评讲。同桌合作朗读课文、抽生朗读、全班评价，解决字音问题。接着引导全班边读边想象，通过电子书包的互动题板勾画秋天的景象，开始深入理解古诗，读诗明意。

讲解中，教师利用投影为学生展示了几幅山水画。随着教师的吟诵，当看

到高山之上云雾缭绕时，学生便从视觉上体会到了"生"字形象地表现了白云升腾、缭绕和飘浮的种种动态，说明山很高，远比用"深"字所代表的浓厚之意更生动准确。讲到全诗中心句"停车坐爱枫林晚，霜叶红于二月花"时，通过电子书包发送选择题，让学生选择"坐"的意思，根据学生的反馈情况对知识的重难点再次进行突破，正确率为86％，绝大多数学生掌握较好。在重点词语理解基础之上，以四人为小组合作，借助字典、文中注释，合作互助，逐字逐句理解诗文，交流汇报。汇报中理解重点词"红于"为什么比"红如"更传神，领会傍晚枫林的美景为春花所不能比拟，不仅仅色彩更鲜艳，而且更能耐寒，经得起风霜考验，感悟作者对秋日枫林和大自然的热爱之情。整节课通过图文并茂、视听感受、学生交流合作评价，使学生在感情上最大程度上与诗人产生跨越时空的共鸣、感悟诗情，亦能培养学生识字兴趣。

2. 探索展示

为进一步了解学生对这首诗的赏析程度，活跃课堂气氛，教师设置了课堂展示环节。各小组可以自编自导，或吟诵、或表演，充分展示自己对古诗的理解和掌握，也可以几个小组配合完成，把课堂还给学生，教师负责协调课堂节奏，让学生在轻松愉快的氛围中完成这一阶段的学习任务。

（三）课后：着力分层巩固，拓展延伸

1. 课后测作业，知识巩固

教师通过电子书包发送课后测作业，检验学生是否掌握了古诗大意，是否感悟到了诗人的情感。作业是开放的，每位学生都可以展示自己的作业，也可以评论别人的作业。这样一来学生再次熟悉古诗内容，了解其他人的解题思路，加深对课程知识的理解。教师会在作业上进行批注，以方便学生第一时间看到问题所在。同时，作业批改结束后，平台会自动保存学生的错题，形成个人"错题集"，学生可在之后的复习中找到相应章节，做到有的放矢，达到事半功倍效果。

2. 拓展延伸

除了知识点的测试，教师还可以发送一些描写秋景的经典诗句，供学生课后拓展延伸，了解诗的背景，通过注释理解古诗大意，体会诗人的思想感情，熟读成诵，培养学生自主赏析古诗能力。

3. 反馈点拨

学生课后通过网络检索等方式，完善自身知识面，对于仍不能理解的部分，学生可在电子书包班级交流空间进行留言讨论，既可对他人的疑问进行回答，也可将自己的疑问放到平台上和同学、教师进行交流。教师可以根据学生

集中反馈的问题进行答复，必要时也可根据学生的情况再次调整教学计划，进行课后复习和总结。

四、反思总结

对于古诗的赏析，重点往往是理解古诗内容，在朗读诗句中进入情境，有感情朗读，而难点往往是在朗读中理解古诗中字词的意思，感悟其中的诗意诗情。学生可以通过课前各环节初步了解这首诗，但知识点都是零散的。在课内环节教师应逐步主导课程节奏变化，使学生的注意力集中，帮助学生把头脑中问号消除，将零散的知识点串联起来，再帮助学生把对诗的理解用个性化的方式呈现出来。因此，笔者认为要运用混合式教学提高学生古诗赏析能力应做好以下几方面工作。

一是把握线上课程难度。线上课程应侧重知识性的讲解，条理清晰、重点突出，教学视频按知识点录制，每个视频不超过五分钟。课前测的难度也要兼顾绝大多数学生的水平。

二是师生之间互动充分。合理控制学生使用电子设备自主学习的时长。线上线下教学双方信息相互反馈要及时，尽量减少时空割裂带来的距离感。同时，鼓励学生之间、师生之间通过提问抢答、小组对抗、个性化展示等方式加强交流，在课堂内外都营造良好的学习氛围。教师要善于在与学生的互动中了解学生的想法，在学生自主或小组协作解决问题或任务探究的过程中从旁协助，拉进与学生的关系，走进学生内心。

三是教师及时转换角色。提高小学生古诗赏析能力的实践和探索犹如一场"军事演习"，教师是负责演习设计、组织的"指挥官"，学生是冲锋陷阵的"士兵"。教师要协助学生解决问题。只有帮学生搭建好学习桥梁，让学生在创新学习过程中得到良好的自我激励，才能提升学生"愿意学"的内生动力，从而为高质量教学及创建有温度的智慧学校打好基础。

泡小西区　何智玉

混合式教学环境下兴趣盎然的"整本书阅读"课堂

摘 要：如何在"双减"背景下，落实新课标、统编教材多读书的要求，是对教师的一大挑战。笔者结合"快乐读书吧"的阅读推荐，利用现代技术，在混合式教学环境下指导学生进行有效的课外阅读，并将课外阅读课程化。激发学生阅读的兴趣，培养其阅读力，感受书籍的魅力。

关键词："双减" "整本书阅读" 兴趣 阅读力 混合式教学环境

整本书阅读能够提升学生的阅读力，激发其阅读兴趣。如何让学生对所阅读的书本始终保持乐此不疲、手不释卷的情趣，这是教师进行整本书阅读教学的重难点。随着《教育信息化2.0行动计划》的发布，教育正在从传统教学迈向数字化教学。阅读教学也迎来了智慧化的课堂——可视、可听、可玩……给阅读提供了新思路、新模式，让阅读变得有趣、有味、有效。

"神话"是统编教材四年级上第四单元的主题词，《盘古开天地》《精卫填海》《普罗米修斯》《女娲补天》被选入了教材，导读页还明确指出本单元的语文要素是感受神话中神奇的想象和鲜明的人物形象。为了将各个神话联系起来，让学生形成整体性的思维。教师为学生推荐了袁珂先生的《中国神话传说》，并进行了这一次的"整本书阅读"教学。以下便是在"双减"背景下和混合式教学环境中，对《中国神话传说》展开"整本书阅读"推进课教学的思考与探究。

一、课前投票，乘兴而来

学生求知欲的产生一定是建立在兴趣的基础上。一个以生为本的教师是很愿意了解学生的兴趣所在的，但常常由于时空的限制，便成了避繁就简的预设。而这些预设在时代与学情面前，往往是自以为是的，而且增加了学生的负担。作为一名新时代的教师，我们应该利用数据精准定位学生的真实需求，并围绕学生的需求开展教学，为学生"减负"，做到"以学定教"。

中国神话传说故事情节丰富，人物众多。学生在阅读过程中，最感兴趣的，会是哪一则故事呢？如果让教师预设，课堂便会成为盘古、女娲的阵地。而真正吸引学生的又会是谁呢？课前我制作了一张名为"我最感兴趣的神话人物"单选投票表，梳理出《中国神话传说》一书中出现的人物，利用优学派的网络学习空间，将投票表发送给学生进行前测。让学生的思维火花在课前就得到激发，并不是空着脑袋走进课堂的。统计结果显示，得票数最高的是后羿，其次是哪吒，而女娲排在第三位（如图7-2所示）。根据投票结果、围绕后羿，制作了《中国神话传说》"整本书阅读"推进课的课件。

投票统计选项	比例	人数（人）
后羿	59.1%	26人
哪吒	15.9%	7人
女娲	6.8%	3人

图7-2 "我最感兴趣的神话人物"投票统计

当问及学生，为什么投票给后羿时。有一个男学生说："赞美太阳……发光的一个就够了。"别的男生群起而拥之，共鸣繁多。恍然大悟，老少皆爱的游戏"王者荣耀"里，后羿可是个非常厉害的射手。在信息化迅速发展的时代背景下，学生使用电子通信工具已司空见惯。不可否认，游戏会有许多消极的影响，但也能激发学生的兴趣。学生的生活体验在这样的课前测中被调动，使学生的个人生活与学习可以联系在一起，形成一个密切的整体。由此，基于学生真实的兴趣，我们开启了感受神话的魅力，走近英雄人物后羿的课程。

二、课中游戏，兴致勃勃

如今互联网技术飞速发展，未来会出现在哪些地方？未来又会出现在哪些领域？从录音机到投影仪，再到能触屏操作的白板、联网上课的平板电脑，信息化教学手段层出不穷。越来越多的教师运用多媒体、翻转课堂、微课等进行教学，利用信息化教学的优势，弥补传统教学的不足，改变学生死记硬背、机械训练的现状，让学生积极主动地参与到学习中去。

低中段的学生注意力集中时间不长，其学习的主动性也还未养成。但是他们对新鲜事物充满了好奇，喜欢看、喜欢画、喜欢探寻。所以，教师应充分利用各种教学手段，调动学生的感官体验，激发学生学习的兴趣。在整本书阅读教学的课堂中，教师可以设置一些小游戏，将教师的教学过程与学生的情感体验进行有机结合，帮助学生更好地突破阅读的重难点，掌握阅读的方法。同时设置评价机制，构建互享的学习空间，互为补充、互相学习，让课堂绘声绘色，摇曳生辉。

在"未来教室"的《中国神话传说》的智慧课堂上，每一个学生都有一个平板。教师通过端将智能题板——"我为后羿制作名片"的游戏发送给学生，让每一个学生都参与到课堂，动眼去看、动手去画、动脑去想。用智能题板代替纸质的题单，既节约了资源，又激发学生答题的兴趣。学生在制作后羿名片时，运用了看插图了解人物形象，抓关键词、感受人物品质，概括文章主要内容等阅读方法。为了了解人物关系，还对比阅读了《后羿射日》《后羿战巴蛇》《嫦娥奔月》三篇文章，从一篇到多篇使学生形成了整体性的思维。让学生自主地发现问题、解决问题，将课堂交给学生，让学生成为课堂的主体。待学生完成提交后，学生与学生之间还可以进行互评、互相欣赏、互相借鉴，多元化的评价的方式，让思维的火花得以碰撞。由此寓教于乐，活学活用。

三、课后闯关，载兴而归

作为《中国神话传说》"整本书阅读"的推进课，教师在课后设置了神话大闯关的环节，并将闯关练习发送到学生的平板上。由浅入深，层层深入，让学生梯度通关。闯关规则是在接下来的一周内，继续阅读书籍，完成闯关题并提交。待所有学生都闯关完毕后，系统会呈现大数据分析结果。教师可以根据数据分析结果对表现优异的学生进行奖励，评选出"神话小达人"。既减少了作业的数量，又提高了作业的质量，还达到了温故而知新的目的，也减轻了学生的作业负担。同时，教师从中发现学生存在的共性问题，有针对性地开展下一步的交流课。

运用优学派的电子书包，学生除了能在课堂上学习，还能在课外进行深入的学习，并且教师还可以实时监测，及时进行指导，由此达到课内学习与课外学习的有机结合。疫情时期更验证了线上线下融合创新的泛在学习是未来教育的方向，教师应在数字环境下提升学生的自主学习能力系统推进，为学生适应未来学习型社会奠定终身学习的能力基础。在"整本书阅读"教学中，难难易易的关卡串联起了教与学的始终，锁定教学的目标，激发学生的求知欲和好胜心，不断地探索新知，提升学生的阅读力。

在这个"快餐文化"的时代，很多成人都很难从头到尾完整地看完一本书，更何况是小学生。阅读普遍存在碎片化及思维能力浅层化的问题。原因可能是缺乏耐心，书不够好看，时间、地点不合适等。学习兴趣是学生学习与阅读的内在动机，浓厚的兴趣能够推动学生积极地探索、敏锐地观察、激发无限的创造力。当学生打开一本书、开启阅读之旅，就需要一个助推力激发他们继续阅读的兴趣，解决这一问题最有效的办法便是"整本书阅读"。教师在"整本书阅读"教学中应善于抓住每一个环节，激发学生的兴趣，让他们积极地参与到阅读活动中，使课堂焕发无穷的魅力。

阅读是一件美好的事情，"双减"政策之下，我们的课堂不应该再以教室的高墙为界，每一个学生都能够在数字化教学中有所收获。在个性而开放的课堂内外，教育呈现人人参与、生生互动的雀跃之景，使学生能够乘兴而来、载兴而归，在兴趣盎然的课堂里遨游。

泡小西区　王　兰

（本文在 2020 年青羊区"课堂革命 青羊表达"——着力构建"支持学习"高效实施的课堂新样态征文比赛中荣获二等奖）

混合式教学环境下提升学生自主学习能力

——以北师大版小学数学二年级上册《测量》第一课为例

摘　要：新时代的教育背景下，学生的学习渠道多、学情超前且梯度大，课堂教学的难度大。本文以北师大版小学数学二年级上册六单元《测量》第一课时为例，根据师生需求分析，依托网络学习空间对小学生数学学习的混合式教学模式进行实践与应用。教师以培养学生自主学习能力为目标，设计学生参与度高的教学活动，学生将课前自主学习、课中合作探索与自主思考相结合、课后拓展延伸与网络学习相结合等方式，以此提高学生自主学习的能力。

关键词：小学数学　混合式教学　自主学习

混合式教学是以学生自主学习为主体的一种模式。混合式教学可以充分发挥网络学习空间对学生个性化学习和进行记录数据分析等方面的优势，能够帮助教师适时地对课堂教学进行调整，创设更多学生自主学习的空间、合作探索的空间，引领学生进行深度思考，以此提高课堂效率。因此，运用混合式教学为提高学生自主学习的能力创造了环境、提供了条件。

《测量》一课看似简单，但学生需要大量的测量实践经验积累，才能从中学会测量方法、测量工具和单位，需要做合适的选择，了解比较物体长度时统一单位的必要性。如果这些活动都在课堂上完成将会花费大量的时间，而且学生的实践活动很盲目、缺乏指导性。最后本课可能就会成为一节看着热闹的课堂，但学生没有学会自主思考，没有从实践中反思与总结，更没有构建起长度单位的空间概念。

一、巧用线上平台，开启学生自主学习的课前导航

教师设计了课前导航并运用 QQ 发布了课前自主学习的要求：古人很喜欢用手、脚等作为长度单位进行测量，你也照样子做一做吧（如图 7-3 所示）。

一拃（zhǎ）：　　　一步：　　　一庹（tuǒ）：

图 7-3　测量单位

测量活动要求：选用"拃""步""庹"作为量单位进行测量。测量时需要注意些什么？请学生可以将其测量过程录下来上传到作业平台上与大家分享。

学生在自主学习要求的驱动下，观看教师发布有关古人用身体部位作为测量工具的资料，了解到用"拃""步""庹"作为量单位在现在的生活中也很常用，这极大地激发了学生探索的欲望。有了测量任务学生的实践活动就有了方向。学生在测量中会遇到各种各样的问题，教师会在线答疑和指导，学生也会在线上交流，然后对自己的实践活动进行调整与补充。教师根据学生上传的测量活动实录，分析学生的共性的问题和主要的困惑，并作为备课的主要依据。学生有了课前参与，对要研究的问题有了更深更广的认识和理解，这样在合作学习时才能够提出带有思考性的问题，学生在问题辨析中会更清晰。

二、课堂上巧用视频，反思错因，总结提升

课前学生上传的测量实践活动视频，由教师进行梳理，把有针对性的视频推送到学习平台。学生在课堂上通过再次观看找出学生在测量时好的方法与不好的方法。学生在交流平台上为好的方法点赞，对有问题的测量方法提出改正建议。其中，有几条好评是这样写的：你选用"拃"来测量书桌的长度很合适；你用"步"测量客厅的长时，做到了一步接着一步很好。另外，两条建议是：如果你用"庹"测量客厅的长应该从客厅的一头到另一头，这样才是客厅真正的长，应该选择更合适的单位进行测量，这样会更准确。通过学生的再次观看和交流，学生快速而自然地总结出了测量的方法。学生的交流是以思考为前提，自主学习引发了他们的深度思考，在思辨的过程中，使学生对知识有更清晰地认知，使其学习方法也得到优化。

三、课堂上合作探究与自主学习相结合，提高学习效率

合作探究与自主学习相辅相成。学生有了课前自主学习的过程，对所学知识有了一定的了解，但不一定很全面，课堂上合作探究既能发挥每个学生的长处，还能在合作中丰富学生的认知，增进学生之间的感情。在《测量》一课中，学生通过观看视频、交流反思，快速得到测量的正确方法。测量方法需要运用到生活实践中，这样方法会更优化。课堂上，教师设计了小组合作测量环节。要求每个小组选择合适的测量单位，测量教室的长，比一比看哪组测量的更准确。学生在活动中分工明确、互相配合、深度交流，最后记录下测量数据。哪一组的测量更准确呢？数据一：教室的长相当于 12 把米尺那么长；数据二：教室的长相当于 25 步那么长。学生经比较多组数据后发现这两组测量都很准确，只是因选择了不同的长度单位测量不方便比较。如果用同样的长度单位进行测量，就很容易比较了。这本是这节课的一个学习难点，但通过学生的合作探究与自主学习便轻松地突破了。

四、运用网络空间，开展课后个性化学习，促进学生个性化的发展

课后作业不仅是对课堂所学的巩固，还是学生拓展学习的开始。《测量》这一版块的内容二年级学生需要初步构建几何思维。因为本课时也是单元学习的起始环节，所以教师设计了满足学生个体需要的课后拓展作业：绘本推荐，教师推荐了两本有关测量的数学绘本《树叶尺子》《我家漂亮的尺子》，学生可以选择合适的时间阅读；课后调查，中国古代还有哪些长度单位？世界上常用的长度单位有哪些？中国古代有很多与长度单位有关的成语，如寸步难行、入木三分、一落千丈、一丝一毫……你想知道它是什么意思吗？选用哪个长度单位测量数学书的长会更精确呢，为什么？学生可以从三项作业中选取自己需要的完成。有了网络空间的帮助，完成课后拓展作业既有趣又符合学生的个性化的需求，也能满足不同学生的个性化发展。

通过线上学习交流与课上师生互动、网络学习平台与教学手段综合运用等方面的混合式教学，让学生的自主学习能力得到提升，为学生真正成为的学习主人提供有力保障。

泡小西区　李　霞

多维混合式学习模式在小学英语课程
体系中的应用研究

　　摘　要：2021 年 7 月，中共中央办公厅、国务院办公厅印发《关于进一步减轻义务教育阶段学生作业负担和校外培训负担的意见》，实施"双减"政策不仅是对我国教育格局的重大调整，更是教育观念的大变革。"双减"政策落地，一线小学英语教师应该怎么做？"双减"对小学英语教育提出了更高层次的要求，要求小学英语教师对英语教学不断进行改革，而对教学改革的首要措施就是更新教学方法。混合式学习模式被认为可以有效填补小学英语教学模式中所存在的弊端，构建高效的小学英语课堂，混合式学习模式可以为学生提供更多学习英语的手段，将混合学习模式应用于小学英语课堂，有助于提高小学生的英语学习能力。

　　关键词：混合式学习　小学英语　应用策略

　　混合学习模式就是将网络学习和课堂面授有机结合，是面对面学习和在线学习两种学习模式的有机结合，同时强调学生自主学习能力的一种学习模式。这样小学英语面临着发展的同时也面临着挑战，把混合式学习模式融入小学英语课堂中，植根于学生的学习过程，强调学生作为小学英语教育主体的地位，优化英语课堂教学模式，对于提升小学英语教学的质量和效率具有十分重要的意义。

一、小学英语教学中混合式学习的应用模式的意义

　　在新课改大背景下，传统小学英语教育存在的局限性更为突出，学生是英语课堂上不可或缺的一部分，但教师和学生无法进行交流沟通，课堂教学气氛沉闷，学生对于英语知识的学习在一定程度上缺乏兴趣和动力，对学生逆向思维和发散思维的发展有很大程度的制约。需要进一步深化课程改革，推动小学英语教育策略和方法的创新，更加注重新技术、新模式在小学英语教育中的应用。混合学习模式结合了传统学习方式的优势和在线学习的优势，考虑到小学生的年龄和学习特点，利用互联网环境为小学生创设一个良好的英语课堂，满足学生所需求的教育体系和环境，尊重学生在学习中的独立地位，体现学生作为学习主体的创造力。

173

混合学习模式鼓励小学英语课堂不断进行延伸拓展，并激发学生学习英语的兴趣。在网络化的环境下，教师可以通过互联网平台，为学生提供教学帮助和学习资源，根据小学生学习英语的特点和基础知识储备能力，进行小学英语教学设计，突破了小学英语教育的时间和地点限制，融合了课堂学习教育和网络学习下学生不同的学习方式，从而加强了英语基础知识的交流，师生之间的互动机会也不断增加，从而提高学生学习英语的效率。

二、混合式学习模式在小学英语教学中的应用策略

（一）教师充分发挥自身引导作用

在采用混合式学习模式时，英语教师首先要扮演好教学角色。英语教师应该为学生建立多元化教室，并将学生的兴趣爱好、趣味性活动、动手游戏活动和知识教育结合起来。在这样的背景下，学生的混合式学习模式才能够得到很好的开展，在参与游戏活动的过程中，培养学生的综合能力。值得注意的是教师在这一过程中始终发挥其自身的引导作用。有效开展课堂教学活动，不仅为师生提供了一个设计良好的教学环境，而且还提供了处理学习活动中各种问题的灵活性方案。例如，当学生的语言交流有误区时，教师可以及时给出指导提示；当学生对综合设计活动不感兴趣时，教师应该立即调整教学内容；教师应充分发挥自身的教学引导功能，使混合式学习模式更好地融入教学，充分锻炼学生的语言能力，使教学效果更好。

教师要随时观察学生的交流状况，比如，了解学生交流的内容是否紧密贴合这个主题、捕捉学生在语言应用中的一些典型问题，留意学生在语言交际中存在的误区。教师要做学生混合学习行为的引导者。帮助学生构建支架。让学生在这种综合性学习活动中实现多方面语言能力素养的锻炼，打造高质量课堂。

（二）形成与构建多元教学体系

混合学习模式对学生的语言能力提出了更高的要求。教师需要在一个更加科学合理范围内组织构建教学实施过程。教师须要根据混合学习的特点，构建多元化的教育体系。英语课不仅须要丰富学生的语言积累，还须要为学生提供更多语言交流的空间。在学习过程中，培养学生的语言组织和表达能力，提高学生的思维灵活性。

教师要不断更新自身的教学观念，尤其是在将混合式学习引入小学英语课堂时，要有意识地形成构建多元教学体系。要从各个方面和不同层面锻炼学生

的综合语言素养,让学生的"听、说、读、写"能力得到锻炼,这样才能够体现出混合式学习给课堂教学带来的益处,这也会让学生的语言能力得到较快的提升。

(三) 营造良好的语言学习氛围

在具体的学习过程中,教师需要为学生创造良好的语言学习氛围,创造舒适愉快的学习环境。它可以使学生更灵活地思考和放松,鼓励他们更多地参与各种学习活动。值得注意的是,教师通过营造良好的学习氛围可以潜移默化提高学生的英语能力。混合式学习模式将以更多学生自愿探索和互动的形式进行,它以学生为教学主体,让学生在学习过程中拥有更高的灵活性和思维独立性,逐步加强学生的语言技能。

三、结语

"双减"对课堂教学的质量提出更高要求,对教师的专业素养和综合素养提出更高要求,一线教师需要"做教育教学的研究者""课堂提质的探索者",激发学生的学习兴趣,探索现代高效课堂改革。混合式学习模式就是一种有效的教学方法,有助于培养学生的学习能力。在小学英语教育中融入混合式学习模式是十分必要的,面对当前小学英语教育上的巨大问题,考虑到传统课堂和网络环境的有效融合,优化英语教育设计和优化学习方式,两者相互促进、取长补短,从而完善教学手段,促进学生英语学习能力的提高。

泡小西区　王　敏

新时期小学英语线上线下混合式教学模式
的应用和探索

摘　要:"线上线下"融合教学模式相较于过去的教学有着明显的优势。其有效地打破了时空等因素对教学开展的限制。用线上教学弥补线下教学的缺陷,使二者之间形成有机的联结,达到相辅相成、相互促进的目的。在这过程中,教师也要积极提升自己的教育理念,结合学生实际情况和教学需要开展教学。对于教材也不能像过去一样照本宣科,应将课本知识融于新的教育形式和教育方法,促进"线上线下"混合式教学模式的发展。

关键词:线上线下　混合式教学　小学英语

一、理念革新，促进发展

在素质教育推进的过程中，课程的教授方式与渠道也在不断地进行改革。线上教学作为一种全新模式为教学带来了巨大的变革。但完全抛弃过去线下的教学方式又该如何保证学生的成绩，为了让学生在知识和精神层面都富足起来，这也成了一大难点。总的来说要做到以下几点：一是要革新自己的思想，不能用老旧的方式进行刻板化教学或停留在自己的舒适区里；二是把握好新技术的学习和融合，教师要努力提升除教学之外的其他能力，不仅要熟练掌握基础的演示软件，也要能够将这些知识与教学实践进行结合，丰富课堂；三是做好和家长之间的良性互动，引入家庭的监管，帮助学生养成良好的学习习惯，将线上教学和线下课堂实践相融合。线上线下融合教学的是应时代而生的全新模式，在发展的过程中必然会遇到阻碍。教师要不断地革新自己的理念，促进发展。

二、利用线上练习，有效评价

（一）多样线上练习，巩固知识技能

练习是教学重要的组成部分。难易得当的习题不仅能帮助学生巩固知识，还能提升学生的学科素养。因此，教师要依据课时内容精心设计每堂课的练习。如何利用好线上平台合理给学生布置作业值得教师思考。低年段学生主要进行听说练习，可以根据乐教乐学布置课本点读。对于中高年段的学生，除去朗读学习与检查，更注重语法、句型的练习。同样，教师也可以根据教学内容在乐教乐学平台的"学习通知"选项中选题布置练习。平台上，练习形式多样、资源丰富，有课后同步练习、听力检测等。在课后同步练习中可以选择单选题、连线题、阅读理解、填空等形式的题目，并快速生成练习卷形式。线上练习题库十分强大，题型也很丰富，练习由易到难细分了五个层次，可供教师布置有针对性的练习。

（二）多样反馈与评价，激励学习兴趣

在线下教学中，教师常常利用课上或课下时间检测学生口语的准确性。线上学习期间由于空间限制，教师无法面对面检查学生朗读的准确性，可以利用乐教乐学平台布置录音或多媒体作业，学生上传朗读或背诵语音或视频，方便教师检查与反馈，教师对朗读得好的同学可以发送小红花和鼓励性评语。对朗读存在问题需要纠正的学生，也可以利用乐教乐学平台的评价功能发布评语。

随着信息技术的不断发展，目前已处于大数据的时代，教师也需要对后台数据进行分析系统，列举了单个题目的全班答对率、错题率。以往针对高错误率的题目，教师需要在班级进行集体讲解。但也存在时间消耗大的问题，有的题目虽然全班正确率高，但还是不乏学困生理解消化不了，需要教师讲解。学生在提交作业后，系统自动批改作业，批改结果会自动发送给教师和答题者，教师能清晰地看到全班的作业情况，学生也能及时收到反馈。对于教师不会订正的错题学生也无须焦虑，题目下面就有详细讲解，就像面对面的教师在贴心讲解，这是线上平台独有的优势。

（三）线上调查，及时掌握学生情况

每个学生由于生活环境和先天接受早教的情况不同，身心发展和学习能力存在一定的差异性。教师只有了解了学生的基本情况，才能制订合适的教学计划。而有些性格内敛、不够自信的学生通常不愿意和教师、家长沟通太多，致使师生之间总有一道模糊的壁垒。因此，教师需要改变传统的方式，借助现代技术来获取学生的基本情况和检测他们的英语学习情况，如钉钉的使用让线上教学和沟通更加方便，在同一个钉钉班级群内教师可以发布教学任务，学生可以反馈学习情况。学生可以在钉钉群内表达自己关于英语学习的想法，喜欢什么样的学习方式，以及还有哪些内容不懂的等。在新型冠状病毒肺炎疫情期间，钉钉的使用率非常高，这也让小学英语线上教学看到了更多的希望。教师通过钉钉直播教学可以及时掌握学生的学习需求，根据需求创新自己的教学方式。此外，教师可以在教学开始之前出一套检测题放在平台上，包含笔试和口语人机对话，让学生用空闲的时间完成。这样教师可以知道大多数学生的英语处于怎样一个水平，有什么问题是大多数学生都有的，从而及时调整自己的教学计划。同时，教师在授课结束后也可以出一套学堂检测，及时查看学生的学习情况，有什么问题是还没有解决的，这样可以在下节课前再讲解一次。

三、结语

掌握好这一门外语对学生个人的发展有重要作用。一方面拓宽了学生的视野，提高了学生的综合素养；另一方面也促进了不同文化之间的交流。因此，要提高英语教学效率就必须将线上和线下的教学模式结合起来，促进小学英语教育向科学、高效的方向发展。

泡小西区　王　敏

混合式教学环境下培养小学生自主学习的策略研究

摘　要：混合式教学环境下的大数据分析、可视化识别等功能为促进小学生自主学习提供了技术支持。本文分析了此环境下培养小学生自主学习的六大策略：教师主动引导策略；可视化识别，大数据分析策略；任务驱动，个性化学习策略；资源共享，互助互启策略；打破时空，反馈跟进策略；家校互通，共同培养策略。

关键词：混合式教学环境　小学生自主学习　策略研究

一、研究背景

（一）教育信息化的趋势

《国家中长期教育改革和发展规划纲要（2010—2020 年)》中明确提出："信息技术对教育发展具有革命性影响，必须予以高度重视。"国务院副总理刘延东在第二次国际教育信息化工作电话会议上的讲话中指出："依托信息技术营造信息化教学环境，推动教学理念、方式和内容改革，创新人才培养模式，促进因材施教、个性化培养。"

教育信息化是实现区域教育跨越式发展的重要途径，学校所在区域——成都市青羊区高度重视教育信息化建设，秉承先进的教育理念，不断开拓创新，积极发展"智慧教育"，加速信息技术与教育教学深度融合。

（二）自主学习的重要性及缺失

自主学习是学生积极、主动、自觉地从事和管理自己的学习活动，对自己的学习风格和策略有很好的了解，采取各种措施使自己的学习状态达到最优，在整个学习过程中尽可能对学习的各个方面做出选择和控制，是由学生自我掌控独立开展的学习活动。

自主学习一直是教育学和心理学共同关注的一个重要问题。在教育学领域，研究者把培养学生的自主学习能力作为一项重要的教育目标。[1]《基础教育课程改革纲要（试行)》年到基础教育课程改革的具体目标包含："强调形成

---

① 庞维国. 论学生的自主学习［J］. 华东师范大学学报（教育科学版），2001，20（02）：78-83.

积极主动的学习态度；倡导学生主动参与、乐于探究、勤于动手。"可见自主学习的重要性。

但在传统课堂中，学生自主学习现状存在以下问题：教师对学生自主学习意识的培养和策略的引导不足；学生可供自主选择的学习内容和作业较少，较少学生能主动制定学习目标，并根据目标对自己的学习过程进行调整；学生的元认知能力较弱，不能准确地对自己的学习结果进行评价，不能较好地根据结果对学习活动进行调整。

二、混合式教学助力培养小学生的自主学习

混合式教学是指把传统学习方式的优势和数字化或网络化学习的优势相结合。泡小西区的混合式教学是以教师教学指导为前提，学生在传统课堂教学环境和以"云平台＋移动互联网＋个人学习移动终端"建构的虚拟教学环境中开展的教学。

自主学习分为三个方面：一是对自己学习活动的事先计划和安排；二是对自己实际学习活动的监察、评价、反馈；三是对自己的学习活动进行调节、修正和控制。[①]

有研究表明，在基础教育阶段，混合式教学改变了教师的教育观念，提高了教师的教学创新、教学反思、资源开发应用能力；改善和提高了学生的学习态度、学习方式和学习兴趣，提升了学生的信息素养、思考与解决问题的能力。[②]最主要的是混合式学习能满足学生的个性化需求，让每个学生拥有更多的学习自主权和参与合作权，使更多的项目学习成为可能。同时，混合式学习也能通过大数据、可视化识别等技术帮助学生顺利地开展自主学习，设定学习目标、调整学习活动、与同学合作交流；能通过开放的大规模的在线学习资源让学生随时随地学习，实现真正的学习转型，因此，混合式教学可以成为自主学习的"教学支架"。

三、混合式教学环境下小学生自主学习培养的六项策略

（一）教师主动引导的策略

学生要进入自主学习过程，需要教师有意识地加以引导。教师需要鼓励学

---

① 庞维国，2001. 论学生的自主学习［J］. 华东师范大学学报（教育科学版）（2）：78-83.
② 杨滨，2015. "一对一"数字化教学改革教育实践效果研究［J］. 电化教育研究（5）：96-107.

习者最大限度地为自己的学习负责任，制订分解目标与计划，找到适合自己的学习方式，并引导学生在学习过程中不断反思、调整，努力实现自己的目标。

1. 教师利用微课或课前测引导学生准确定位学习目标

在混合式教学环境下，教师可以通过数字化平台发布预习微课或课前测，在学生进行自主预习时，可以对即将学习的内容和目标有一个大致的了解；完成课前测后，学生可以清楚准确地知道自己知识的薄弱点，从而在课前准确定位学习目标。

2. 教师利用数据反馈引导学生了解学习目标的达成度

在学生定位学习目标后，教师鼓励他们在课堂上陈述自己的目标与计划，引导他们呈现自己的思维过程。学生通过这个过程，提高对自己学习计划与策略的认识，评估所采用的学习目标与计划的可行性及学习策略的合适程度。同时，教师在课堂上对所有学生进行课中测，能准确地了解每个学生对教学重难点的掌握情况，从而引导学生了解自身学习目标的达成度。

3. 教师引导学生选择个性化的学习策略

评估学生所采用的学习目标与计划的可行性及学习策略的合适程度的同时，教师在课堂上对所有学生进行课中测，能准确地了解每个学生对教学重难点的掌握情况，从而引导学生了解自身学习目标的达成度。

教师充分利用课堂时间，结合教学，有系统地介绍学习策略，引导学生思考、选择并应用学习策略，如认知策略、元认知策略、资源管理策略等。学生学会根据具体情况正确选择和运用不同的学习策略，与同伴互相分享借鉴，通过反复的思考与实践，找到适合自己的行之有效的学习策略。

（二）可视化识别，大数据分析策略

可视化是指通过计算机的处理技术，将数据转化成图形，它在学生的自主学习过程中起到了一定的辅助作用。

1. 录屏、回溯功能使思维外显，帮助学生回顾反思

小学生的认知发展主要处于皮亚杰认知发展阶段理论中的具体运算阶段，推理思维能力往往局限于具体情境或熟悉的经验，需要借助具体的形象进行。因此，小学生不能很好地抽象性地对自己的学习过程进行回顾、反思，但"一对一"数字化环境能自动记录学生学习的历程，平台的回溯功能，能将学生带回到课堂教学的情境。学生能根据此功能查看自己真实的学习过程，反思、找出学习过程的优点和不足，及时调整，也可以和教师或家长一起查找问题出现的环节。这样，学生的困惑能得到针对性地、全面地解决。

同时，录屏功能、摄像功能动态地可以记录下思维外显的全过程，供学生

随时查看、思考。如图7-4所示，一堆萝卜分给三只小兔，可能每个学生分出来的结果是一样的，但每个学生在自主学习的过程中，思维方式是不一样的，所以教师能利用"一对一"数字化环境，把学生静态的思维结果动态化，使动态的思维过程外显，支持学生自我反思和班级集体反思。

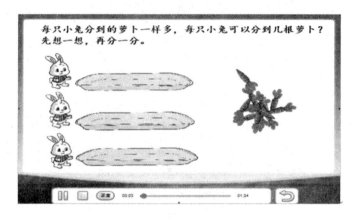

图7-4　互动题板记录学生操作轨迹

2. 大数据科学分析，指导学生反思调整

通过课中测的结果，能准确地了解自己对学习重难点的掌握情况，进而随时调整学习状态。如果学生达成了目标，则可以进行下一步的学习；如果未达成，则需要调整学习方式或请教教师与同学，及时解决学习困惑。同时，平台能采集学生学习过程的数据，提供学情分析和学习诊断报告，准确定位学生思维的问题或瓶颈所在。学生能直观地查看自己的成长报告，科学准确地了解自己在学习过程中的优势与不足，横向了解自己与同学的区别，纵向了解自己现在与过去的区别，自我反思、查找不足，促进学生自身进行反思调整。

（三）任务驱动，个性化学习策略

1. 任务驱动，协同学习

任务驱动是指在学习过程中，学生在教师的帮助下，围绕一个共同的任务活动中心，在问题驱动下，对学习资源积极主动应用，进行自主探索和互动协作。基于课前发现的真实问题，学生朝着不同的目标、按照不同的分组、利用不同的资源、采用不同的方式，开展协同学习，发展协同学习力。

2. 个性化内容，促进自行调控

混合式教学环境能提供多种类型的学习任务，如前置性学习的微课、课中的分组活动、课中测、课后的分层作业等。因为学生个体之间的认知水平和学习能力是存在差异的，所以数字化学习环境能较好地满足学生的差异化学习和个性化学习，学习能力较强的学生可以先学先试，选择较难的学习活动，根据平台大数据的分析和反馈及时调整学习内容与进程；学习能力较弱的学生可以参与到小组合作中，和同伴协作完成学习。适合学生水平和能力的学习活动更能调动其学习的内在动机，提升学习兴趣与自我效能感，学生根据自己的能力、进度开展自主学习，提升自我调控力。

（四）资源共享，互助互启策略

在混合式教学环境中，学生可以通过平台读取教师发布的核心任务，并积极参与，任务提交后，每个学生的想法都能真实呈现，而呈现出来的想法展示了个体思维的差异性，为学生提供了互相剖析、理解、辩论的好机会，能较好地促进学生之间的协同学习。学生的作品都可以上传至班级空间，作为再生资源供学生之间互相学习、互相评价，进而改进自己的学习活动。同时，学生也可以在班级空间里发布自己的学习困惑，学生可以在教师的指导下相互答疑解惑，及时解决或反馈问题。

混合式教学环境下，学生可以构建基于师生互动、生生互动的学习社交生态圈。这样的互动方式打破了传统课堂师生交流的局限，扩大了交流范围，更好地促进了师生互相交流，生生互助提高。如图7-5所示，这名学生有清晰的学情定位，有适当的分层任务，有思维过程的外显和数据分析，她的自主学习围绕真实的问题展开。课堂上，她和教师之间有互动，与同学之间有互动，与资源之间有互动；课堂外，她在班级空间里和同伴进行互动，形成学习社交生态圈。

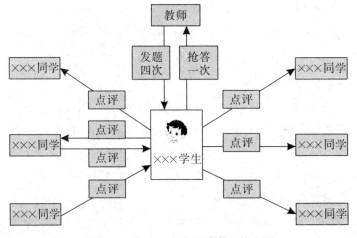

图7-5　师生、生生互动学习社交圈

（五）打破时空，反馈跟进策略

混合式教学环境能构建学生学习的全新样态，能突破传统课堂教学时空的限制，让学生的学习并不因为课程结束而终止。课后，学生可以在学习空间翻阅课堂学习记录与反馈，可以重复学习，根据学习诊断报告对学习活动进行完善，或主动寻求帮助，或进行课外拓展学习。这能帮助学生对自己的认知活动进行积极而自觉地监视、控制和调节，有利于培养学生的自主学习元认知，培养学生良好的自主学习习惯。

如图7-6所示，兰××同学通过课堂内外教师的引导、任务的驱动、同伴的互助，对自己个性化的学习目标、达成路径已经有了清晰的认识。她利用网络学习空间回溯课堂、扩展学习、自我评估的功能，根据自己的能力和进度，选择适合自己的资源和途径，开展自主阅读32次，拓展应用46次等，促进真正意义上的自主学习、自我调整、自我评价，实现自我提升。

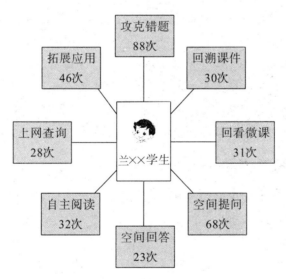

图7-6 学生自主学习记录

（六）家校互通，共同培养策略

泡小西区通过营造混合式教学环境，将家长发展为课题研究的参与者和学生学习的组织者。混合式教学环境为每一名家长提供家校互通空间，使学生的自主学习可以在创新的家校共育方式下开展。家长通过空间能够查询学生的班级公告、课程表、学习活动情况、作业完成情况、考试成绩、综合素质评价结果等，实时掌握学生学习的情况，为学生在家自主学习能力的培养提供有针对性的监督与指导。

通过创新有效的家校互通，家长理解、支持并参与本课题研究，对学生的自主学习行为进行监控、督促，间接地提升了学生的自主学习力。

泡小西区　戴志容　陈丹丹

信息技术支持下的教学流程变革研究

摘　要：教育信息化是教育现代化的基本内涵和显著特征。学校应聚焦新时代对人才培养的新需求，强化以能力为先的人才培养理念，将教育信息化作为教育系统性变革的内生变量，支撑引领教育现代化发展。然而反观当下，在教育信息化进程中，新技术与教育教学还未真正做到深度融合，技术运用流于形式，表面"积极""活跃"的技术应用难以调动学生思维和行为的自主及深度参与。

本文总结了泡小西区从交互式电子白板的全面使用，到构建"人人通"学习型社区的实践，一直致力于在混合式学习环境中探索技术与教育教学深度融合，推动教学模式与学习方式变革。

关键词：信息化　教学变革　深度融合

一、变革教学流程

学校经历了交互式电子白板教学应用研究、"线上－线下"翻转式教学研究、"课前导学－课中研学－课后共学－课外拓学"教学研究阶段，探索出"课前－课中－课后""线上－线下""导学－研学－共学－拓学"深度融合的教学流程。在此流程中，"导学""研学""共学""拓学"存在于课前、课中、课后三个阶段。"导学－研学－共学－拓学"教学流程打破了课堂界限，链接了课内与课外、校内与校外；有效整合了线上技术与线下教学的优势，实现线上线下教学资源、教法、学法等融合，有助于推动学生的自主学习、提高教学效益（见表7－1）。

表7−1 立体"导学−研学−共学−拓学"教学流程

	导学	研学	共学	拓学
课前	搭建支架,激发兴趣:教师提供在线配套资源、导学单、课前测等;师生线上交流;基于反馈数据了解学情	自主学习,质疑存疑:学生独立线上或线下完成任务	思路共享,观点碰撞:学生线上发布问题、想法等,线上与同伴、教师交流,线下与家长交流	自主拓展,资源共建:收集资源、丰富认知
课中	靶向发力,消解冲突:教师答疑解惑、以任务单驱动学生探究;通过课中测精准指导重难点突破、生成反馈;情感鼓励	自主探究,发表观点:学生思考、学习,表达想法	同侪互助,群智共建:学生线上线下交流、成果展示,促进团队知识建构	聚焦核心,深度学习:认知结构化,思维拓展
课后	分层指导,关注个体:教师设计拓学单;再生学习资源;学习结果的评价反馈,差异化指导	探究生疑,反思交流:学生提炼学习成果,独立完成作业	横向协同,热点共议:针对学习成果的进一步交流	伸展学习,差异发展:横向拓展,纵向深研,迁移应用

　　教学流程不同于之前的教学流程,"导学"不只存在于课前,"研学""共学"不只存在于课中,"拓学"也不只存在于课后,它们均存在于课前、课中、课后每个阶段。在课前、课中、课后三个阶段,在教师"导学"的基础上,学生均需要"研学""共学""拓学"。此教学流程充分发挥以教师为主导、以学生为主体的作用,以"学生的学"为重,尊重学生的情感和需求,充分引导学生的自主探究、深度学习。

　　课前、课中、课后每个阶段均有"导学""研学""共学""拓学",但每个阶段的侧重点是不一样的。课前的"导学"侧重于通过教师搭建教学支架指导学生进行前置性学习、提出疑问,通过课前测精准确定学生的知识起点;课中的"导学"是基于任务单对学生的课前疑问和知识薄弱点的导学;课后的"导学"是基于学生疑问是否解决的课中测结果而设计的拓学单,既可来自平台智能推送,也可是分层"作业超市"或学习平台资源,供学生选择性学习与拓展。

　　课前的"研学""共学",更多的是学生独立自主地利用线上线下资源进行学习,提出疑问,线上与同伴、教师交流,线下与家长交流,对学生的学习力提出了很高的要求。课中的"研学""共学",学生在教师的引导下,解决前置性学习中提出的问题或完成教师设置的问题。课后的"研学""共学",学生修改、完善、提炼自己的学习成果,或生成新的学习疑问,为下一节课做准备。

课前的"拓学",侧重于学生在完成课前预习和课前测的基础上,线上线下搜索资源,与同伴、家长共建学习资源。课中的"拓学"是学生完成学习的体系建构,形成立体的、更丰富的认知结构。课后的"拓学"是学生根据已有学习成果开展自适应学习,深挖教材的知识点,拓展自己的知识面,并将学习成果迁移应用。

案例:

语文学科的"导学-研学-共学-拓学"教学流程

在五年级《红楼春趣》一课中,教师在课前通过平台发送"导学单":了解课文的出处、作者、章节、主要内容等信息。学生根据任务单的要求,通过自主读课文、查资料、询问家长、上网搜索等方式收集相关信息,自主选择图片、文字、视频等多种形式,在班级空间中发表自己对课文中贾宝玉这个人物形象的初步感知,并围绕题目中的"趣"字,在课文中找到让人感兴趣的地方,进行圈点、勾画、批注,拍照上传至班级空间;学生在自主完成导学单后,在线查看同学的前测反馈,并且在空间里与同学就人物形象感知的论点和论据进行分享、交流、讨论、评价、建议,同时在评论区广泛交流自己感知到的"趣"。教师在线梳理学生的学习成果,发现学生对贾宝玉形象的评价单一,对文中的"趣"感知不够细致。根据小学古典名著教学以激趣为目标的要求,教师将"体会人物性格特点和关系""感受《红楼梦》之趣"作为教学重点。

课中,教师指导学生结合前置学习中习得的知识,对文中贾宝玉形象展开交流,在交流过程中适时指导学生就论点、论据、论证三要素进行表达,提高学生的分析能力。学生在解读贾宝玉形象的过程中发现文中人物有阶层的不同,引发讨论。教师在线发布"金陵十二钗"名册,指导学生通过勾画文中出现过的人物、小组合作交流讨论人物的异同,在朗读和分析中体会不同阶层的人物关系;引导学生自主学习和欣赏文中的人物之"趣"、物品之"趣"、习俗之"趣",并自主选择相关学习材料,进一步了解《红楼梦》中的人物、建筑、服饰、饮食、医学等博大精深、丰富多彩的元素,激发学生深入研读《红楼梦》的兴趣。

课后,教师提供可选的渠道,引导学生根据自己的兴趣点,自主选择想要进一步研究的方向如建筑、饮食等,并将研究的过程、研究的结果、佐证的材料等汇总形成自己的研究报告,发布到班级空间里,并与同学进行讨论共建,激发学生研读《红楼梦》和其他名著的兴趣。

二、实现技术与教学深度融合

泡小西区发挥省级现代教育技术示范校技术优势，变革传统模式，实现了信息技术与教育教学的融合。

（一）技术伴随式采集数据，记录教学全过程

技术能记录学生的学习历程、思维外显全过程（如图7-8所示），帮助学生回顾自己真实的学习状态和过程，支持自我反思；记录学生测试的正确率，为教师调控进程、学生反思调整提供技术支持；记录学生上课发言情况、被表扬次数、作业时长等，帮助教师全面关注学生参与学习的身心状态。

图7-8　利用互动题板录屏功能外显学生的思维过程

（二）技术支持数据的即时反馈与进程的动态调控

通过伴随式的数据采集和自动化的数据分析，及时反馈学生的思维过程、认知增量与个性化问题，教师根据学生的学习效果动态调控教学进程，调整教学方式，实施针对性指导，满足不同潜质学生的发展需要（如图7-9所示）。

图7-9　班级课业数据反馈

（三）技术支撑学生线上线下跨时空学习

技术实现了课程资源的广域化组织、教学组织方式的重构、师生关系的转变，进而扩展了学生学习讨论的途径、形态与广度，学生可以不受时空限制地进行课前课后学习，使学生的学习链接知识世界、生活世界和个体经验情感世界。

三、实践反思

这是一场从适应性调整到深层次变革的课堂教学变革，泡小西区经历了由量变到质变的过程。在这个过程中，泡小西区始终秉承着"教师主导、学生主体"的原则，从单班试点到不同年级多个班级的应用，从语文学科和数学学科的尝试到全学科的推广应用，从组织个别教师先行到全校教师积极响应，激发了学校将此原则贯彻下去的信心。由起步阶段课堂形式变革的热闹彷徨到确定原则后进入改革深水区，学校这条线上线下融合教学的探索之路，走得坚定且执着，实践证明这是值得推广应用的。但是在混合式教学中，还有很多值得进一步探索的，如教师信息化专业素养的提升、学生创新能力的培养等。

泡小西区　戴志容　陈丹丹　杨明忠

混合式教学环境下音乐欣赏课体验式研究

——以人音版小学音乐四年级上册《打字机》一课为例

摘　要：随着我国基础教育改革的深入，信息技术与教育教学的深度融合，利用新型互动媒体进行互动教学逐渐引起了关注。泡小西区一直致力于探索在混合式学习环境中如何做到技术与教育教学的深度融合，推动教学模式与学习方式的变革，培养学生可持续的终身学习力。在这样的背景下，音乐学科也一直致力于课堂变革，利用现有的技术做支撑，不断创新课堂，通过导、研、共、拓的方式来提升学生的学习力。

关键词：混合式教学　音乐欣赏课　体验式

音乐与其他学科不一样的地方在于音乐是一种听觉的艺术，音乐学科的核心是审美，美是需要听觉、视觉感知的。

在课堂实践中，基于混合式教学环境下的音乐课丰富多彩，借助信息化的工具，教师给予了学生更大的音乐学习自主权和选择权，从而实现了学习方式从被动接受转向自主、合作、探究。

以下是音乐学科基于混合式教学环境下在中高段欣赏课中进行"体验式学习变革"的一些教学实践经验。

一、传统音乐欣赏教学面临的困境

目前呈现在课堂上的大多是一种"听+析"的模式，就是教师组织学生聆听音乐，然后学生在教师的引导下分析音乐形式及其所传达的情感。虽然这种教学模式把握着"音乐是一门听觉艺术"的原则，但在教学实践过程中仍然发现存在较多问题。

首先，教师在教学中不能精准把握学情、精准施策。其次，教学活动有局限，音乐欣赏仍然是一种孤独的体验，难以形成真正的情感共鸣。最后，教学评价难以构建相对客观、全面、可持续的评价体系。

在这样的困境下，我们想要寻求突破，只能不断进行尝试。因此，我们在欣赏课中研究"体验式学习的变革"。

二、音乐课堂体验式学习的变革

（一）体验式学习

一般意义上的"体验"指通过实践来认识周围事物、亲身经历，新课标中也强调"创设学习情境，强化艺术实践"，教师要以活动为载体，鼓励学生参与创新实践体验，关注课堂生成。

（二）混合式教学环境下的"听、观、创、动"音乐体验模式构建

通过信息化环境创设，搭建学习平台，共建课程资源。在混合式教学环境架构下的新型体验式音乐课堂，从单一的以聆听为核心的欣赏模式向"听、观、创、动"体验模式转变，如在人音版小学音乐四年级上册《打字机》一课中，教师进行了全新的课堂建构。

1. 课前导学互动

课前，教师将教学资源上传到学习平台供学生自主欣赏。学生根据听到的音乐画旋律线，摆图形谱；教师可及时掌握学生的学情基础进而制定科学、有效的教学内容，同时也为课堂教学难点的突破架桥铺路。教师在课前测还做了一些尝试，如将教学难点用微课或互动题板的形式发布到网络学习空间，这样能够及时了解学生对知识掌握情况，适时调整教学内容。

2. 课中多样体验

课中，教师不再只是用语言引导学生"怎样听"，而是利用信息化手段实现内容呈现方式的多样性，在"听"中创想音乐，在"观"中感知音乐，在

189

"创"中体验音乐，在"动"中呈现音乐。

第一，在"听"中创想音乐。《打字机》一课中，教师应用技术手段，发布音乐到平板。学生戴耳机聆听音乐，学生可以自主选择聆听音乐的次数并且自行验证图形谱，做到了对音乐地充分聆听及联想，学生在互动题板上画旋律线，自主延伸。

第二，在"观"中感知音乐。在分段聆听时，教师根据乐段音的高低、时值长短制作直观的音画结合动画课件，突破重难点；学生边听音乐边观看旋律线条的走向，进而加深对音乐的感知。

第三，在"创"中体验音乐。创设丰富的体验活动，根据音乐片段编创歌词，分小组讨论并拍摄上传创编的歌词，随机挑选学生的创作并请学生演唱自己的作品，实时拍摄学生演唱课堂学习阶段成果。在课堂回放时，教师完成实时评价，引导学生提高探讨。

第四，在"动"中呈现音乐。在"音乐秀"环节中，学生伴随教师制作的动画完整表现全曲，（A段模仿打字员打字的动作，B段合作演唱自己的创作作品，A段再现段再次模仿打字员打字）展现体态律动，提升学生对音乐的感受力、表现力及合作力 。

在这个过程中师生、生生之间做到了真正的互动，教师真正做到了将课堂交还给学生，让学生成为课堂的主体，引导学生合作探究突破教学难点。

3. 课后个性选择

课后，通过交互工具，学生个性化展示学习成果。网络学习空间发布学习成果范例，激发学生巩固已学知识的兴趣。架设网络平台，供学生展示课后拓展学习成果，并进行自评与互评。

三、混合式教学环境下"听、观、创、动"体验模式的实践意义

第一，学生体验的渠道拓宽了，感受音乐的方式增多了 。

第二，学习资源的共建共享、课堂对话的交流与合作、课堂活动的共同参与让师生、生生之间的关系更加和谐。

第三，学生体验式的学习是静态向动态的转变，在这个过程中，学生唱一唱、画一画、说一说、动一动、做一做，课堂氛围也变得活跃，还能生成实时动态数据，生成教学评价，汇总成学生个人的音乐成长档案。

通过教学实践，我们发现混合式环境下体验模式教学为构建发现、探索、协作、创造及评价机制创造了有利条件，有效提升了学生的学习动力。

新型冠状病毒肺炎疫情期间，教师采用学科线上教学的方式，自制微课发布到学习平台，学生自主学习并上传学习成果，进行自评与互评，学生学习兴趣浓厚，真正做到了"停课不停学"。

在推进美育的进程中，相信基于混合式环境下的音乐课堂会更有声有色，也更有温度。技术为课堂服务的，教师应立足于课堂更多地发挥其潜能，让其更好地为师生的教学服务。让学生觉得音乐学习是一件有趣的事情，让音乐课堂成为学生享受艺术、享受美的殿堂。

泡小西区　董　艺

基于核心素养实践以美育人和信息化
环境下的美术课堂实践

摘　要：基于美术学科核心素养要求，在以美育人的前提下构建美术课堂高效实施的新样态。现代教育技术的应用和美育思想多维度合力形成美术课堂的新思维、新的建构方式和样态。教育智慧云平台应用，在图像识读中进行审美判断，践行以美育人。视频微课综合应用，在美术表现中实现审美判断与文化理解的共同作用，达到以美育人。电子交互设备的应用，使以美育人在审美判断教学实践中自然流露。图片视频结合，模拟实践，在实践中以美育人。多维综合应用与文化理解在美术表现中提升了以美育人的高度。

关键词：信息化环境　以美育人　美术课堂

2020年10月，中共中央办公厅　国务院办公厅印发的《关于全面加强和改进新时代学校美育工作的意见》中强调：义务教育阶段注重激发学生艺术兴趣和创新意识，培养学生健康向上的审美趣味、审美格调……在学生掌握必要基础知识和基本技能的基础上，着力提升文化理解、审美感知、艺术表现、创意实践等核心素养……[①]由此可见，美育已经上升到国家层面的高度。作为美育的重要实施阵地，学校美育开展的主要途径为课堂教学。在课堂教学中，基

---

① 中共中央办公厅　国务院办公厅. 关于全面加强和改进新时代学校美育工作的意见（2020）[EB/OL].（2020－10－15）［2022－05－07］. http://www.gov.cn/zhengce/2020－10/15/content_5551609.htm.

于美术教育的核心素养培养显得尤为重要。《普通高中美术课程标准》对美术学科核心素养是这样描述的："美术学科的核心素养，即图像识读、美术表现、审美判断、创意实践和文化理解。"① 基于美术学科核心素养，在着力以美育人的前提下构建美术课堂高效实施的新样态。美术学科核心素养在具体的课堂实践中，它不仅仅是单方面某个领域的具体呈现，而往往在实施过程当中是各类素养进行交叉实施的。在具体实施的过程中，现代教育技术手段，如云平台、网络资源、微课、电子交互等的应用在课堂审美中也起到了积极的作用，使以美育人在美术课堂实践中有更多的资源。

一、信息化环境下依托深厚的文化背景，运用丰富的素材在图像识读中进行审美判断，践行以美育人

主题题材选择的内涵美加上云平台资源的综合引用，会让教师的审美引导丰富而有深度。主题的选择及与主题相关的素材的整理筛选会决定我们整堂课的文化内涵和审美方向。如在上课主题选择当中的《美丽的藏式珠宝》，是以藏文化作为背景，在开课时与学生进行互动和展示，充分的欣赏了藏式珠宝，它的材质、创作的形式等呈现的别具一格的美，引导学生在过程当中去品读，这是学生对图形识读能力的一种锻炼，也是一种藏民族文化的浸润，是一种直观感受的美，丰富的素材能够让学生感受藏式珠宝的美。在这个过程中利用网络平台直播上课，实现云平台互动，更大的促进美育实践范围，促进以美育人。

在《年年有余》一文的教授中教师虽然主题技法是水墨画，但是在素材和主题选择上，以视频介绍谐音文化入手，涵盖了对剪纸艺术、年画艺术、布艺、陶瓷等方面的渗透，不同的艺术表现形式呈现以鱼为主题的艺术品或民俗品，让学生对鱼文化本身有比较充分的感悟。网络引用视频和图片展现的丰富的素材能够让学生充分的在文化氛围中体会民族特色、民俗的美，结合品读《山海经》等对鱼的描写，更丰厚了学生对"鱼"的美感。这个过程中唯美的现代网络资源（视频、图片）的运用，极大地丰富了学生的眼界，使以美育人更有广度和深度。

---

① 尹少淳. 尹少淳谈美术教育［M］. 北京：人民美术出版社，2016：163.

二、信息化美术课堂推陈出新，挖掘独具特色的表现技法，美术表现中实现审美判断与文化理解的共同作用，达到以美育人

通过各具特色的美术表现方式，在课堂互动中引导学生体验美。课堂在呈现和实践中对艺术表现形式精心的思考，视频微课呈现表现手法的制作流程、艺术效果，学生的参与度等都做精心的安排。教师在引导学生体验式审美的同时，又能深化学生课堂主题，达到传承文化及以美育人的目的。

如《熊猫戏水墨》，对于墨色变化、用笔变化，在了解基础技法的基础上，让学生体验用笔墨表现憨态可掬的熊猫，主题趣味加上技法趣味，及构图上的充分引导，就能呈现一个充满稚趣的水墨画课堂，让学生充分感受中华传统优秀文化中独特的美。视频微课在用笔方式、用墨技巧的演示中，轻松突破水墨画技法应用的难点，为学生的画面表现铺平道路。

在《橙色的画》中，通过信息化平台调动听觉、视觉等多重感官，通过比较、讨论等审美方式，微课演示油画棒等简单传统的方法绘制、体验橙色画面，最后以彩灯的方式进行集体呈现，这样让传统技法上升到了一个文化品位的高度，让学生在这中间品读到的不仅仅是一个简单技法，更重要的是学会利用一些现代的元素，学会团队协作，同时引导学生感受传承千年的灯彩文化。综合应用微课等现代手段，实现以美育人的目的。

三、信息化美术课堂带动多重感官多维思考，审美判断中的图像识读和文化理解综合作用，使以美育人在教学实践中自然流露

通过课堂中的趣味引导和丰富的互动方式促进学生进行有效的审美判断。在《字说字话》中，教师通过出示图形和动画让学生观察猜测含义、分组讨论图形的含义等方式，都是为了促进学生在依据主题下的直观审美和基础审美的情况下进行审美判断，无形中建立学生对远古文化的认识和理解，实践以美育人。开课时的视频微课互动、课中手机互动屏的展示，在课堂中实现及时反馈互动，在课堂中促进学生及时理解和强化主题，为完善作品和提升审美育人的高度做了充分铺垫。

在《刻印的乐趣》一课中，教师采用了触摸试印、观察介绍等多种的互动方式，通过对资料进行品读分析、视频展示等方式，多视角、多感官的刺激，让学生对美的感受和判断更加充分和深入。这期间教师再进行恰当的引导，联系到四大发明之一的印刷术，升华其民族自豪感，从而达到以美育人的目的。当然，这个过程中不仅是以美育人，还丰富了知识和文化内涵。电子交互设备

的应用，促进学生多维度的审美，使以美育人在审美判断教学实践中得以自然流露。

四、信息化美术课堂中展现时代精神，创意实践在图像识读和审美判断中进行，在作品的创新表达中以美育人

富有特色的创意实践方式能引导学生充分体验和实践，在进行创意实践的过程中，使学生的审美素养得到浸润与升华。

在《20世纪的艺术大师——马蒂斯》一课，教师通过信息化平台下的平板拼图游戏的方式让学生体验创意美，多种方式的互动，体会创新过程：首先让学生尝试进行板演拼图，接着教师调整学生的拼图并进行评论，再结合学生的作业评论同类型的马蒂斯其他作品，在体验和比较中创新意识得到强化。在学生创意表现前进行微课剪纸示范，使学生的创意表现方向、作品意识、美的元素进行综合整理。在这个过程当中教师起到的作用是对学生创意表现的一种启迪和引导。有了观察和初步体验，学生对马蒂斯的作品有了审美感悟，之后，学生可以创造性地把马蒂斯作品中的夸张、简洁、抽象与色彩应用对比强烈等特点用到自己的作品，明显地看到构成感、现代感和强烈的色彩对比，学生在这创意表现过程当中，对美的追求和实践逐渐得到完善。以美育人在创意表现过程中得到了全面地呈现，复合图示结合微课视频实现了图视结合，现场互动模拟实践，在美术课堂中展现时代精神。

五、信息化环境下传承传统文化，解析美的元素，文化理解在图像识读中进行审美判断分析，在美术表现的感悟中提升以美育人的高度

从文化的角度观察和理解美术作品、美术现象和观念，使学生的审美素养在广泛的文化情境中得到浸润和发展。如在《墨竹重生》一课中，教师以书入画的观察和体验方式，让学生在水墨画氛围中感悟民族的精神文化，感受以书入画的审美趣味。在这个过程中，学生不仅仅是体验用水墨画竹，更多的是感悟竹在传统文化中的精神和寓意，达到以美育人的目的。课中，将图片与视频结合并将书法、绘画对照审美，促进了对"以书入画"传统的理解，多维结合微课示范等方式，进一步提升学生对传统水墨画文化的理解。

如《蜀锦中的团窠纹》通过丰富的视频和图片对蜀锦进行介绍，图片视频欣赏互动、艺术作品分析思考多维度的综合让学生对团窠纹的理解沉浸在蜀锦的文化氛围中，自然而然的感受团窠纹的造型、色彩、纹样的美，通过对骨式

分析、纹样及色彩分析，进一步强化对蜀锦的文化审美的理解、对我们民族民间文化的自豪，从而让以美育人在无形中得到诠释。

课堂中以"美"为一个核心关键词，在图像识读中进行审美判断和文化理解，在创意实践中进行美术表现、审美体验、传承传统文化等，这些方式既基于核心素养，又能达到以美育人的目的。美术课堂实践在信息化环境下，在具有时代精神的审美内涵中开拓进取、勇于创新，层层推高美术课堂的品位和育人层次，实现美育价值。现代教育技术的应用和美育思想多维度合力形成美术课堂的新思维、新的建构方式和样态。

泡小西区　秦　伟

混合式教学环境下英语听说课堂新样态
——人教版小学英语四年级上册 *Safety* 教学改进与反思

摘　要：近年来，青羊区小学英语以"课堂革命·青羊表达——着力构建'支持学习'高效实施的课堂新样态"为主题展开研讨活动，活动以"支持学习"为核心，参赛教师从多维的角度、以多彩的风格、用多样的方法构建课堂新样态。这些高效优质的课堂可以在混合式教学下，通过课前预测、课中练习、课后作业进行以生为本更为高效的优化设计，实现线上线下优势互补、教学相长润泽课堂，促进学生全面个性发展。

关键词：混合式教学　英语听说课　课堂新样态

人教版小学英语四年级上册第五单元第一课时为听说课，新单元新课时的学习一定要帮助学生了解本单元主题，为激发学生的思维，从学生熟悉的学校规则入手，导入到本课主情境图（在家里和在街上等）关于安全规则的学习，最后详细学习本课时在家里的安全规则，并帮助学生进行精准表达。

一、混合式教学下，听说课前学习新样态

（一）问题思考

传统课上由于时间有限，不能一一倾听每一位学生的想法，不能更好地了解到每一位学生对本单元课题的已知情况。若能借助"一对一"电子书包，则能通过课前测更好地了解学生的已知，将传统"先教后学"的课堂结构转变成

"先学后教"，突出以学生为中心，这是教育革新的核心与关键。

（二）改革措施

在"一对一"数字化教学环境下，通过优学派的课前导学，创设问答题What actions are not safe at school? 并发送给学生，学生可在课前通过拍照、绘画、书写等方式上传在学校里发现的不安全行为的图片进行课前预习，这种线上预习的方式大大提高学生的学习兴趣，使人人都是课堂参与者，并充分调动学生的已知，为新课的学习做好准备。

（三）实践成效

在课前导学部分，学生以自己喜欢的方式参与学习，有学生通过各种方式上传校园存在安全隐患的照片，这种方式突出以学生为中心，让学生成为学习的主人，掌握学习的主动权，从自己的视角出发，带着自己的发现和问题进入新课的学习。教师作为学习的指导者，改变了传统的教师单向灌输，学生被动接受的学习模式。开课前，教师线上分享学生课前测作业，学生分享交流讨论，小组合作、汇报分享。这种混合式教学能将因材施教落到实处，让每一位学生的学习需求得到满足。教师更能从学生的视野了解他们对本课新知识的知晓情况，高效把握本课的教学内容和进度。

二、混合式教学下，听说课中学习新样态

在实际的教学过程中，教师引导学生在特定的语境中，结合图文信息，进行大胆思考、分析、判断、归纳，提升学生的语言素养和思维品质，并有效利用板书生成动态思维导图，呈现本课的核心内容。学生可以通过板书表达自己的观点，以此来催化学生的建构能力。但在实际课堂中，并不是所有的学生都愿意大胆表达自己的想法，教师不能很好了解学生对新知的掌握情况，也较难发现学生在学习过程中遇到的困难。

改革措施是针对有的学生不愿表达自己想法的情况，在"一对一"数字化教学环境下，通过优学派平板的截图发送功能，发送在家里和在街上的情境图给学生，并提问："What can't we do at home/on the street?"每位学生在平板上的思考痕迹能通过优学派平板的实时反馈功能回传给教师，教师可以清楚了解到每一位学生的真实想法。这给学生带来了充分的发展空间，让学生充分表达自己的意见，实现了学习个体与知识、学习个体之间的互动探究，可为学生提供互动、多维度的学习资源，真正做到由书本走向学生的实际生活。

实践成效为在家里的情境图能调动学生已知的家庭安全规则，帮助学生从

书本走进其熟悉的生活，生成更多从学生的角度理解的安全知识，共同建构关于家里安全规则的知识。在街上的情境图帮助学生唤醒已知的在街上安全规则。学生迅速准确完成任务后可生生交流，师生交流分享，大大拓展了学习空间，教师也能根据学生的反馈情况更好地以学定教。

以往教师要了解学生对本课重难点的掌握情况，只能从学生的朗读和回答问题中探测，不能全面地掌握每位学生的实际吸收情况，更不能及时发现学生在学习过程中遇到的困难，无法做到以学促教，以学定教。

改革措施是通过优学派连线题和复合题及时检测学生对本课重难点知识的掌握情况，并根据学生的反馈在教学过程中适当更改教学环节和内容，发布新的学习资料和任务。真正做到从学生出发，以学生自己的节奏学习，优化课堂教学设计。实践成效为教师利用优学派及时反馈功能，及时检测学生阶段学习效果，反馈学生本课核心知识内容掌握情况。

教师要能精准发现学生在学习过程中遇到的困难，发现新的教学难点，如在做复合题中的听音选择练习时，学生的第一遍练习不是特别理想，反映出听力输入不够。这时教师要及时放慢进度，找出原因，是学生不能认读生词？还是听力输入不够？教师要给学生更多的时间，帮助他们反复多听几遍，并再根据练习反馈，查出他们的具体掌握情况。通过学生的再次听音练习，明显看出教师慢下来并有针对性指导前后的效果对比，真正实现以学促教，以学定教。

这种以学生为中心的混合式教学在听说课中最显著的优势是学生的地位的转变，关注学生真实的听力能力，重视学生学习自觉的能动性，将教师的主导学习变为引导学习。

三、混合式教学下，听说课后学习新样态

（一）问题思考

在传统课堂中，一堂课上完就到此为止了，教师很难把握每位学生对本堂课的掌握情况，课后学生之间的英语交流也较少。若教师通过检测学生的线下家庭作业来发现问题，则比较滞后，无法及时调整并优化下一课教学内容的教学设计。

（二）改革措施

通过优学派的拍照和录音的功能，教师可以布置云端作业，学生可以在共享区发布自己的作业，由教师与学生互评，交流学习经验，同时，教师可以对某些学生进行个别辅导。

（三）实践成效

实践证明学生很喜欢这样的形式，他们觉得交录音作业更有挑战性，都想上传自己满意的作品，促进学生在课后认真用心听音，拍照上传书写作业激励每位学生用心书写。此外，生生互评的功能大大促进每位学生高质量完成家庭作业，共享区的分享评价功能促进学生主动向其他优秀学生学习，极大地提高学生课后的个性化学习。

智融课堂，慧育未来。教师在混合式教学下，应始终坚持以生为本的教学观念，将信息技术作为环境、作为手段、作为内容、作为思想融入教学，从学生的角度设计教学内容，综合考虑学生的知识储备、学习态度、学习能力等因素，在教学过程中注重培养学生的学习兴趣与学习能力，引导学生养成独立思考的习惯，并以培养学生的创新能力作为教学的最终目标。

泡小西区　杨三斯

虚实结合的小学科学实验教学改革探索

摘　要：落实实验教学是推进基础教育改革和实施课程标准的重要保证，但在日常教学中小学科学真实实验的落实还存在很多的不足，并受到时间和空间的限制。而虚拟实验使学生实验课程更灵活、更高效，解决了普通小学实验室对学生的时空限制。利用虚拟实验与真实实验相结合的小学科学实验教学，能够很好地推动传统的实验教学改革地有效提升学生的动手和创新能力。

关键词：小学科学　真实实验　虚拟实验　教学改革

一、问题的提出

新课程改革要求小学科学教师对实验进行改进，而虚拟实验是小学科学实验教学改革的前沿。真实实验具有锻炼学生动手能力、培养学生合作探究能力等不可替代的优点，那么如何设计整合虚拟实验与真实实验教学以达到最佳教学效果，成了现阶段的教学研究热点。

二、关键词界定

（一）小学科学

小学科学是融合了物理、化学、生物、地理等学科最基本内容的综合性学科。通过小学科学课程的学习，学生可以掌握关键的基础科学知识和技能，培养科学兴趣和思维习惯；了解科学探究的基本过程和方法，并应用于力所能及的科学探究活动。

（二）真实实验

真实实验是利用真实的实验器材让学生进行实践操作，通过真实的体验感受探索发现，进而加深或重构学生以往的认知结构。真实实验能够便于学生触摸观察和感知，在可控的范围内允许学生创造或试错，有利于学生动手能力和创新思维能力的发展。缺点是实验损耗较大，存在一些危险药品和器材，若学生一不小心操作失误，则会带来严重的后果。

（三）虚拟实验

虚拟实验是指借助多媒体、仿真和虚拟现实等技术在计算机上营造可辅助、部分替代甚至全部替代真实实验各操作环节的相关软硬件操作环境。虚拟实验的出现很大程度地减轻了许多教师和学校在科学实验课上的压力，比如，实验器材的过度损耗、实验经费的紧张、科学实验室的缺乏、实验过于复杂和危险等。

（四）教学改革

随着课程改革的深入，教育界对小学科学教育的教学理念有了很大的改变，也在不断研究新的教学方法，引入先进的技术手段，更好地为学生学习发展服务。小学科学课程改革也对教师的教学和解读教材能力提出了更高的要求，要求科学教师深入研究教材中实验的目标和结构关系，根据实际情况对教材内容进行适当的完善和补充，以及对教材中各种实验的不利因素进行改进。

三、虚实结合的实验对小学科学教学的作用

（一）虚拟实验是对小学科学课堂实验教学中的有益补充

随着科技的发展，多媒体已经成了日常科学教学中不可缺少的部分，多媒体的运用能够将科学原理较生动形象地展示出来。不过，当前课堂应用的多媒体技术，多以演示为主、仿真度低、交互性差，学生往往只能通过观看的方式了解实验。而虚拟科学实验以三维可视化、良好的人机交互性为突出优势，让学生能够通过虚拟技术自己操作实验步骤，进而得出结论，对科学这一学科的教学起到了良好的补充作用。

（二）虚拟实验作为真实实验的验证，验证理想条件下的实验

虚拟实验平台还可以作为正确答案库：学生搭建一个实验，提前用已经学

会的概念和模型做计算、推理，得到实验结果的预期，然后通过和平台的实验结果做比较，来看看自己用的概念模型做的计算推理是否正确。如在《声音是怎样传播的》一课中，先利用真实的实验材料让学生感受瓶子里的声音会随着空气被抽走而减小，接着让学生猜想：如果把瓶子里的空气全部抽走，使闹钟处于真空环境下，声音是否还能传播？学生猜想不能。但由于材料的限制不能实现瓶子里完全真空，因此教师借助 NB 虚拟实验平台，利用虚拟实验验证声音在理想的真空状态下是不能传播的这一结论。

（三）虚实结合，加深学生对理论知识的理解、记忆和感知

之前的科学课堂往往将实验和理论教学分开，如讲电路时，教师一般是手绘电路图，将理论知识传授给学生，但由于理论知识过于抽象，学生在理解上比较困难，加之教师手绘电路图费时费力，因此课堂效率不高。如果在教授理论知识时，能利用虚拟实验做演示教学，既方便快捷高效，又让抽象的理论及时得到验证。之后，再在实验环节让学生通过实验材料进行操作，更能够加深学生对理论知识的理解。

（四）打破时空限制，弥补真实实验的不足

虚拟实验技术可以打破时空的限制，有效地解决有限的教学时数与学习技能提高之间的矛盾。如种子发芽实验，需要学生做对比实验并进行连续几天的观察，但由于班级多、课时不足，因此有些班相应课程与绿豆发芽的时间不匹配，甚至还没来得及观察，内容学习就已经结束。可借助虚拟实验，在一堂课的实验里观察到种子发芽的过程，以及通过对比在不同的环境下种子是否会发芽，得出种子发芽的条件。当然，这节课也配合真实实验让学生自己在家种绿豆，做对比实验，观察分析得出结论，看是否与虚拟实验的结果一致。

四、虚实结合的小学科学实验教学在应用中产生误区

（一）片面夸大虚拟实验的作用，没有意识到其在小学科学实验应用的局限性

目前，在教育较发达地区，许多高校已经将虚拟实验的使用纳入了常规实验教学，但由于计算机技术的限制，虚拟实验仍存在许多不足之处。第一，虚拟实验过于理想化，实验结果也相当"精确"和"确定"，几乎不会产生数据的误差和操作的失误，学生提取真实科学实验中数据和分析问题的过程性领悟交互性欠缺，由于技术的限制，当前的虚拟科学实验是不能很好地模拟操作者对外部环境的感知的。如在《声音是怎样产生》一课进行虚拟实验时，操作者

能通过视觉看到物体的振动，但无法通过触觉感受到物体的震动。第二，平面化虚拟化，学生不能触摸实物，导致缺乏对实物的进一步的感知，也不能亲自动手参与实验的探究过程，仅能通过点击屏幕或鼠标进行操作观看实验。第三，每个学生只要有电脑就能自己单独操作，无须其他同学配合，也无须进行小组实验，小组成员之间缺乏交流沟通，科学课无法达到培养学生的合作能力的目的。

（二）科学实验课过于依赖虚拟实验，忽略甚至放弃真实实验

经调查在日常的科学教学中，一部分教师过于依赖虚拟实验，用虚拟仿真实验代替学生的探究实验，教师是让学生操作的指导者和领导者，没有让学生成为主体，学生不能够通过真实的材料感受、探索实验。小组讨论交流也减少，学生的合作探究能力无法得到锻炼。

（三）"为了用而用"虚拟技术

恰恰相反，另一部分教师却没有真正把新技术用起来，而是浮于表面"为了用而用"。仅仅是在展示课上使用虚拟实验技术，在日常教学中简单、安全损耗小的实验让学生自己动手做真实实验，而一些复杂、危险和损耗较大的实验则通过教师演示、播放视频和图片等形式让学生了解科学知识。

五、如何协调虚拟实验教学与真实实验教学的关系

（一）深挖教材，解析内容，精读课标

精读《小学科学课程标准》，明确教学目标和重难点。全面审视信息技术环境下的实验教学的结构、内容、实施等方面的问题，探寻虚拟实验与真实实验教学的整合措施。整合的设计观要求教师努力钻研《小学科学课程标准》，深入研究教学内容教材，梳理教学目标，找到知识点间的内在逻辑关系，在此基础上结合虚拟实验和真实实验设计教学，不断改进教学方式，实现最优的教学目标。

（二）合理安排，不全盘"以虚替实"

在设计的过程中要防止用虚拟实验的过程代替学生的思维和操作过程。科学实验教学决不能脱离真实实验，不能为了用技术而丢失了科学实验的特色，而是要根据学生情况、教学内容目标及信息技术水平，有机地将虚拟实验与真实实验相结合，构建教师教得轻松、学生学得快乐的科学课课堂。

（三）技能实操课程，必用真实实验，不足之处再"以虚补实"

对于那些技能操作性很强的实验内容，务必用真实实验让学生进行操作、

感知和学习。小学科学中的物理部分实验性很强，使用真实实验才能培养学生以事实为依据的科学探索习惯和动手能力，可以利用虚拟实验作为实验预习，再做实物实验，或先用实物做实验，课后用虚拟实验对原理进行验证。

（四）合理选择，提高教学效果

对于实验材料较危险，实验材料所需费用较高且容易损坏的部分科学实验可选择虚拟技术实施实验教学，既能减少损耗节省成本又能提高教学效果。

六、总结

虚拟实验和真实实验各有优缺点。对于虚拟实验，我们不可以只看重它的优点而让它完全替代真实实验，也不可以因为它不同于我们已经习惯的传统仪器的操作方式而抵触它。对于真实实验，也不能因为耗材、时空局限和部分实验危险等缺点就全盘否定。教师要有钻研精神善于接纳新事物、学习新技术、深挖新教材和了解学生特点。进而在更好地根据实验的特点扬长避短，给虚拟实验和真实实验合理安排不同的比例，这样才可以更好地为小学科学实验教学的改革服务。

泡小西区　游雪美

第八章 智慧学校的学习方式

学习方式是指学生在完成学习任务过程中的基本行为和认知取向。因为人的个性千差万别，所以在学习方法上会体现出明显的差异。但是，学习方式是不同学习者在特定的生活环境、学习环境、社会文化等众多因素的影响下，产生的最有利于学习者本身的学习策略，因此，它也有共同点——具备一定的稳定性。这植根深处的学习惯性，是我们进行课程改革的必要参考，也是重要的借力。

《基础教育课程改革指导纲要》把"以学生发展为本"作为课程的基本理念，提出改变过于强调接受学习、死记硬背、机械训练的现状，倡导学生主动参与、乐于研究、勤于动手，逐步实现教学内容的呈现方式、学生的学习方式，以及教学过程中师生互动方式的变革。新课程指导纲要突破了以往历次教学改革着重研究变革教的方式转为研究变革学生的学习方式。

从某种意义上讲，新课改将改革的目标聚焦到了学习者行为方式的转变，从原来的将学生的"学习惯性"扭转为教师认可的"学习流程"。这样的教学改变了学生的"学习惯性"，并且加以利用和催化，促进学生搭建自我学习体系。这就是将学生转变为信息加工的主体、知识意义的主动建构者、知识内化及情感体验与内化的主体，如图 8-1 所示，学习者形成学习的自我体系，充分发挥学生学习的主动性。

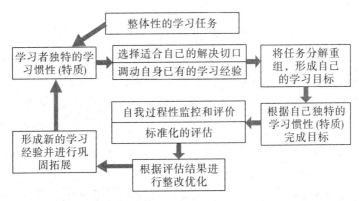

图 8-1 学习者自我体系搭建模型图

这样的学习方式可以适应未来的学习环境变化——打破面对面教学的壁垒，将面对面教学和多维空间的学习结合起来的学习空间，也就是混合式学习中提到的：应用合适的学习技术，配合的个人学习风格，在适当的时间转换成正确技能给适合的人，从而完成最佳的学习目标。在这样的学习方式中，常见的学习模式如下。

一、翻转式学习

通过学习时空、课堂结构、教学理念的翻转颠覆了"课堂教学"。"教学"翻转成"学教"，转向"以学生的学为中心"。

翻转课堂又称为颠倒课堂，翻转课堂的理念最早出现在西点军校，即在课前学生通过教师发放的资料对教学内容进行提前学习，课上时间则用来进行批判性思考等。这种教学形式已经具备翻转课堂的基本理念，也是翻转课堂思想的起源。

值得注意的是，在翻转式学习中，前置性的知识只是学习的一个重要部分，但是不能完全替代教师，更重要的知识内化需要教师和学生通过互动产生，在这里教师是学生学习的伴随者、前置学习效果的评估者，也是学生学习视角的引导者，更是多种学习成果的融合者。

二、精准化学习

教师可以利用大数据、人工智能等新技术，准确了解学生的学习状态，评估学生的认知特征和优势潜能，为他们提供个性化的学习方案，推送适配的学习资源，提供精准的学习支持，开展积极主动的个性化学习。精准化学习，就是根据学习者应用场景的需要，将教学资源、学习环境和传播方式进行靶向设计的学习模式。[①]

这种学习方式的兴起是顺应时代需求的。伴随着信息和相关学科知识地不断丰富，学习者学习需求从原来的经验判断到现在数据化的透明和准确，学习者的学习心理和学习方式与行为模式也发生了巨大的改变。在翻转学习进一步的推进，资源的进一步公开、技术的进一步更新中，教学资源也进一步广泛可取、多元呈现。学习者的前置性资料也不仅仅只有教学者提供。在这种情况下，学习产生的新的挑战和问题如下：如何解决众多信息量的精准性筛

---

① 探讨组织人才发展新趋势：重视从单纯人才培养到解决问题的转化［N/OL］.羊城晚报.（2020-09-19）［2022-05-07］. https://baijiahao.baidu.com/s?id=1678224537441844644.

选问题？如何根据学习者自身的学习特征获得精准对接的教育课程和实践培养？教师如何对学生的学习效果进行客观评估，促进学生的学习方式更科学的优化？

三、无边界学习

学生在课内、课中、课外学习均可获得工具、资源及教师的支持，形成了知识合成、多学习任务自如切换、兼容多种学习范式的无缝学习法。从 2013 年起，开始尝试探讨单元整合的学习模式，旨在打通学习边界，建立师生、生生、人机的学习场。随着研究的进一步深入，学校教师又开辟了这些通道。

第一，教学时参与者无边界互通：在二年级《民以食为天》的单元教学中，我们利用 QQ 视频、现场和专家连线，请教刀工的几种名称。

第二，教学时资源无边界互通：在二年级《民以食为天》和三年级《汉字溯源》两个单元中，让学生走进故宫数字博物馆，利用参观瓷器展学习皿字底，利用百度搜索"金文"，从搜索引擎中的高频词学习金文的来历。

第三，阶段学习成果无边界互通：在四年级《神话时代》的单元中，利用前测收集观点，形成云图成为课堂分析的数据支撑，这一举动到了五年级的《四大名著》单元更是分析完数据云图后，下发给学生，小组合作修改云图，资源得到了二次生长。

第四，课内外学习方式无边界互通：在五年级《民间故事》《四大名著》单元，建立了前测微课家中自学形成资源—课中小组讨论资源分析处理二次生成—课后回家拓展再次深究资源—班队会课举行主题活动实践分享总结交流。

第五，综合使用了前期的探索成果。用班级空间质疑牵引学习任务，搜集学生的观点和投放资源供学生交流参考。用云图搜集的观点在课堂上进行二次整理后回放到班级空间，学生在课后参观学习时进行点评形成新的感受和疑问，促使其开展下一阶段的学习，逐渐建立一个随时皆在学、随处皆能学、随人皆可学的学习生态圈。

四、项目式学习

教师把知识学习与动手实践、参观考察、研学旅行、社区服务等结合起来，让学习在真实情景中自然发生。项目式学习是近些年风靡全球的教育模式，我国近年对这样的教学模式非常重视。单元教学法倡导一种设想、创设一种问题的情景，让学生自己去计划、去执行解决问题，从而使学生形成一边思考、一边执行的教学方式。这样的方式既要用脑，也要用手。2019 年，《国务院办公厅关于新时代推进普通高中育人方式改革的指导意见》提出注重"项目设计"等跨学科综合性教学。《关于开展"基础教育精品课"遴选工作的通知》中明确地提到了开展"基础教育精品课"遴选工作，其目的之一为服务学生教师使用，满足学生自主学习和个性化学习需求，为学生预习、复习、开展探究式学习和项目式学习提供服务，促进减轻学生过重学业负担，支持教师课堂教学，为教师优化教学设计、丰富教学内容、开展线上线下混合教学等提供服务。

项目式学习提出的时间很早，一直沿用至今，仍然保持旺盛的生命力。这个学习模式从提出到实践再到推广运用，它都是以一种与社会发展高度融合接轨的态度在运转，也就解决了教育的时效性问题。学生在学校学习的知识，当踏入社会的时候就已经过时了，而现在学生学习的是学习方式而并不只是知识，虽然知识会不断更迭，但是学习方式却可以在实践操作中不断优化改进，这就是项目式学习本身具有超长的生命周期的秘密。可以预计它还将伴随着我们很长一段时间，直到和第三个形态"模拟计算机思维的深度学习彻底融合"。

项目式学习的特征为教师把知识学习与动手实践、参观考察、研学旅行、社区服务等结合起来，不断地融合和优化、在真实情景中建模运用、一边应用一边思考的操作方式更适用于学生的成长特点。

五、自主学习

自主学习是与传统的接受学习相对应的一种现代化学习方式。顾名思义，自主学习是以学生作为学习的主体，通过学生独立地分析、探索、实践、质疑、创造等方法来实现学习目标。《基础教育课程改革纲要（试行）》在论及基础教育课程改革的具体目标时指出改变课程实施过于强调接受学习、死记硬背、机械的现状，倡导学生主动参与、乐于探究、勤于动手，培养学生收集和处理信息的能力、获取新知识的能力、分析和解决问题的能力以及交流与合作的能力。

传统的体育教学强调的是接受式的、被动式的学习方式，如今则提倡自主学习，一概采用自主学习的方式。

根据《基础教育课程改革纲要（试行）》的精神，要教师改变过于强调接受学习的倾向，而不是完全否定接受式的学习方式，要倡导学生学会自主学习的方式。因此，"自主学习"这一范畴本身就昭示着学习主体自己的事情，体现着"主体"所具有的"能动"品质；学习是"自主"的学习，"自主"是学习的本质，"自主性"是学习的本质属性。学习的"自主性"具体表现为"自立""自为""自律"三个特性，这三个特性构成了"自主学习"的三大支柱及其所显示出的基本特征。

第九章　智慧学校混合式教学的教学评价

为了更好地发挥评价的导向、调节、激励功能，泡小西区构建了混合式教学的"三维交互"评价体系（如图9−1所示），有"行为记录＋及时反馈"的过程评价，有"分类评定＋诊断改进"的结果评价，也有"多方考察＋协力提升"的成效评价。三类评价的主体既可以是学生、教师、督学、学者，又可以是第三方机构；评价内容既有对学生"自主发展评价""学习质量监测评价""艺术质量测评"等，也有对教师的"教学行为量化评价"等。

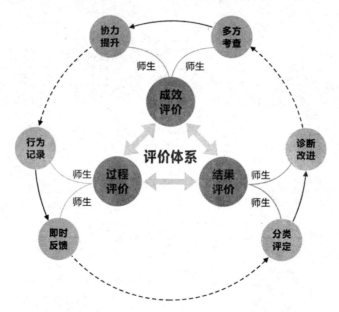

图9−1　混合式教学的"三维交互"评价体系

教师可以由过程数据评价找到改进切入点，一步步推进预期结果的达成；也可由不同周期的结果评价反观过程实施，为下一轮的目标制定、计划编制、过程优化提供有力的数据支持。同时，成效评价从更长周期对学生、教师的发展做出评价，帮助特色孵化、品质提升，也为下一阶段的过程评价、结果评价提供调整的依据。三者既可单一使用，又可因三者之间彼此支撑、相互关联、相互补充、相互推动的特征而综合使用。

一、"行为记录＋及时反馈"的过程评价助推课堂有效运行

（一）面向学生的过程评价

平台伴随式采集学生在空间中参与学习历程的全部数据，通过课前测和课后测的正确率对比，教师可以评价学生的学习效果；通过反复攻克错题、回溯课堂课件、反复观看微课、空间提问答问、自主拓展应用等数据，教师可以评价学生的自主学习能力；通过任务完成时长、数据反馈时间点等数据，教师可以评价和关注学生的自我管理能力。

（二）面向教师的过程评价

泡小西区利用网络听评课系统对非结构化的课堂行为数据进行分析，包括教学行为及教学版块时长比例分析、教师有效性提问与回应数据分析、师生互动行为分析等，全方位透视教师的课堂实施水平。基于平台反馈数据可对授课过程中教学行为与教学中的问题进行再回溯和诊断，帮助教师观察和指导教学中的语言和行为。

二、"分类评定＋诊断改进"的结果评价助推问题靶向改进

（一）面向学生的结果评价

平台提供学生个体或班级学习诊断报告、ACTS 学业素质能力评价报告、学生期末全科成绩单、学生艺术发展测评报告、学生体质健康监测报告、学习负担监测报告等，学校据此实施群体与个体评价，多维度评价学生的发展。

教师从多类评价报告中发现真问题，将学生群体或个体所存在的问题列出清单，整合资源，调整教学支架；课中，优化教学流程，利用课中学习单有效检测；课后根据学生学习效果进行作业分层，个性化辅导，促进学生的个性化发展。

案例 9-1

从测评报告（见表 9-1）的科学诊断来看，班上绝大多数学生的短板集中在信息提取、分析、综合概括、推理这四个方面，不良数据较高，C 级、D 级、E 级学生人数较多。

教师制定了四大改进策略：一、立足教材对改进清单持续地落实训练；二、将摘录笔记与批注笔记有机结合；三、在减负提质的基础上，精进学习"任务单"，分层推送；四、拓展阅读，加强语言的积累与运用及其鉴赏力培养。

表 9-1　ACTS学业素质能力评价班级报告

认知技能—班级人数分布										
维度/成绩	A级人数	B级人数	C级人数	D级人数	E级人数	维度/成绩	A级率%	B级率%	C级率%	D级率%	E级率%
书写	41	0	0	0	3	书写	93.2	0.0	0.0	0.0	68
认知	28	14	1	0	1	认知	63.6	31.8	2.3	0.0	2.3
理解	21	17	4	2	0	理解	47.7	38.6	9.1	4.5	0.0
应用	19	11	9	2	3	应用	43.2	25.0	20.5	4.5	6.8
信息提取	19	8	12	2	0	信息提取	43.2	18.2	27.3	4.5	6.8
综合概括	1	1	11	15	16	综合概括	2.3	2.3	25.0	34.1	36.4
推理	20	2	15	1	6	推理	45.5	4.5	34.1	2.3	13.6
分析	6	6	9	8	15	分析	13.6	13.6	20.5	18.2	34.1
鉴赏	25	5	12	0	2	鉴赏	56.8	11.4	27.3	0.0	4.5
表达	4	25	13	2	0	表达	9.1	56.8	29.5	4.5	0.0

（二）面向教师的结果评价

面向教师的结果评价以学生的学业状况、第三方测评为依据，从多维度了解教师的备课、过程实施、反思等环节的问题。通过一定周期的评价结果，学校质量监测、课程研发等职能部门、年级组、教研组、工作室分别开展数据分析，由结果回溯教学过程，拟定改进清单。学生学业状况和第三方测评结果使学校不以学生学业发展作为考评教师的唯一依据，尽可能多角度考评教师的发展状态，有助于教师及时调整状态。

三、"多方考察＋协力提升"的成效评价助推质量稳步提升

（一）面向学生的成效评价

根据《深化新时代教育评价改革总体方案》借鉴当前学生自主发展的已有研究，基于低中高段学生的不同年龄与心理特征，泡小西区自编了《小学生自主发展评价表》（见表 9-2）。该表涉及学习兴趣、自主管理、善于合作、自主反思、自主创新五个维度，以月为评价周期，采用自评与他评的方式开展。测评后，每班教师分析班级学生自主发展的优劣势，协同教师、同伴、家长多方力量引导学生，让学生学会用评价引导自身调控、改进。除了评价表外，学校还开展了星星少年评选、学生优点大轰炸等活动激励学生更好地自主发展。

表 9-2　小学生自主发展评价表

时间：＿＿年＿＿月　　　　班级：＿＿＿＿＿　　　　姓名：＿＿＿＿＿

评价维度	评价内容	学生自评	小组他评	家长评价	教师评价	评星小计
学习兴趣	1. 每天上学都很开心。	☆☆☆	☆☆☆	☆☆☆	☆☆☆	
	2. 每天上课积极发言。	☆☆☆	☆☆☆		☆☆☆	
	3. 积极参加学校组织的各类活动。	☆☆☆	☆☆☆	☆☆☆	☆☆☆	
自主管理	1. 能制订学期计划，并按计划实施。	☆☆☆	☆☆☆	☆☆☆	☆☆☆	
	2. 能独立、自觉、按时完成作业。	☆☆☆	☆☆☆	☆☆☆	☆☆☆	
	3. 每天按时睡觉、按时起床。	☆☆☆		☆☆☆		
善于合作	1. 愿意和同伴、教师一起交流、讨论。	☆☆☆	☆☆☆		☆☆☆	
	2. 愿意与他人一起分享进步、快乐和烦恼。	☆☆☆	☆☆☆	☆☆☆	☆☆☆	
	3. 与同伴交往和谐，共同设计、参与完成课内课外的学习与实践活动。	☆☆☆	☆☆☆	☆☆☆	☆☆☆	
自主反思	1. 知道自己的优点和不足。	☆☆☆	☆☆☆	☆☆☆	☆☆☆	
	2. 愿意努力改进自己的不足，并总结解决问题的办法。	☆☆☆	☆☆☆	☆☆☆	☆☆☆	
	3. 学习过程中会及时总结，并做出调整。	☆☆☆	☆☆☆	☆☆☆	☆☆☆	
自主创新	1. 总是有新问题提出。	☆☆☆	☆☆☆	☆☆☆	☆☆☆	
	2. 总是想各种办法解决问题。	☆☆☆	☆☆☆	☆☆☆	☆☆☆	
	3. 经常动脑动手制作创意作品。	☆☆☆	☆☆☆	☆☆☆	☆☆☆	

注：每小项最高可填涂 3 颗星，小计为所得星星总数。

（二）面向教师的成效评价

通过问卷、访问、座谈等多形式的实施，建立既有面向群体的年级组、学科组、名师工作室、班级的优秀评比，又有面向个体的"科研能手""教学能手"等的多维评价，对教师进行师德师风、课堂教学、学生减负、"五项管理"等多维度评价。调整制定《教师教书育人综合评价表》（见表 9-3），对教师进行综合发展评价。

表 9-3 教师教书育人综合评价表

维度	类别	项目	指标	评分
基础评价 80%	职业精神 (20分)	职业品质 (6分)	依法治教、依法执教、严谨治学、团结协作	不合格：0～2 合格：3 良好：4 优秀：5～6
		职业道德 (6分)	爱岗敬业、热爱学生、尊重家长、廉洁从教	分值同上 家长评价
		职业纪律 (8分)	服从学校工作安排，自觉遵守学校规章制度，认真履行请假手续	不合格：0～4 合格：5 良好：6 优秀：7～8
	职业知识与技能 (52分)	教学工作 (30分)	能坚持学习新课程标准，并深入领会"课标"理念及精神。能深入研究所任学科课程教材，整体把握本学科小学阶段教学目标要求，熟悉全套教材结构，明确各年段教学目标、教学要求、教学内容	不合格：0～14 合格：15～20 良好：20～25 优秀：25～30
			能主动开展所教学生的生情分析，并能结合相关结果，开展针对性地课堂教学研究，做到备课有针对、课堂有目标、课后有效果；重视教学效果的反馈及分析，能主动听取学生、家长、学校领导、教研员、其他教师意见和建议，并改进自身教学工作	
			深入学习"教学十环节"，并坚持认真开展各个环节的实践和落实，对个人教学工作产生积极影响；遵守学校教学管理规定，能按时按量，高质量地完成学校安排的教学任务	
			能主动开展教育教学经验总结及研究反思活动，坚持开展针对课堂教学活动的知识学习，积极参与校内外各级各类研讨交流活动，并对自身的教学思想和教学观念产生积极影响	
			能主动开展教学基本功训练及提高活动，坚持开展教学专业知识学习，丰富个人的教学能力，熟练掌握现代信息技术教学手段，不断调整个人教学行为，改进课堂教学方法，提升课堂教学效益	
		教育工作 (22分)	班主任工作	不合格：0～15 合格：16～18 良好：19～20 优秀：21～22
			任课教师育人工作	
	教师身心素质 (8分)		热情开朗、快乐自信，勤奋向上；能克服困难、承受挫折；工作中情绪稳定，善于自解；懂得合作，人际关系和谐；乐于交流，能适应环境，能自我调节；积极参加体育锻炼活动，具有健康向上的生活情趣	不合格：0～4 合格：5 良好：6 优秀：7～8
发展评价 20%	教师发展评价(20分)	教育教学成果	以本年度本学科最高分为100分作为标准进行折算	

第十章　智慧学校的教师素养提升

一、学校进行信息化能力提升的背景

（一）信息化的时代背景

随着大数据、人工智能等新技术的不断发展，信息技术在教育教学中的应用愈加深入，2019年3月教育部决定实施《全国中小学教师信息技术应用能力提升工程2.0》，文件中指出到2022年要基本实现"三提升一全面"的总体发展目标，即"校长信息化领导力、教师信息化教学能力、培训团队信息化指导能力全面提升"。没有信息化就没有现代化，没有教育信息化就没有教育现代化。可见，推进教育信息化2.0的行动工作，对实现《中国教育现代化2035》和办好人民满意的教育具有重要意义。

（二）学校信息化推进需要

作为一所以信息化办学的智慧型学校，泡小西区从2008年建校起就坚持将教育信息化发展之路与教师专业成长之路相融合，将信息化教学和未来教育理念根植于教师专业发展培训体系。据调查，全校99.18%的教师认同学校信息化办学理念，100%的教师认为信息化提升了学校办学品质和教师专业能力，这说明教育信息化办学理念已经植根校园文化。借助教育信息化2.0工程，泡小西区能够推进科研工作扎实推进并反哺课堂改革。

（三）教师专业发展需要

新时代赋予教师新使命，要实现这一与时代发展相适应的目标，教师成为其关键要素之一。教师想要适应信息化社会的发展与变化要求则必须要主动实现其自身角色转型、提升自身的能力素质。也就是说，信息化社会中的教师，既要具有一定的信息素养，还要实现自身角色的转变，更要发展教师的信息化教学能力。广大的中小学教师如何在教育信息化2.0背景下促进自身专业发展是当下一个重要课题。

通过调研，泡小西区教师团队整体对教育信息化理念的认同度比较高，信息化手段的教学应用能力比较强。但教师团队较年轻，专业能力处于发展阶段，同时个人评优晋级需求较强烈，借助教育信息化实现个人专业水平弯道超车，实现教师信息化素养提升非常符合教师发展的现实需要。

二、学校信息化提升目标

（一）远景目标

建设一所由数字化学习型社区组成的未来学校。教师、学生、家长、社区等所有学习共同体的成员都通过平台共建共享学习资源，开展融合创新的社群教育活动，采集、分析、应用各项数据信息，为实现开放性、个性化的学习，培养面向未来的人，借助教育信息化2.0工程，以教育信息化引领学校办学品质全面提升。

（二）近景目标

构建真正以学生为中心、各种资源整合运用、实现课堂结构性变化和教育大数据收集、分析、运用的智慧课堂。通过教育信息化2.0工程，助推泡小西区科研工作扎实推进并反哺课堂改革。通过共建共享，建立泡小西区学科教学资源库；促进教师全员信息技术能力提升，带动学生信息素养提升。

（三）近三年信息化发展规划目标

按照泡小西区信息化发展规划，未来三年工作核心是：基于网络学习空间的教师信息素养提升以及学校管理服务水平提升。教育信息化2.0培训服务于学校近三年信息化发展规划目标。

三、学校提升教师信息化素质实施策略

（一）构建学习共同体，实现全员提升

学校拥有在职教师有300余名，庞大的教师团队也给学校信息化建设带来极大挑战。如何将信息化提升工作落实到实处，如何确保每个教师在本次活动中都有成长，是学校面临的首要问题。学校根据校内情况依据"同学科""同年级""老带新"等原则，对教师团体进行分组，按照年级和学科建立以学科组为单位的学习共同体。

各学科组根据学校发展愿景以及学校现有的信息技术条件、学校教师信息技术能力水平和课堂教学现状为背景，以混合学习环境为主，从学情分析、教学设计、学法指导、学业评价四个维度出发，筛选出八个能力点，再根据学科及学段的特点选择本学科组着重研究的三个能力点进行组内协作研究。

学校划分为六个语文年级组、六个数学年级组及英语组、科学组、音乐组、体育组、美术组、道德与法治组、信息技术组共十九个教研组。以教研组为单位进行研修方案实施、培训过程管理、成果展示和组内评测。教研组按要求完成学习任务，如收集典型教学案例、听评课记录、教研组研修案例、学校应用测评等（见表10-1）。

表 10-1 学科组能力点框架

学科组	学科研修特色	维度	能力点
一年级语文组	通过学科整合，有效利用文章体裁，抓住学生语言内化与输出的关键期，在培养学生阅读能力的同时，注重其语言的运用和表达	A1 学情分析	技术支持的学情分析
		C1 教学设计	跨学科学习活动设计
		B4 学法指导	技术支持的发现与解决问题
二年级语文组	以语文文本为基础，关注学生的个性表达，注重学生平时口语交际，养成其大语文观	A1 学情分析	技术支持的学情分析
		B5 学法指导	学习小组组织与管理
		B9 学业评价	自评与互评活动的组织
三年级、四年级语文组	人文性与工具性兼具。在教材人文主线的基础上，注重学法指导和语文要素的落实；阅读上注重阅读策略的梳理和渗透；习作上注重搭建各类习做支架	A1 学情分析	技术支持的学情分析
		C5 学法指导	基于数据的个别化指导
		B9 学业评价	自评与互评活动的组织
五年级语文组	以教材为依据，重视人文主线与语文素养的双线并行，探讨单元整合中的项目式学习策略，注重质疑—建模—调试—实践的学习过程	A1 学情分析	技术支持的学情分析
		B3 教学设计	探究性学习活动设计
		C5 学法指导	基于数据的个别化指导
六年级语文组	重点在于提高学生的语言理解、逻辑分析、人际理解等能力	A1 学情分析	技术支持的学情分析
		B3 教学设计	探究性学习活动设计
		C5 学法指导	基于数据的个别化指导
一年级、二年级、三年级数学组	在充分了解学情的基础上展开教学设计，挖掘教学内容中的跨学科内容，利用信息技术加强个性化教学指导	A1 学情分析	技术支持的学情分析
		B3 教学设计	探究型学习活动设计
		C5 学法指导	基于数据的个别化指导
四年级、五年级、六年级数学组	在学生个性发展的情况下调整教学策略，利用学情调查调整教学方式和教学目标。重点以框架结构性的教学为主，力图在小学为学生铺垫较为深入的全面思想，架构思想，为后续的数学学习提供更好的保障	A1 学情分析	技术支持的学情分析
		B3 教学设计	探究型学习活动设计
		C5 学法指导	基于数据的个别化指导

续表10—1

学科组	学科研修特色	维度	能力点
美术组	以直观性为前提，以技能性为条件，运用审美性方法追求创造性为目的，借助信息技术发展学生对视觉对象的欣赏、表现与创造能力	A1 学情分析	技术支持的学情分析
		C1 教学设计	跨学科学习活动设计
		B9 学业评价	自评与互评活动的组织
英语组	注重趣味性、语言逻辑性与工具性兼具，低年段以趣味为主，激发学生学习热情；中年段以语言基础学习为依托，提升学生思维品质；高年段以篇章阅读为主，培养结构化梳理能力，让思维可视化	A1 学情分析	技术支持的学情分析
		C1 教学设计	跨学科学习活动设计
		C5 学法指导	基于数据的个别化指导
音乐组	以技术做支撑，以音乐审美为核心，"听、观、创、动音乐体验模式的构建"，通过导研共拓的方式来提升学生的学习力	A1 学情分析	技术支持的学情分析
		C5 学法指导	基于数据的个别化指导
		B9 学业评价	自评与互评活动的组织
体育组	以身体练习为主要手段，借助信息化手段进行学情分析和实践活动适时反馈，培养学生对体育美的欣赏能力和鉴赏能力，提高学生的思维能力和创造力	A1 学情分析	技术支持的学情分析
		B3 教学设计	探究学习活动设计
		C5 学法指导	基于数据的个别化指导
科学组	鼓励和帮助学生借助技术发现并解决问题，建构学习环境，给予资源支持及方法指导，提供支持学生探索解决问题的方法与路径	A1 学情分析	技术支持的学情分析
		C1 教学设计	跨学科学习活动设计
		B4 学法指导	技术支持的发现与解决问题
信息技术组	以"增进信息意识 提升数字素养"作为课程初级目标，以"促进计算思维 培养编程能力"作为课程核心目标，以多元化的特色课程为辅助，提高学生的思维能力，提高创新精神和实践能力	A1 学情分析	技术支持的学情分析
		C1 教学设计	跨学科学习活动设计
		B4 学法指导	技术支持的发现与解决问题
道德与法治组	在技术支持的探究活动中培养学生道德情感，感受我国的法治精神，养成遵纪守法，依法保护自己的意识	A1 学情分析	技术支持的学情分析
		B3 教学设计	探究学习活动设计
		A13 学业评价	数据可视化呈现与解读
		B9 学业评价	自评与互评活动的组织

　　学习共同体的建立加强了教师之间的联系，教师之间相互监督，先进教师带动其他教师，传授经验。同时，教师可以利用信息技术，如超星学习通等平

台共享教学资源、交流培训心得等。通过和他人交流厘清思路，改变思考方向和优化学习方式，不断进行自我调整，重新组织思路。有了学习共同体的支持，学校教师形成了具有共同目标、共同信念、共同方向的教师共同体。

（二）坚持以人为本，推进技术应用能力培训

对教师而言，信息化素养直接影响其日常教学效果。信息化技术具有专业性和技术性，定期对教师开展专业的信息知识和技术培训显得尤为重要。泡小西区做好培训的顶层设计，确保培训的内容有意义有价值，按照"二八原则"，通过分层推进、团队辅助等方式，教师在实践的过程中加深认识、主动参与通过各类培训。教师深刻认识时代趋势和学校发展方向，清楚知道自己的专业发展需要教育信息化的支持。

一方面泡小西区定期面向全校教师开展教育信息化2.0培训，提供先进思想和相关指导，建设"普适培训—提升培训—同侪互助—专业引领"的教师专业发展体系，采用组织讲座、实操培训、课例研讨、课题研究等方式开展培训。在进行提升工程初期，学校聘请专家讲解一线教师如何理解和参与教育信息化2.0培训，通过前沿技术将与实操相关的技能情景化，进行学科教学工具应用培训，帮助教师实现"做中学"和"学中用"。

另一方面应打破时空限制，引导并鼓励教师进行线上学习，利用数字校园建设设施、教与学终端设备和网络学习空间等资源，教师可以在开展合作学习、自主学习、探究学习等教学活动，结合学习资源在各类教学活动中的应用不断提升学生学习，改善教学效果，探索信息化教学新模式，提升教育质量。教师在线上学习时养成自主学习信息化教学方面知识的习惯，主动阅读关于网络信息教学方面的刊物，主动参与到各种网络研讨、论坛中，通过不断地努力提高自身的信息化素养。

通过集中讲授、分层培训、圆桌沙龙、同侪互助、微课指导、个别辅导等策略，确保每一位教师在培训和实践的过程中都能得到指导。

（三）结合校本研究，进行教学实践

教师信息化教学研究能力的提升，既需要系统的信息化教学研究能力培训，更需要教师对自身教学实践行为的不断进行研究性反思以及教师自身的实践性印证。泡小西区以校本应用考核为契机，不断提高学校信息化教学水平，提升教师应用信息技术解决教育教学问题的能力。

为保障教师在理论学习后能够将信息化技术落实到日常教学中，各教研组定期开展教学研究及校本研究，分级推进各级各类科研课题申报和实施，进行

《混合式学习环境中培养小学生学习力的实践策略》等方面的教学研究。同时，每位教师每学期打磨两节经典课等活动，进行一周一课，帮助教师将理论运用到实践教学活动中。以校本应用考核为抓手，以制度建设为手段，通过校本研修活动设计督促不同年龄、不同水平的教师信息技术在原有的基础上有所提升，推进相关教学设备和学科软件的应用，提高教师应用信息技术进行学情分析、教学设计、学法指导和学业评价等能力。在这个过程中，教师转变教学观念，调整教学设计，将课堂交给学生。利用电子书包、交互式白板等多媒体教学设备，实现"一对一"个性化教学，将信息技术融入学校常态化教学。其间各教研组根据基于能力点通过教学实践打磨后，形成典型课例进行校内展示。

此外，泡小西区结合现代信息化技术开设了人工智能、无人机、乐高等创客社团，并提供专用设备和教室进行教学。一方面为学生提供信息化学习空间，另一方面也为教师提供充足的机会发展信息化教学能力。

（四）数据支持，开展多维评价

随着人工智能、大数据等新兴技术的兴起和教育应用，各种云平台中汇集了大量的数据，学校充分利用大数据做好教师培训的过程性评价和总结性评价，评价工具可借助平台可视化分析，为教师促进专业发展提供有利的支持条件。

借助平台数据，培训管理团队及学校教师可以及时了解学校在四川省信息管理平台的校本应用考核信息，教师可以了解自身的优势与不足，进行精准定位，调整研究计划，有针对性地进行技能训练促进自身的成长和发展，提升教师信息技术的应用能力，逐步实现学校办学发展愿景。

四、学校信息化提升工作成效

（一）实现教师信息化素养全员提升

在各类培训中，泡小西区参训教师实现百分之百合格，教师深刻认识时代趋势和学校发展方向，清楚知道自己的专业发展需要教育信息化的支持。每一名教师在自己原来的基础之上有发展有增量。教师在观念上形成了与时代相匹配的教育观、教学观、学习观、知识观和人才观等，深入贯彻将立德树人作为教育信息化的初衷和唯一标准。在实践中，学校教师将学习到的先进教学思想融入日常教学生活，应用各种技术改善教学，如交互式白板、平板教学、智能推送及各种可视化思维工具和评测工具，提高教学效率，实现现代化高效办公。

（二）学校办学品质得以提升

学校依托进行教育信息化 2.0 提升工程及自身发展需求，制定《泡小西区教育信息化五年发展规划（2021—2026）》作为顶层设计，为学校未来五年内信息化发展指明方向。结合信息化推进工作，学校引入众多信息化设备，如网络听评课、电子班牌、智能听学机等，硬件设施得以提高。在一次次组织培训和展示活动中，学校搭建了网络学习平台和校本资源库，积累了众多先进的信息化教学经验，为教师和学生营造人人参与学习的积极而良好的氛围。总体而言，泡小西区教育信息化 2.0 提升工作的高效有序开展，提升了学校的综合办学能力，为今后学校开展类似大规模提升活动积攒了宝贵的经验和案例。

五、"双减"对教师专业发展的新要求

随着国民素质的快速发展及教育行业不断改革，应试教育已成为过去，激发学生内驱力，培养学生主动学习能力成为教育过程中更加重视的内容。事实上，对于教师而言，这也是需要突破的重难点工作。实现"双减"并非是在内容上的一味减少，而是要求教师能够再进一步明确学生学习发展需求的情况下，用更精练的语言和内容及更适合学生学习的方式设计教学内容，才能让学生在短时间内轻松地学到更多内容。因此，只有找到"双减"政策下发展的新要求，促进学生综合素质全面发展的角度去完善个人专业发展以及教学内容更新，才能实现教师在教学过程中发挥的意义。

随着新课改的不断深化，加之"双减"政策的影响，有越来越多的教育工作者意识到传统教学方法已经无法满足新时代学生的学习需求。在教学过程中将教学效果发挥到最大，真正以教师专业素养提升学生思维能力，让学生在学习的过程中感受到学习的快乐，并且能将所学知识应用到日常生活中是新课改背景下对学生学习的期望。因此，抱着这样的教学和学习目标，探索"双减"政策下教师专业发展的新要求具有一定的现实意义。

（一）关键词概述

1. "双减"政策

"双减"政策的真正含义是回归家庭教育。"双减"政策的意义在于减轻学生在校和在补习班的双重负担，一方面能缓解学习压力；另一方面还能促使优秀教师回到义务教育中。"双减"政策主要针对的是两个方面的减：一是针对学生的作业而言来减轻学生的负担。学校的作业有明确的控制线，不得超过那个控制线的时间范围，减轻一些学生的负担。让学生减少学习上的压力，从而

做一些对身体有益处的活动。课后也不允许教师开办有偿补习班强制学生参加，并且要鼓励无偿答疑。二是针对教育机构，教育机构要进行全面整改，加强培训机构的管理。不允许占用学生的休息时间进行学科的学习。这就是"双减"政策，目的就是整改培训机构，减少学生学习的压力。

2. 教师专业发展

教师专业发展是指教师作为教育方面的专业人员，在专业思想、专业知识、专业能力等多方面不断发展和完善的过程，也可以理解为是从新手型教师发展到专家型教师的过程，在教师发展的内涵过程包括的内容有教师在教学过程中所体现的无限潜力和持续发展特点，要将教师看作是专业发展的专业人员，鼓励教师发展成为教学的学习者、研究者和合作者，教师以自主性的发展凸显个人个性和特长，发挥个人潜质，实现自身教学意义。

（二）教师专业发展对学生学习的重要性

1. 激发学生学习热情

教师从多方面提升个人专业素养，最直观的效果就是能够激发学生的学习热情，激发学生的学习兴趣。同时也有相关调查研究表明，当学生对某一事物的兴趣浓厚时，其大脑皮层会更加兴奋，在此时学习新知识，接受新事物会有更好的成效。

2. 加深学生对学习知识的理解

在学生进行知识的学习过程中，具备专业化素养的教师能更加明了地表达出知识所要表达的意义，从而进一步加深学生对学习知识的理解。如在学习"除法"的相关课程时，对"余数"的理解常常仅是一个数字，但如果通过"抱团游戏"的设计则更容易让学生在学习的过程中了解到"余数"的含义，真正实现对所学知识的理解。

3. 帮助学生树立正确的学习观

具备专业化素养的教师能够在教学过程中，会最大可能地调动学生的学习积极性和主动性，引导学生通过自主学习探索知识的真正内涵与作用，更是对新课改理念下教学观念的落实。而学生在这样的状态下进行知识的学习，久而久之也能够养成自主学习的学习态度，从而在教师专业的引导下，真正树立正确的学习观念。

4. 有利于促进学生全方面发展

学生对学科知识的学习从来都不只是单一学科知识点的记忆和使用，其学习的目的更是通过学科知识的学习让学生提升全面发展的能力。通过专业化的教学方式让学生进行知识学习：一方面能够让学生在实践中运用知识，让学生感受到知识与生活的关联；另一方面增加了和教师的情感交流的机会，当学生与教师有了更好的情感交流后，学生在学习过程中面临困难或不解时，往往更愿意向教师寻求指导和帮助。

（三）"双减"政策下教师教学开展的基本原则

"双减"政策下，教师在进行教学开展时，需要确保遵守以下原则：首先，要遵守学生在学习过程中的主体性原则，避免为完成教学任务而改变对学生学习主体性的认可与重视；其次，教学要遵守目的性原则和典型性原则，即确保教师设计的教学内容都有其要进行的目的，同时让自身教学内容的设计具备一定的典型性，是符合学生学习需求和发展的；最后，在教学内容和教学环节的设计中要注重对实践性原则和人文性原则的遵守，不只要注重学生对学科知识的掌握，更要注重学生能够通过实践把所学知识真正转为己用，而在内容设置上也要和人文性进行一定关联，真正让学生感觉到所学知识与生活实际的关联，更加丰富所教授学科的学科素养。

（四）"双减"政策下教师专业发展的新要求

1. 作业研究

"双减"政策对教师提出的新要求体现在作业研究方面，"双减"政策中明确指出对不同阶段学生的作业时间要求和内容效果要求，因此，教师在履行"双减"政策时要具备对作业进行研究的能力，通过对学情的了解，制定合适的作业量，确保作业的设定符合"双减"政策的要求是专业发展的基础。

2. 课堂质量提升

"双减"政策虽然在主要要求上突出的是在作业方面及家长负担的减轻，但实际上这和教师教学过程中，对课堂质量的把控也有着重要关联。教师需要确保在课堂教学中以最高效的教学效果开展教学，才能让学生更加自主地掌握所学知识，从而在完成作业时呈现更高的效率。

3. 教育信息化

随着互联网技术及科技信息的快速发展，利用多媒体进行教学，能够进一步优化教师在教学过程中的内容体现及教学质量提升，同时，这也对教师提出了更多关于更好利用多媒体教学的技能要求。教师对专业素质的呈现不仅体现在其对教学内容的把控，更体现在其对教育信息化所涉及设备的合理应用，以及利用相关器材优化教学效果的能力。

4. 作业统计管理

对作业的统计管理也是和作业减负相关的一项新要求，这是在对作业统计的管理中既包含对自身科目与其他科目共同匹配形成统一符合"双减"要求的作业时间，也包含教师对于所派发作业完成量的评价与统计。如何以更加科学的方式设置作业内容，进行作业评价是"双减"政策下教师需要考虑的内容。

（五）总结

无论是学生、教师还是家长和社会对课堂的认识，往往将其定位于能够提升总体成绩的学科，将学习的目的定位于考试成绩的提升，而忽视了教育的根本目的。新课改不断对教育工作者提出适应新时代发展和学生成长需求的教学要求，在"双减"政策下，对于专业化教师的需求量逐日增加。因此，教师必须认识到自身专业发展对学生的重要教学意义，通过特色化的教学模式在提升学科学习成绩的基础上培养学生的全面发展能力，在未来不断注意学生的学习需求，以趣味性的方式激发学生学习兴趣，不仅要培养学生对学习知识的掌握，更要培养学生多方面能力的提升，帮助学生养成良好的学习习惯，为今后在学习道路上的长远发展打下了良好的基础。

第十一章 以智慧助力"双减"
全面提升学生培养质量

一、视力检测系统有效降低学生近视率

近年来，由于中小学生课内外负担加重，手机、电脑等电子产品的普及，用眼过度、用眼不卫生、缺乏户外活动等因素，使青少年近视率居高不下、不断攀升，近视低龄化、重度化日益严重，严重影响他们的身心健康。教育部提出的学生作业、睡眠、手机、读物、体质"五项管理"的要求，学校利用信息化优势，对学生的身体健康、精准呵护，助推学校的"五项管理"工作落地见效。

(一)智慧"光"环境照亮学生视界

呵护学生健康，泡小西区一直在行动。自 2019 年起，学校开始进行视力健康智慧照明试点工作，通过持续跟踪，监测光环境的效果。2021 年 8 月，在青羊区教育局的支持下，泡小西区对全部教室进行了灯光改造。通过对改造后的教室进行光照测试，教室的照明度达到 413 lx，黑板的照明度达到 606 lx，眩光下降至 15.9……这些数据完全符合中小学教室采光和照明卫生标准，为学生在教室里的学习提供了健康环境。

(二)智慧视力监测关注重点人群

7~18 岁是青少年的发育期，也是近视的"易感期"，尚未发育完全的眼组织可塑性大，青少年易出现视力问题，需要家长及教师长期关注和及时干预。泡小西区采用高度信息化的形式建立个人云健康数据库，通过物联网终端，由保健教师组织两校区视力健康需要重点关注的学生进行定期视力自查，常态化高密度监测视力变化情况。一旦学生持续发生视力下滑，监测大数据即时推送信息给校医及家长，提醒家长带学生去医院做视力监测，并通过假性近视和真性近视两套方案对监测数据做出反应，若是假性近视则能在窗口期可逆阶段及时治疗。

除了保健教师统一组织的视力监测（如图11-1所示），泡小西区还将在公共区域试点部署多功能超声波测试仪，通过人脸识别，学生可以自主测量身高、体重，并得出身体质量指数（BMI指数），还可以对色盲、色弱及视力情况进行检测（如图11-2所示）。

图11-1　泡小西区保健教师组织监测学生视力

图11-2　人脸识别开启视力监测

青少年的健康需要政府、家庭、学校、医疗卫生机构等多方面协作努力，作为泡小西区这个拥有庞大学生数量的校园来说，在信息化手段的助力下落实"五项管理"，才能更便捷、更高效、更切实地呵护学生的健康，接下来学校还将从部分年级和班级试点智慧声环境呵护学生的听力健康、试点智慧成长体系促进学生五育发展，让学生在智慧的环境中健康生活、智慧学习、快乐成长！

二、学生德育评价系统助力学生综合素质的提升

《教育部关于全面深化课程改革 落实立德树人根本任务的意见》中提到德育为先、能力为重、全面发展的教育理念。人才培养模式改革不断深化，自主、合作、探究的学习方式与启发、讨论、参与的教学方式不断推广，育人的针对性、实效性进一步增强。分类考试、综合评价、多元录取的考试招生制度改革积极推进，以学生全面发展为根本、科学多元的评价制度改革取得重要进展。

（一）学生综合素质提升的重要性

自"双减"政策和"五项管理"实施以来，每一个教育者都应该为培养全面发展、综合素质提升的人做出自己应有的贡献。泡小西区一直秉承为每一个学生最大可能的发展负责，努力构建"三全育人"体系，建立全员育人、全程育人、全方位育人的育人体系，树立大德育观，具体到学校教育强调课程育人、文化育人、管理育人。为每一个学生能健康生活、智慧学习、快乐成长结合泡小西区的信息化办学特色，建立了针对学生的综合德育评价系统，助力学生综合素质的提升和发展。

（二）德育评价系统是什么

1. 德育评价系统建立的必要性

在实践中，德育评价仍然是一个薄弱环节。中小学德育效果不佳，影响因素是多方面的，其中一个重要方面就是德育评价的研究和实践探索相对薄弱。德育评价是对德育活动进行价值判断的过程，是对德育实施情况的评价与总结。在学校德育中，德育评价主要是指对德育工作过程的评价和对学生的道德品质的价值判断。通过德育评价可以完善德育的活动过程，解决德育中存在的问题与不足，帮助学生建构合理的品德体系，促进学生的全面发展。

2. 德育评价系统建立的几个指向性

第一，服务于"立德树人，五育并举"全面发展的教育方针。五育之间是互为依托、互相影响、相辅相成、密不可分的，共同服务于"立德树人"这个根本目标。中小学德育评价应纳入学校工作，通过活动、课程全面实施评价。

第二，引领学生自主发展、自我管理，争做学校小主人。通过德育评价，反推学生的综合素质发展，在德育评价体系中建构适合学生全面发展的活动和课程，通过完善的机制建立，促进中小学学生道德发展水平提升，从而达到立

德树人的目的。

第三，将德育评价多元化、过程性、可操作性落到实处，在实践探索中展现其现实价值。科学确定评价量化学生品德发展水平的评价指标体系，德育目标与内容，契合学生成长的阶段性特点。提出了不同学段的具体目标：低年段侧重"养成基本文明行为习惯"，中高年段侧重"初步形成规则意识和民主法治观念"针对不同学段层层递进、设定不同目标的德育体系，背后是对学生身心发展特点和规律的理性把握。在进行中小学德育评价时，必须关注学生不同成长阶段的发展特点，体现科学性和渐进性。坚持并体现德育的整体性与关联性。德智体美劳要"五育并举"，五育是相互联系相互促进的，其中德育是灵魂，德育可以融入智育、体育、美育和劳育中。脱离德育的整体性、关联性开展德育评价，必然是失之偏颇的，是不全面也是不科学的。切记单一性、封闭性、主观性和终结性评价的时间跨度过长，既不能充分反映学生品德发展的动态变化，也不能起到引领学生发展成长的作用。

（三）信息化全面融入德育评价系统

新时代的中小学德育评价不能仅停留在纸和笔的阶段，只有充分利用现代化信息技术手段，发挥互联网存储量大、方便快捷、受众广泛、易于互动等特点，突破时空限制，才能真正让学生、各学科教师、家长及社会相关机构成为评价的主体，提高各方评价主体的参与度。学生、教师、家长可以随时随地登录网络平台，上传参加相关活动的佐证材料，师生之间也可相互进行评价或质疑，以保障记录的相对客观性。这种写实记录的动态评价方式既能帮助学生关注自身和同伴的发展，提高自身道德发展水平，又能帮助教师进行实时的过程评价，有效指导学生发展及与家长实时沟通。这种方式还能改变过去教师特别是班主任一人主导、工作量过重的状况，并通过制度设计避免实施过程中教师对学生自评、生生互评、家长评价结果不重视、不予采纳的情况，让学生、家长的评价主体地位得到切实保障。学校则可以通过大数据，统计分析各个年级、各个班级不同时期的品德发展水平、总结规律，调整学校德育实施策略和评价指标体系，有针对性地主动创设良好的德育环境，组织开展对学生品德发展具有"高影响力"的德育活动，最大限度地发挥德育评价引导、激励学生全面发展的作用。

（四）评价系统建立促进学生综合素质提升

学生评价制度是学校文化的重要组成部分。良好的学生评价文化，可以产生导向与激励功能，这关系到学生的价值观与幸福感。

1．"学生综合素养评价体系"评价的理念

学生德育充分利用游戏的趣味性激发学生参与的积极性；让学生在游戏中践行道德行为，学会遵守规则与承担后果，学会自处与互助合作；让学生在游戏中唤醒自我意识，通过自我意识内发地持续促进道德发展。旨以解决传统德育活动学生主体性与主动性的缺失，德育形式制度化和形式化及德育活动目标发展与享乐对立等问题。

2．学生综合素养评价卡说明

积分：对学生个人综合素养维度（学智、德尚、能量、才艺、勤劳）的积分，学生获得积分卡后兑换对应维度进行充值，维度积分只能增加，不可减少（见表11－1）。

财富值：是学生获得"赞""好卡""优卡"后兑换获得的财富值，财富值可因学生获得奖励、受到惩罚或买卖交易而增加或减少。

表11－1　卡片分值说明

种类	类型	发卡指南	发卡人	积分	说明
学智	学习、考评、作业	主要对学生学习方面的奖励	语文、数学、英语教师	1	所有卡片都可重复循环使用，积分累加到维度，不可增加扣除；财富值当学校货币，可进行交易
德尚	品德	学生在品质和道德上表现优异，学生在语言和行为的文明规范	班主任为主、其他教师为辅	1	
能量	体育、健康	主要对学生体育、心理方面的奖励	体育教师	1	
才艺	音乐、美术	主要对学生艺术、才艺、创新方面的奖励	音乐、美术、信息教师	1	
勤劳	卫生、劳动	主要是对学生劳动实践方面的奖励	班主任、科学教师	1	

3．生涯系统

理想就是梦想，有理想就意味着对明天充满追求与渴望，对未来充满了憧憬与向往。有梦想的人生才是理想的人生，从小树立远大理想对个人的成长来说是显得颇为重要。学生在进入学校后会选择多个喜欢的理想，选择后会拥有相应的成长勋章（见表11－2）。每个勋章都会有不一样的维度的积分卡值要求，每个成长理想学校提供专业的成长历程内容、标准、考核内容、荣誉勋章等。

表 11-2　生涯系统成长勋章说明

角色成长	等级	学智	德尚	能量	才艺	勤劳	备注
教师	一	30	30	10	5	5	提供教师考核成绩，上传所获的奖励、勋章等
	二	60	50	20	15	10	
	三	90	70	30	30	20	
医生	一	30	30	10	10	10	提供医生学习考核成绩，上传所获的奖励、勋章等
	二	50	50	20	20	20	
	三	70	70	20	20	20	
舞蹈家	一	20	20	40	40	10	提供舞蹈家考核成绩，上传所获的奖励、勋章等
	二	30	30	60	70	20	
	三	50	50	80	100	30	

4. 常规项目检查

利用平板进行学生在校日常行为常规管理考核，形成过程性记录并及时评价（见表11-3）。

表 11-3　成长勋章说明

常规检查项目	检查重点	学生要求	教师要求
红领巾（少先队员，没佩戴者一人次扣0.1分）	第一批入队的少先队员须佩戴红领巾，红领巾干净、整洁，检查队礼是否标准	每天佩戴干净、整洁的红领巾，红领巾要系在衣领下面	培养学生对红领巾的情感，教给学生佩戴红领巾的正确方法，及时提醒、帮助没有规范佩戴红领巾的学生
安全（1人次扣0.1分，发现严重危险行为则直接取消当周示范班级）	未出现重大安全事故；在没有成人的监管下，课间不能擅自攀爬学校体育设施；在校园内教学楼区禁止奔跑、攀爬护栏、窗户	课间文明休息，安全游戏，在楼道内不追打，不奔跑，不在楼道上跳绳；不攀爬栏杆、窗户；互相提醒安全休息；不到停车场区域玩耍	教育学生课间文明、安全休息；引导学生在楼道内玩合适的游戏；培养安全员，提醒大家文明休息

续表11-3

常规检查项目	检查重点	学生要求	教师要求
卫生（各项0.1分）	教室地面无纸屑，垃圾倾倒干净，桌面和讲台干净整洁书柜干净、整洁，垃圾工具角摆放整齐	能做到见脏就捡，能按照本班的要求做好当天值日工作，培养图书管理员，负责书柜的整理及图书的借阅。地面无垃圾，垃圾倾倒干净，桌椅摆放整齐，垃圾工具摆放整齐	教师做好学生的保洁工作的教育，提醒学生见脏就捡，培养清洁小干部，检查清洁的整体情况
两操（路队中说话一人次扣0.1分，不认真做操一人次扣0.1分）	课间操：路队按顺序整齐、快速，听从体育教师统一指挥，全班学生动作到位、精神饱满，上下楼路队按顺序整齐，安静、快速	路队按顺序整齐出教室，快、静、齐，到操场时没声音，听从班上体育委员管理，再统一听从体育教师口令，做操时动作到位，精神饱满；眼保健操：铃声响后，立刻放下手中的东西，闭眼、做操，并且背挺直，保持教室安静	班主任和副班主任要按时到达教室，组织学生排队，安静有序的排队到操场，做操时提醒没做到位的要做好，操完后带学生安全回到教室。及时到教室，检查每个学生闭好眼睛，督促他们认真做操
放学（说话一人次扣0.1分，没有教师组织扣1分，路队不整齐扣0.2分）	队伍保持安静、有序、整齐，准时到达放学地点，携带班牌（站在队伍最前方）	一年级放学时间为17:25二年级放学时间为17:30	负责放学的教师准时将学生带到放学地点，安排一名学生站在队伍最前方手举班牌

（四）评价系统对于学生综合素质提升的意义

德育活动在学生的综合素质教育及核心素养培育中有着重要作用，属于当前时代教育主题的主要工作之一。在设计和使用评价系统时，一定要遵从学生的身心特点、生活实际和思想实际。针对不同年龄段的学生，科学定位德育目标，合理设计评价的内容、途径、方法及多元评价，将形成性评价与终结性评价相结合，知行结合，最终促进学生综合素质的提升，激发学生的成长动力。

三、加减"组合拳"提升作业管理质量

作业一般指学校教师依据一定目的布置并且由学生利用非教学时间完成的学习任务。作业是提升教育质量的关键领域之一，是课堂教学的延伸与拓展，是落实立德树人、推进素质教育的重要载体。学校和教师应重视作业问题，将

作业作为减轻学生过重学业负担、促进基础教育内涵发展的重要突破口。

《关于进一步减轻义务教育阶段学生作业负担和校外培训负担的意见》标志着国家"双减"政策正式出台，教育部将"双减"和"五项管理"督导列为2021年教育督导"一号工程"，从监督角度不断发力、推动落实。泡小西区在深入开展"五项管理"及落实"双减"工作的过程中，将重点转向校内，以作业管理作为切入口深入开展工作。作业管理是学校加强质量管理，贯彻落实减负增效的切实举措。学校深入研究对作业的认识、设计、批改、督查等关键环节，不断追求学校时间管理以作业为突破口，提升学校综合办学高品质发展。

（一）深入研究作业的意义与功能

长期以来，作业都被视为课后的巩固训练，但在从"关注教"转向"关注学"的今天，对作业的认识已有明显的进步。作业便是教师在隐身状态下引导学生开展的自主学习活动，它是承载学习内容、体现学习方式、实施过程性评价的载体。从这一角度看，作业是与课堂同等重要的学习活动。

在研究作业的过程中发现有效的作业应该是教师十分清楚该作业在整个学习过程中的作用，且学生是了解该作业的目的与学习意义的。将作业研究的切入点逐渐从作业的形式转向作业的功能，从学习实现机制看作业的设计，作业设计必须整体考虑学习活动。从作业功能的角度看，作业除了具有巩固训练、促进学习目标达成的作用，还具有引导预习、促进理解、诊断学情、引导合作、知识整理、习惯养成等作用。作业是教师组织教学进程或引导学生开展自主学习的任务。教师在不同的学习环节，应该选择设计不同功能的作业支持学生的有效学习。

研究作业可以从学习过程的整体和学生主体参与的视角研究作业。以应用为线索，可以把作业活动与研究解决情境中的实际问题结合在一起；强调学生"学"的过程，在注重作业知识巩固的同时，强调学生学习方式向自主、合作、探究方向转变；在作业取材上，关注学科间的综合，倡导打破学科界限，努力接近学生知识应用的实际；鼓励打破作业的即时性，强调中长周期作业和专题学习作业，使学习活动更具连续性；注重作业形式的多样性、层次性和差异性，增加学生的选择性；关注独立作业与合作作业，强调作业不仅是巩固知识的需要，更是学生整个学习过程的反映，应将学生的三维学习目标体现在作业之中；揭示综合实践活动与作业之间的联系，最大程度地发挥作业与学习的有效链接。

1. 以作业优化学习策略

积极探索作业在知识梳理、反思学习方面的作用，如引导学生通过错题订正、错因分析、思路阐释、经验总结和整体反思对自己的作业结果进行审视和分析；让学生在作业整理过程中摸索适合自己的学习策略，养成良好的学习习惯。

2. 以作业改进学习方式

借助作业让学生经历和体验多样的学习方式，如布置一些引导学生主动进行问题解决的探究性作业，要求学生以独立自主或合作讨论为学习形式，运用操作、猜想、分析、实验、推理、归纳、发现等学习方式，帮助学生形成主动探索的学习习惯。

3. 以作业提高学习效率

积极发挥作业在学习诊断和补偿学习方面的作用。教师可以对学生的错题进行整理和归纳，并根据学生的学情和错题类型开展跟进式作业研制，为学生查漏补缺。教师还可以根据学生在学科课堂例题、教材中的思考讨论、阅读材料、探究活动、当堂诊断、配套作业等学习活动中出现的普遍性、代表性错误，设计有针对性的教学。

4. 以作业提升学习品质

多思考作业在促进学生完善学习品质方面的作用，将作业作为培养良好学习习惯和思维品质的重要载体，发挥作业在促成学生自主学习和自我监控方面的作用。给学生提供多种类型的作业，学生可以根据自己的情况从中自选两种，这样的选择过程强调给予学生做作业的选择权，让学生自己体验选择的过程，从而提高学生的自我意识和自我管理能力。

（二）从作业管理的全流程上促进学校教学质量的整体提升

1. 作业设计与布置——作业融入学习历程

高质量的作业设计是巩固知识、培养思维、发展能力、提升智力的重要途径，是有效教学的重要环节，是课堂的延续，更是全面提高教学质量的重要保障。泡小西区将作业融入学习历程（如图11-3所示），通过课前预习、课中小练、课后巩固、课外拓展四个环节促进学生学习能力的进阶。同时，深入开展作业设计教学研讨，增强教师作业设计水平，提升常态作业设计质量、丰富假期作业形式，促进作业设计教育内涵发展，助推学生全面成长。

图11-3 将作业融入学习历程

第一，常态作业的设计要求为科学设计、精选精炼、教师试做、形式丰富、分层分类。其一，科学设计，多维度整体设计作业，每天有体育锻炼作业、家务劳动作业。其二，精选精炼，以年级组为单位进行作业设计，选择典型性和代表性的练习。利用课前学习前测单、课中助学单，课后推展学习单，将作业纳入课堂，纳入学校时间管理；利用每周15分钟及时开展学业随堂诊断，弱化过多的检测与考试，从心理上让学生接纳作业对学习的积极推进功能。其三，教师试做，布置给学生的作业，教师试做把控作业时间难度和易错点，及时调整。其四，形式丰富，除书写作业外，设计操作性、活动性、探究性、实践性、实验性、拓展性、口语表达、阅读等类型的作业。其五，分层分类，建立作业超市，设计作业A档为基础类、B档为提升类、C档为拓展类（弹性作业）。通过"必做＋选做"的方式进行分层，当日基础过关的学生直接完成B档（C档可做）；基础未过关的学生则完成A档即可。

第二，假期作业的设计要求为以项目式学习、综合实践作业为主，开展个性化定制作业，倡导学生优势发展。假期里，以多元的作业设计引导学生进行自主选择，积极参与。增加学生自主学习的参与度、增加日常生活的体验度、增加艺术修养的感受度、增加亲子阅读的饱和度、增加亲子锻炼的亲密度……还作业可爱模样，促学生健康成长！

2. 作业研究——"三个一"工程

为提升教师作业设计、作业批改的研究能力，关注学生与家长对学校作业管理的认同程度，泡小西区借助"三个一"工程深入开展作业研究，助推教师作业设计能力提升，保障学校教学品牌树立。

第一，每周一次作业集体备课、备作业研究。每周开展一次集体备课，将"作业设计"与"教学设计"有机融合，进一步审视、研究作业设计的重要性，寻找作业设计的有效途径，做到三个统一：学科统一要求、年级统一设计、作业统一布置。

第二，每月一次组上"晒作业晒亮点"交流活动。每月开展一次学科组"晒作业晒亮点"交流活动，反馈作业研究过程中行之有效的做法，以展促研，激活教师的思维火花，拓宽教师的设计视野，促进作业研究质量提升。

第三，每月一次专项问卷调查（学生维度、家长维度）。每月开展一次学生及家长维度的专项问卷调查，收集作业改革过程中学生与家长的反馈，找准"需求点"，确定"研究点"，设计"增长点"。

3. 作业批改——三个要求

作业能够体现学生掌握课堂学习内容的程度和水平，也为教师提供教学效果的反馈信息，从而指导学生学习，检查教学效果，调整教学方案。《小学语文教材教法》明确指出作业批改要有利于学生巩固知识，形成技能培养能力。这注定了作业批改的重要性，也暗示了作业批改是项富有艺术性的工作。泡小西区从首次批改、再次批改、特色批改三个方面着手，做了以下尝试：第一，全批全改——教师对所有作业及时进行批改，体现过程性指导和个性化指导（不得请家长和学生进行批改）。第二，面批面改——指导学生进行作业纠错，解决学生个性化问题，并再批再改，确保学生学习效果。第三，特色批改——体现学科特点和教师特色（如图11-4所示）。

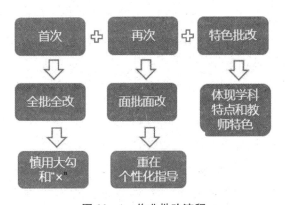

图 11-4 作业批改流程

4. 作业督查——五项机制

第一，"学科组＋教学管理部"统筹机制。利用《泡小西区作业统筹记录表》，每日由年级各学科组长牵头做作业，实现学科间统筹、协调调整，严控作业总量。做到一二年级当日回家无书面作业，三年级至六年级当日回家书面作业总量在 60 分钟以内。

第二，作业公示机制。每日课后服务前，学科教师将学科组审核的作业板书在黑板固定板块，以指导学生及时完成作业和延时值守教师督促清查。

第三，作业清零机制。课后服务教师督促学生完成作业，作业不出校门，对于作业完成有困难的学生及时进行指导，并及时报备本班学科教师，调整当日作业计划。值班行政巡视中发现多班有类似情况，报备学科组长，及时调整作业量，让学生的作业不出校门，将学校之外的时间还给学生。

第四，今日有约机制。根据学生阶段学情，每日对三至五名学生进行针对性辅导，及时解决学生的学习困难。

第五，作业台账机制。建立作业三个台账（每日、每周、每月）。为作业建立管理台账目的是充分发挥学科组对作业设计的回溯与反馈，在一定阶段反思作业设计与布置的科学性、指导性，帮助学科组有效利用台账指导改进。同时，利用集体研究的作业指导年级教龄较低的教师和组上进度稍落后教师开展作业设计与利用作业开展学业诊断；作业台账的建立有利于利用作业监测学生学业发展，对学习困难学生或知识点掌握问题突出学生开展的面批面改、二次批改痕迹清晰，学生过关销账及时。

5. 让作业管理督查机制有温度的实施

从欣赏的角度，开展班级、年级、学科间的作业分享交流，"以展促评"丰富作业管理的评价维度，以促进教师个人的内省力和团队研究的内驱力。

在学校作业应用中，如何解决作业观念滞后、作业负担繁重、作业效果欠佳等问题。要走出作业研究与实践困境需要精准把握作业应用现状、问题、原因等，开展持之以恒、系统深入的实践研究，真正解决每个学科、每所学校的作业问题。从欣赏出发，让作业交流推进教师的专业发展和学科组的研究力。教师个体依照以下维度，开展欣赏式作业交流，让看似冷冰冰的管理中注入管理的人性化温度，采用"3+1"点评模式——三个亮点捕捉加上一个改进建议，用"拍照+文字"做记录与分享。

育人为本。作业设计应落实对学生知识、能力、方法、态度、习惯、价值观等方面的培养要求，贯彻和落实德智体美劳全面发展的教育方针。

目标一致。从单元角度整体设计、统筹安排作业目标与教学目标。单元作业内容应能充分、均衡、合理地反映单元作业目标。

设计科学。作业设计应做到内容正确、易于理解、要求明确、答案合理。对于开放性作业，答案设置要反映学生不同表现，注意建立水平标准。

类型多样。优化基础性作业设计，注重实践性、跨学科、长周期等综合类作业的设计，探索体现信息技术应用的作业设计。

难度适宜。根据学生的实际情况，合理确定作业难度，不同难度作业题的题量比例分布要适宜。

时间合适。学生作业时间应在合适的范围内，符合国家规定以及学生身心特点，要充分保证学生的睡眠时间。

结构合理。系统思考单元作业在目标、时间、难度、类型等方面的结构。注意把握不同年级、学期、单元作业内容、能力要求等方面的递进性。

体现选择。关注学生学习差异，基于学生身心发展规律，从作业难度、完成要求、作业指导等方面，给学生提供选择的机会。

作业是课堂教学的延伸和补充，是学生巩固内化所学的过程，是反馈课堂教学效果的重要手段。"减负"不是取消作业，而是研究作业、精心设计作业，把作业作为实现减负增效的一个突破口。为此，泡小西区将不断调整改进，以适应学生学习成长需求，推动教育回归育人本位，让学生拥有更加快乐健康的童年。

四、体质健康检测系统反馈学生体能水平

《国家学生体质健康标准》是学生体质健康的个体评价标准，规定了各校应将每年测试的数据按时上报至国家学生体质健康标准数据管理系统，该系统具有按各种要求进行统计、分析、检索的功能，并定期向社会公告。该系统为学生及其家长提供了在线查询和在线评估服务，向学生提供了个性化的身体健康诊断，使学生能够在准确地了解自己体质健康状况的基础上进行锻炼；该系统还可为各级政府机关、教育行政部门、学校提供翔实的统计和分析数据，使之了解学生的体质健康状况，及时采取科学的干预措施。自《国家体质健康标准》出台以来，学生体质的测试与数据上报一直是学校体育工作的重点之一，通过对 2019 年和 2020 年学校国家体质健康测试数据结果进行分析，反馈出学校体育教学工作中的优势及存在的问题，为进一步提高学校体育教学效率和学生的身体健康状况打下夯实基础。

（一）身体形态方面成绩对比分析

在国家体质健康标准数据管理与分析系统数据库中选取泡小西区 2019 年与 2020 年男生、女生的身高、体重等身体形态发育平均指标抽样调查数据进行比对分析。由表 11-4、表 11-5 可知，2019 年体质健康测试体重指数（BMI）低体重者占比 3.9%，标准体重占比 80.5%，肥胖者占比 5.0%，超重者占比 10.6%；2020 年低体重者占比 9.3%，标准体重占比 78.1% 肥胖者占比 4.0%，超重者占比 8.5%。

表 11-4 2020 **年体质健康测试抽样调查体重指数（BMI）分布**

显示比例	年级	性别	样本数	过轻	低体重	标准体重	超重	肥胖
2019	小学一年级	男	359	0	12	312	28	7
		女	344	0	14	292	28	10
2019	小学二年级	男	385	0	17	315	29	24
		女	373	0	13	320	29	11
2019	小学三年级	男	275	0	14	219	30	12
		女	292	0	17	241	30	4

显示比例	年级	性别	样本数	过轻	低体重	标准体重	超重	肥胖
2019	小学四年级	男	324	0	13	219	54	38
		女	289	0	13	235	30	11
2019	小学五年级	男	276	0	11	207	42	16
		女	213	0	6	177	19	11
2019	小学六年级	男	209	0	4	151	35	19
		女	198	0	3	159	22	14
2019	小学总体	合计	3537	0	137	2847	376	177

注：统计数据来源于国家体质健康标准数据管理与分析系统。

表11-5　2020年体质健康测试抽样调查体重指数（BMI）分布

显示比例	年级	性别	样本数	过轻	低体重	标准体重	超重	肥胖
2020	小学一年级	男	517	0	93	385	29	10
		女	466	0	89	354	18	5
2020	小学二年级	男	365	0	36	287	26	16
		女	353	0	44	280	24	5
2020	小学三年级	男	384	0	15	314	37	18
		女	369	0	16	307	31	15
2020	小学四年级	男	299	0	25	220	41	13
		女	319	0	20	270	24	5
2020	小学五年级	男	316	0	15	226	42	33
		女	284	0	11	236	24	13
2020	小学六年级	男	273	0	17	201	32	23
		女	210	0	6	166	27	11
2020	小学总体	合计	4155	0	387	3246	355	167

注：统计数据来源于国家体质健康标准数据管理与分析系统。

（二）体质健康测试各项成绩对比分析

由表11-6、表11-7可知泡小西区2020年体质测试与2019年体质测试相比有明显的提高。

表 11-6 2019 **体质健康测试各项成绩抽样调查情况表**

年级	性别	样本数	优秀	良	及格	不及格
小学一年级	男	359	89	104	164	2
	女	344	148	121	75	0
小学二年级	男	385	161	130	94	0
	女	373	211	135	27	0
小学三年级	男	275	114	103	57	1
	女	292	120	144	28	0
小学四年级	男	324	136	121	67	0
	女	289	137	128	24	0
小学五年级	男	276	123	111	42	0
	女	213	109	96	8	0
小学六年级	男	209	75	87	47	0
	女	198	109	74	14	1
小学总体	合计	3537	1532	1354	647	4

注：统计数据来源于国家体质健康标准数据管理与分析系统。

表 11-7 2020 **体质健康测试各项成绩抽样调查情况表**

年级	性别	样本数	优秀	良	及格	不及格
小学一年级	男	517	179	172	166	0
	女	466	272	156	38	0
小学二年级	男	365	241	74	50	0
	女	353	275	68	10	0
小学三年级	男	384	195	130	59	0
	女	369	194	150	25	0
小学四年级	男	299	111	128	60	0
	女	319	117	177	25	0
小学五年级	男	316	126	116	74	0
	女	284	153	108	23	0

年级	性别	样本数	优秀	良	及格	不及格
小学六年级	男	273	144	92	37	0
	女	210	123	78	9	0
小学总体	合计	4,155	2130	1449	576	0

注：统计数据来源于国家体质健康标准数据管理与分析系统。

（三）结论与建议

1. 结论

通过抽样调查学生的体质健康测试数据结果表明，身体机能水平呈下降趋势，特别是低体重者增长较多。

2. 建议

2020年泡小西区的体质健康监测比较乐观。在"双减"政策下，不仅要全面提高学生体质素质，还要培养学生形成正确的体育观念，这是学校体育工作中的重中之重，建议应从以下几方面进一步促进学生体质状况。一是倡导学生不挑食，尽量不吃零食，养成早睡早起的好习惯，小学生保障每天睡眠10小时。二是认真上好体育课、大课间活动。课后认真完成体育家庭作业，在教师的指导下制订一份体育锻炼计划，要做到循序渐进的锻炼，并能长期保持。在小学阶段养成良好的锻炼习惯，并掌握一到两项除跑跳投以外的运动技能，建立良好的意志品质，形成终身体育的意识。三是家校共育，促学生体质发展。积极倡导学生和家长一起锻炼，以"小手牵大手"的形式和家长共同运动共同进步，定期举办家庭运动会，特别是一些注重协作、内容趣味、技术要求低、观赏性强、参与性高的项目，促进学生和家长亲子关系，提高家庭合作意识及荣誉感。四是积极开展课余体育锻炼活动。组建学校各项目体育代表队，并常年进行系统训练，使少数有体育特长的学生在训练及发展的同时带动其余学生积极加入运动行列，形成榜样效应；关注少数特殊学生的体育发展，如自闭症、多动症等的学生，确保特殊学生群体的体质健康；定期开展全校体育活动，如开展体育节、运动会等，丰富校园文化生活，促进体育发展。五是学校体育课程内容多元化。学校要结合自身实际情况，发展学生兴趣高，以娱乐、健身功能为重心的体育课程内容。如花样跳绳、棋类、踢毽子、排舞等，通过这些体育活动，学生在轻松的学习环境中娱乐、健身、发展，并享受运动过程的乐趣；同时又增加了人际交流沟通协作的机会，缓解了学习与生活的压力，增进其健康。

五、阅读可视化提升学生阅读素养

随着现代传播技术的发展，学生的阅读行为和教师的教学行动在更新变革，全新的阅读生态在信息科技的催化下迅速萌生。泡小西区以提升学生阅读素养为根本目标，结合自身实际利用超星阅读系统打造学生数字化阅读平台，力求将阅读可视化，从而努力提升学生阅读能力，建构阅读思维，提升阅读素养。

（一）阅读素养提升的重要性

阅读素养是指学生为取得个人目标、形成个人知识和潜能及参与社会活动而理解、运用和反思书面材料的能力。《义务教育语文课程标准（2022 年版）》指出小学阶段要注重发掘学生的思维能力，激发其想象力和创造思维，养成良好的阅读习惯，学会运用多种阅读方法，养成良好的阅读品味。培养学生阅读素养是提高语文素养的关键，是学生整个学习能力的核心，是学生全面发展和终身发展的基础。①

（二）数字化阅读平台简介

数字化阅读平台以提升学生的阅读素养为总体目标，借助"互联网＋"、大数据和移动互联技术，让阅读行为、阅读教学、阅读活动从学生到教师，变得"可知、可导、可管"，实现阅读资源全面整合、阅读数据全面统计、阅读行为全程监管；培养学生的阅读兴趣、规范学生的阅读习惯、提升学生的阅读能力，促进学生身心健康成长。

（三）阅读可视化的提出

可视化原是计算机科学中的一项技术。运用于阅读教学中，顾名思义就是让教师的阅读指导、学生的阅读思考等这些原本"内隐"的东西变得清晰明了，通过现代教育技术、课堂、交流等各种形式呈现出来。

（四）数字化阅读平台支持的阅读可视化

1. 内容可视

第一，从学校整体来说，借助数字化阅读平台数据，了解学校学生的总体阅读情况，其中涵盖年级榜、班级榜、学生榜及图书榜，以此作为依据，可以清晰地了解学校整体阅读推进状态、班级阅读状态、优秀阅读学生及最受欢迎

---

① 中华人民共和国教育部制定. 义务教育语文课程标准：2022 年版［M］. 北京：北京师范大学出版社，2022：6.

图书，了解学生的阅读喜好。

除此之外，在线图书馆以"推荐""学科阅读""分级阅读""教师阅读""篇章阅读"划分板块，且以不同分类和级别满足不同爱好、不同年级的学生的阅读需求，也让教师的阅读推广工作有所参考。

第二，从学生个体来说，通过学生的阅读报告可以了解学生的阶段性阅读成果，了解学生的阅读内容及阅读喜好，学生的有效阅读量为 60 本，内容为优秀的儿童文学作品，但也可以看出其阅读喜好更偏向于文学故事，而社会百科则基本无涉猎，这样的阅读喜好量表可以为教师的阅读干预提供很好的依据。

2. 思维可视

思维可视是一个组合词，可以拆分为两个概念，即"思维"和"可视"。将阅读思维能力具象化为"分析与整合""评价与反思""迁移与创意"三种主要形式，将评价、批判、创意等高阶思维能力作为语文课堂的教学价值取向。学校在数字化阅读平台的数据支持下，长期坚持对学生阅读能力进行跟踪检测，关注学生阅读思维可视化的改进，以此促进阅读教学开展。

第一，学生阅读历程回溯，以 2018 级 5 班 L 同学的阅读历程为例，该班在语文教师的指导下，利用线上线下融合的教学环境长期开展班级共读活动。教师在阅读平台上发布教学目标和阅读任务，学生根据需要自选纸质或在线方式开展阅读，完成阅读测试及读后感的上传分享，教师根据学生数据及时进行阅读指导，促进思维发展，阅读素养提升。

其一，自主阅读。在寓言这一单元，教师发布了《拉封丹寓言》一书的阅读任务。《拉封丹寓言》是世界上最早的诗体寓言集，大多取材于古希腊、罗马和古印度的寓言，深刻描绘了人间百态，是一面生动反映社会生活的镜子。教师发布阅读作业后，L 同学进行纸质书籍的自主阅读后在线完成了阅读测试，并提交了音频读后感。

其二，数据反馈。根据平台生成的阅读反馈数据，教师发现 L 同学在对故事内容的理解上还存在一定的问题，问题主要集中在"分析整合""反思评价"这两个高阶思维能力维度。

其三，基于数据的个性化阅读指导，教师根据数据反馈及时从以下方面对该生的阅读活动进行引导：首先，寻找问题产生的原因。进一步将此报告与该生其他书籍的阅读报告进行对比，发现在小说类的书籍阅读上，L 同学的理解高于寓言；而在绘本的阅读上，该生的理解高于小说及寓言。可见，对于 L 同学来说，阅读材料的不同，阅读难度也会不同，阅读的深入程度不同，阅读的效果和质量也就不同。据此，教师拿着阅读报告和L同学进行了深入沟通，发现该生在对寓言的阅读上，因为故事篇幅短小、人物众多，加上文化差异，导致其存在理解上的盲点，所以，教师针对性指导L同学再次阅读此书，加深其理解与认知。其次，结合阅读策略，引导再次阅读，加深理解。教师根据该生的阅读情况，及时地结合统编小学语文三年级下册第二单元的教学，将阅读寓言故事的方法和该生再次进行交流，引导其通过认真地阅读理解寓言故事蕴含的道理，感受寓言故事中生动丰满的人物形象。结束二次阅读后，L同学再次挑战测试，进步明显。

第二，学生阅读能力维度量表解读，学生通过不同级别的阅读活动生成个人阅读报告，该学生在阅读思维的发展过程中，字词掌握、信息提取等基础思维是不错的，归纳整理、欣赏共情等高阶思维能力通过长期的阅读训练也得到了长足的进步。教师通过阅读指导激发学生思考问题、解析问题及处理问题的动力，增强了学生对语文问题的研究欲望，从而更进一步提升学生的思维水平。而阅读能力维度量表则将学生的阅读过程外显，为教师的阅读指导提供有力依据。

3. 效果可视

第一，学生阅读思维得以发展，一个人阅读水平的高低主要取决于其阅读思维水平的高低，思维能力只有被不断地运用，才能获得高层次的提升。阅读可视化融入阅读教学中，可帮助学生对阅读材料整体知识体系进行建构，厘清内在逻辑结构、突出重难点、形成自我的知识网络，加强对材料的理解和联想记忆，促进学生思维能力发展。尤其是将学生内隐的阅读理解过程尽可能变得可视化和可操作。借助数字化阅读平台的可视化功能使学生的思维得以外显，在长期的阅读积累中思维能力更是得到了不断的提高。

第二，学生阅读储备得以扩展，不论是从学校的整体阅读报告，还是学生的个人阅读报告都不难看出，学生的阅读量及阅读种类都在稳步上升与拓展，在数据的及时反馈下，学校、班级、学生均从不同维度地得到了激励，养成了良好的阅读习惯，扩展了阅读储备，为学生的语文学习能力提升及长期的人格发展奠定了扎实的基础。

数字化阅读平台让阅读可视化，可视的基础是阅读氛围、体系的构建、运行机制的构建；可视的愿景是学科育人背景下，学生阅读素养的提升，学科能力的提升，实现对阅读材料的鉴赏、鉴别，使阅读变得可鉴。

六、线上线下家校共育助力"双减"

教育部下发"双减"及五项管理相关政策，从中可以窥见未来教育发展的方向：以人为本，立德树人，极大可能激发人的内在潜力，促进人全面的发展和综合素质的提高。未来教育必将迎来"大教育时代"，作为教育人，我们要树立"大教育观"，努力构建"大教育环境"，即家庭、学校、社会良好生态共育环境，让学生在和谐共育的氛围中，在各方合力的共同培养下健康成长。

作为教育前线的学校，在大教育时代即将来临之际，应该如何适应这一变革？如何结合学校的实际进行探索尝试呢？下面，就在这一方面的思考与泡小西区在这条路上的初探进行简要概述。

第一，未来学校功能。未来的学校不仅是学生学习知识的场所、教师工作的地方，也将会成为家长和社区市民学习和交流的场所。泡小西区在发挥传统育人使命的同时，还肩负着培训家长、指导家庭教育的职责。泡小西区通过整合社区、社会不同的资源，为家长提供不同的学习平台、丰富的学习内容，并通过线上线下不同的学习形式，帮助家长学习先进的教育理念和方法，树立科学的教育观。在自我学习与不断提升的过程中，更有效地指导帮助学生，从而最终促成家长与学生的共同成长。与此同时，学校要发挥好桥梁的连接作用，携手社区、社会各部门等，为家庭的发展、学生的成长构建起一个良好的大教育环境。教育学生不仅是家庭的事，更是全社会的责任。

第二，学校家校共育理念。家庭是学生成长的第一所学校，也是终身之学校。父母是学生的第一任教师，也是终身之教师。一个人性格的塑造、习惯的养成多来自家庭的孕育。人的成长大致可分为两个部分，一是来自原生家庭的养育，一是后天自我的觉醒和成长。而原生家庭的养育恰是奠定了人终身成长的基调。因此，一直以来，学校十分重视家庭养育对学生成长的作用，更是将家庭教育放在教育教学工作重中之重的位置。只有家庭建设好了，学生才能更好成长。只有家长与学校携起手来，朝着共同的育人目标，保持理念和行动上的一致，才能最大化地促进学生的发展。

第三，学校家校共育实践。自建校始，家校共育就是学校的一大办学特色。家长们充分参与学校教育教学工作与建设发展中，融入学校工作的方方面面。在家委会的大力协助与支持下，学校根据学生年龄特点不仅开设了九大亲子共育课程，更有泡家厨房、家长讲坛、亲子实践活动等一系列的家校共育特色课程和活动。

在学校教育工作中发现，良好的家庭氛围和父母有较高的文化知识水平及良好的道德修养正确科学的教育观念都能极大促进学生的成长和发展。学校家校共育在大教育观的指引下，提出了以促进父母与学生一起成长和营造和谐美好的共育环境为目标的工作思路。希望通过帮助家庭营造携手共建有温度的家园，以家长的不断学习与自我提高，带动学生的学习和成长。与此同时，深挖学校、社会及家庭资源，为家长学习和学生的成长提供更多的资源保障。

（一）家长学校——父母成长的加油站

充分利用教育行政部门、社区、社会及家长资源，每学期根据家校社共育工作重点为家长提供常规和特色主题的学习平台和机会，力求帮助家长了解国家育人方针和培养目标，树立科学的育人理念，习得有效的育人方法，促进家长在陪伴学生成长过程中的自我成长。

1. 以理论学习促思想发展

每学期结合学生所处的不同时期以及生理、心理发展的不同阶段，对家长进行不同形式和主题内容的家庭教育培训指导。例如，九月新生家长系列培训课程、毕业班家长培训，如何帮助孩子适应小学生活？如何培养孩子阅读习惯？面对注意力不集中的孩子该怎么办？如何陪伴孩子走进青春期？学校会根据参与对象、数量、客观条件等通过线上直播、线下讲座、沙龙、论坛等形式开展。

每月学校会请一些教育专家、教师等通过公众号和班级群向家长们推荐一本好书与家长共读，并组织开展阅读分享沙龙。每周通过学校微信公众号向家长推送一篇关于当下教育的文章，让家长能及时了解教育风向标并学习一些好的育儿理念和方法。

2. 以活动体验促情感交流

家校共育九大课程是泡小西区的传统教育课程，贯穿学生一年级到六年级整个小学阶段。一年级的主要活动有"爱，使我们在一起"新生报到、"回到童年"家长学校开学典礼、"争做新时代好少年"入队仪式、期末"优点大轰炸"，二年级主要有"养成好习惯成就一生"家长开放日活动，三年级的主要活动有"快乐学习 享受童年"成长大片，四年级的主要活动有"阅读经典 润泽童年"亲子共读活动，五年级的主要活动有"真情相约 约定幸福"亲子沟通，六年级的主要活动有"感恩母校 放飞梦想"毕业典礼等，整合社区、社会、家庭资源等，开展丰富多彩的家庭亲子活动（如图11-6所示），以促进健康和谐亲子关系的建立，营造一个更适合学生身心健康发展的家庭环境。

图 11- 6　亲子活动

　　家长讲坛是泡小西区的传统家校共育项目，一年级至二年级每周一次，三年级到六年级每月一次。在家长讲坛上，学生家长走进校园，走进课堂，成为"教师"，他们可结合自己的工作、兴趣爱好等为学生带来一些别开生面的课程。不仅丰富了学生的第二课堂生活，拓宽了他们的视野。同时，也让学生看到了不一样的爸爸妈妈，对良好亲子关系的建立起到促进作用。与此同时，家长也得到了锻炼和成长。

　　3. 以沟通交流促相互学习

　　每学年，泡小西区召开新晋教师和一年级校级家委会培训会（如图 11-7 所示），让新老师和一年级家长明晰学校家校共育工作情况及具体要求。开展"一对一"结对帮扶，以更快地帮助新生家长及学生适应小学生活。

图 11-7　家委会

　　每年年底，泡小西区将会召开一年一度的家校共育论坛（如图 11-8 所示），为新一届校级家委会成员及对本年度优秀班级家委会和优秀家长进行颁奖，通过 QQ 邮箱和微信公众号，开设家委会"沟通无限"邮箱和"校长信箱"，打造家校沟通平台。该平台专门处理学校和家长在沟通过程中所遇到的问题及纠纷，让家长有渠道向学校反映情况或提出建议等。同时，学校也能及时了解和收集在教育教学过程中存在的一些问题，并采取积极有效的改进措施，从而促进学校优化发展。此外，问题的收集也为家庭教育指导及课程设置提供依据，做到有的放矢。

图 11-8　家校共育论坛

（二）资源共享——营造和谐美好共育环境

1. 共育资源的创建

第一，专家资源库。根据家校社共育工作和活动的不同需要，建立了专家、教师、家长资源库，在各级行政部门、青羊区家庭教育指导中心及东坡路社区的大力支持下，整合各级各类专家资源，为我们家长学校的各项培训提供了有力保障。

第二，教师资源库。泡小西区不仅有外援的支持，在工作中还重视自身造血能力的生成，鼓励学校各领域优秀的教师站上"专家"讲台，一步步向真正的教育专家靠拢，不仅为学校家校社共育培养后备力量，同时也促进了教师极大可能的发展。

第三，家长资源库。建立班级、校级家长资源库，依托家委会，充分发掘和利用好家长资源。将在各领域有建树或有经验的家长纳入资源库中，为学校高质量开展校级、班级共育活动提供支持和保障。

2. 构建联动育人机制

泡小西区在青羊区家庭教育指导中心的带领下，携手所在辖区的东坡路社区，共建"家校共育实践基地"，共同策划和开展家校共育合作课程及实践活动。积极加入中国陶行知家庭教育委员会成员单位，在专家指导下开展共育工作。而且与四川省妇幼保健院等多家单位共同打造家庭教育共育平台。与此同时，借助第三方机构平台开展丰富多彩的亲子教育实践活动等，为家长和学生搭建起一个大型网络式共育环境，为家长与孩子的成长提供丰富的共育资源。

3. 家委会建设

学校的建设和发展离不开另一支主力军，他们就是家委会。泡小西区分设校级、年级和班级三级家委会，各级家委会有详细的组织架构和明确的职责分工，以保障对学校工作的有力配合。各级家委会不仅积极组织家长充分参与到学校的各项工作中，和学校一起推进育人工作的进行，同时也发挥着桥梁作用，向家长传达学校的育人理念及工作事务等，并及时向学校反馈家长的意见和建议等，有效保障了学校和家长们的沟通交流。

（三）未来学校家校共育构想

未来，在构建大教育为目标的前提下，泡小西区家校共育将充分利用互联网优势，努力思考和拓展家校共育工作的深度和广度。为家长搭建更多丰富而优质的教育资源平台，利用大数据资源，为学校家校共育工作提供依据和保障。努力将学校家校共育良好的经验进行总结、拓展和延伸，让更多的家长和学生受益，从而促进大教育局面的形成和良性发展。

总　结

教育与技术相融合，驱动了数字校园、智慧校园、智慧学校、智慧教育等的提出，引发了教育信息化支持下的学校变革浪潮。面向 2035 的中国教育现代化发展，也使融合技术应用的智慧学校建设成为未来中小学发展的必然趋势。智慧学校作为一种智慧学习环境，变革了学习、教学和管理方式，促使教育重塑业务流程，促使学校营造浓厚的创新氛围，形成创新文化。

泡小西区创建了智慧校园环境，探索了学校内部治理现代化，构建了智慧学校的课程形态、教学模式、学习方式、教学评价体系及教师素养提升策略，在一定程度上改变了现有的流程，探索出了新的教育服务形态，这就是信息技术对教育的革命性影响。

同时，泡小西区主动探索创新，积极开展了助推"双减"政策下优质的教育均衡深度推进的"十大行动"，力求教育教学高质量发展，包括"桐园"课程体系优化行动、智慧课堂深度实践行动、"5＋2＋N"课后服务质量提升行动、学科组校本研修提升行动、作业管理精准推进行动、体质健康提升行动、劳动教育校本特色提靓行动、多元评价引领教育过程高质推进行动、教师分层发展行动、家校协同育人提升行动。

"未来已来"早已不是一句空洞口号，而是已成现实，学校需要的是一种新的视野，借此视域看教育，意识到只有面向未来、通过未来和融入未来才能看出新的道路和新的世界。

参考文献

［1］任萍萍，2020．智能教育 让孩子站在人工智能的肩膀上适应未来［M］．北京：电子工业出版社．

［2］余胜泉，2019．互联网＋教育 未来学校［M］．北京：电子工业出版社．

［3］顾小清，2018．从辅助教学到重塑生态——教育信息化发展之路［M］．上海：华东师范大学出版社．

［4］陈佑清，2019．学习中心教学的学校行动研究［M］．北京：教育科学出版社．

［5］朱永新，2020．走向学习中心——未来学校构想［M］．北京：中国人民大学出版社．

［6］李希贵，2021．学校制度改进［M］．北京：教育科学出版社．

［7］佐藤学，2014．静悄悄的革命——课堂改变，学校就会改变［M］．北京：教育科学出版社．

［8］李政涛，2021．后疫情时代，基础教育向何处去？［M］．上海：上海教育出版社．

［9］刘邦奇，李新义，2018．智慧课堂教学理论与实践［M］．合肥：安徽教育出版社．

［10］安东尼·塞尔登，奥拉迪梅吉·阿比多耶，2019．第四次教育革命：人工智能如何改变教育［M］．北京：机械工业出版社．

［11］祝智庭，2021．智慧教育引领未来学校教育创变［J］．基础教育18（2）：5−20．

［12］艾兴，赵瑞雪，2020．未来学校背景下的智慧学习：内涵、特征、要素与生成［J］．中国电化教育（6）：52−57＋103．

［13］李刚，2020．十年来我国义务教育阶段减轻中小学课业负担的成效与建议［J］．湖南师范大学教育科学学报19（3）：94−101．

［14］罗生全，王素月，2020．未来学校的内涵、表现形态及其建设机制［J］．中国电化教育（1）：40−45＋55．

［15］祝智庭，彭红超，2017. 智慧学习生态：培育智慧人才的系统方法论［J］. 电化教育研究 38（4）：5−14+29.

［16］田友谊，姬冰澌，2021. 人工智能时代未来学校的建设之道［J］. 中国电化教育（6）：39−48.

［17］管珏琪，孙一冰，祝智庭，2019. 智慧教室环境下数据启发的教学决策研究［J］. 中国电化教育（2）：22−28+42.

［18］张治，李永智，2017. 迈进学校 3.0 时代——未来学校进化的趋势及动力探析［J］. 开放教育研究 23（4）：40−49.

［19］顾小清，杜华，彭红超，等，2021. 智慧教育的理论框架、实践路径、发展脉络及未来图景［J］. 华东师范大学学报（教育科学版）39（8）：20−32.

［20］何克抗，2019. 21 世纪以来的新兴信息技术对教育深化改革的重大影响［J］. 电化教育研究 40（03）：5−12.

［21］李克东，李颖，2017. STEM 教育与跨学科课程整合［J］. 教育信息技术（10）：3−10+13.

［22］叶澜，吴亚萍，2003. 改革课堂教学与课堂教学评价改革——"新基础教育"课堂教学改革的理论与实践探索之三［J］. 教育研究（8）：42−49.

［23］王一岩，王杨春晓，郑永和，2021. 多模态学习分析："多模态"驱动的智能教育研究新趋向［J］. 中国电化教育（3）：88−96.

［24］刘邦奇，2020. 智能技术支持的"因材施教"教学模式构建与应用——以智慧课堂为例［J］. 中国电化教育（9）：30−39.

［25］周彬，2020. 学校治理现代化：变革历程与建设路径［J］. 教育发展研究，40（6）：51−58.

［26］刘邦奇，2019. 智慧课堂的发展、平台架构与应用设计——从智慧课堂 1.0 到智慧课堂 3.0［J］. 现代教育技术，29（3）：18−24.

［27］曹培杰，2018. 智慧教育：人工智能时代的教育变革［J］. 教育研究 39（8）：121−128.